대원불교
학술총서
03

대원불교
학술총서
03

비구니 승가 설립의 역사

The Foundation History of the Nuns' Order

아날라요 스님(Bhikkhu Anālayo) 지음
김철 옮김

운주사

• • •

"불교 수행자의 계율을 준수하며 법을 보시하는 마음으로 아날라요 스님은 이 책의 번역에 따르는 모든 권리와 인세를 사양하셨습니다. 역자 또한 같은 마음으로 이 책을 번역하였습니다. 이에 따라 역자에게 귀속되는 일체의 수익은 승가에 기부될 것임을 밝힙니다."

발간사

오늘날 인류 사회는 4차 산업혁명을 통해 완전히 새로운 세상을 맞이하고 있습니다. 전통적인 인간관과 세계관이 크게 흔들리면서, 종교계에도 새로운 변혁이 불가피하게 되었습니다. 이런 상황에서 대한불교진흥원은 다음과 같은 취지로 대원불교총서를 발간하려고 합니다.

첫째로, 현대 과학의 발전을 토대로 불교를 현대적으로 재해석할 필요가 있습니다. 불교는 어느 종교보다도 과학과 가장 잘 조화될 수 있는 종교입니다. 이런 평가에 걸맞게 불교를 현대적 용어로 새롭게 이해할 수 있도록 하려고 합니다.

둘째로, 현대 생활에 맞게 불교를 이해할 필요가 있습니다. 불교가 형성되던 시대 상황과 오늘날의 상황은 너무나 많이 변했습니다. 이런 변화된 상황에서 부처님의 가르침을 제대로 이해할 수 있도록 하려고 합니다.

셋째로, 불교의 발전과정을 종합적으로 이해할 필요가 있습니다. 북방불교, 남방불교, 티베트불교, 현대 서구불교 등은 같은 뿌리에서 다른 꽃들을 피웠습니다. 세계화 시대에 부응하여 이들 발전을 한데 묶어 불교에 대한 총체적 이해가 가능하도록 하려고 합니다.

대원불교총서는 대한불교진흥원의 장기 프로젝트의 하나로서 두 종류로 출간될 예정입니다. 하나는 대원불교학술총서이고 다른 하나는 대원불교문화총서입니다. 학술총서는 학술성과 대중성 양 측면을 모두 갖추려고 하며, 문화총서는 젊은 세대의 관심과 감각에 맞추려고 합니다.

본 총서 발간이 한국불교 중흥에 조금이나마 기여할 수 있기를 바랍니다.

불기 2566년(서기 2022년) 5월

(재)대한불교진흥원

머리말

『함부르크 불교 연구(*Hamburg Buddhist Studies*)』에 대해

100년도 더 전에 독일에서 불교 연구가 시작된 이래 불교는 아시아 종교 연구에서 가장 특별한 위치를 누려왔습니다. 함부르크 대학교는 남아시아, 중앙아시아, 그리고 동아시아의 종교적 양상에 연구의 역량을 집중하고, 아시아-아프리카 연구소의 학생들에게 불교를 핵심 주제로 삼도록 함으로써 이러한 전통을 지속해 왔습니다. 누마타 불교 연구소(The Numata Center for Buddhist Studies)는 유럽의 선구적인 학술 기관의 한 본거지로서의 자부심을 가지고 있습니다. 이 연구소가 발간하는 『함부르크 불교 연구』 총서는 함부르크 대학의 불교 연구에 대한 오랜 헌신 및 그 연구의 결과를 학계와 대중 사회가 모두 공유하도록 하는 목표를 더욱 빛내고 있습니다.

오늘날 학문적 제도로서의 불교 연구에서는 광범위한 연구 방법과 접근 방식이 사용되고 있습니다. 현재 불교 연구가 다루는 주제들은 불교의 역사적 측면을 천착해 들어갈 만큼 많습니다. 이와 마찬가지로, 불교 연구의 영역을 형성하는 질문들도 더욱 넓어졌습니다. 오늘날의 불교 현상에 대한 이해-그리고 그런 현상은 어떻게 먼 과거로부터 뿌리를 내려 이런 모습을 갖추게 되었는지-는 결코 한가한 학문적 실험이 아닙니다. 오히려, 세계의 주요 종교 전통에 대한 이해를 기르는 것은 지구화한 세계의 다문화적 사회들에서는 결정적인 의무라는 점이 명백해졌습니다.

따라서 『함부르크 불교 연구』는 불교를 철학 사상, 종교적 실천, 그리고 사회생활에서의 가장 위대한 인문적 전통의 하나라고 선언합니다. 불교에 관한 논의는 물론 종교 학자나 불교 전문가의 관심사일 것이지만, 또한 이 논의의 목표는 특정한 역사적-종교적 연구 방법만으로 한정해서는 답하기 쉽지 않을 그런 문제들과 불교의 풍부한 유산들을 대면케 하는 것이기도 합니다. 그런 문제들은 확고한 문헌 연구와 역사적 증거를 바탕으로 하면서도 그것을 뛰어넘는 광범위한 학문적 훈련을 통해 불교에 접근하는 학자들의 날카로운 통찰력을 필요로 하는 것입니다.

우리는 고전적인 불교 전통의 원어原語를 배우지는 않았지만 자신의 학문적 배경과 상관없이 불교를 접하고자 하는 사람들에게 이 분야의 길을 열어주는 데에 『함부르크 불교 연구』가 기여할 것임을 믿습니다. 또한 우리는 이 총서를 통해 보다 많은 독자들이 불교 전통의 학문적 연구에 관심을 갖게 되기를 바랍니다.

이 책에 대하여

함부르크 대학교 아시아-아프리카 연구소의 교수인 아날라요 스님(Bhikkhu Anālayo)의 저서를 『함부르크 불교 연구』 총서의 여섯 번째 책으로 소개하게 되어 기쁩니다. 이 책은 역시 이 총서에 포함된 그의 이전의 저서 『보살 사상의 기원(*The Genesis of the Bodhisattva Ideal*)』 및 『아비달마의 여명(*The Dawn of Abhidarma*)』과 짝하는 것입니다. 이 연구에서 그는 한문, 빠알리어, 산스크리트어, 그리고 티베트어로 쓰여진 고전적 서술들의 정밀한 분석을 바탕으로 비구니 승가의 설립 역사를 검토합니다.

아날라요 스님은 서로 다르고 때로는 상충하는 특정한 에피소드의 서사적 부분들이 시간의 흐름에 따라 어떻게 발전하여 마침내 오늘날 우리가 기억하는 승가 설립의 역사를 구성하였는지를 보여줍니다. 이 이야기 요소들이 어디에서 나오고 어떻게 자라서 승가 설립의 역사가 되었는지를 보여줌으로써, 그의 연구는 비구니 승가의 설립에 대한 붓다의 거부, 그리고 여성의 출가가 불교 전통 전체의 쇠퇴를 초래할 것이라는 붓다의 예언에 대해 폭넓은 원근법적 관점을 반영하고 있습니다. 그의 이러한 분석 결과는 비교 연구의 잠재력, 그리고 경전의 전승 과정에서 일어난 특정한 서사의 전개 양상을 재구성하기 위해서는 섬세한 주의력이 필요하다는 사실을 보여줍니다.

미카엘 짐머만(Michael Zimmermann),

스테펜 될(Steffen Döll)

4장 붓다의 허가 125

5장 마하빠자빠띠 고따미의 수계 161

6장 쇠퇴 201

결론 243

번역

사진 목록

서론

주제

이전에 나는 『함부르크 불교 연구』 총서에 포함된 『보살 사상의 기원』 및 『아비달마의 여명』을 통해 보살 사상의 기원과 아비달마의 출현이라는 주제를 탐구한 바 있는데, 이 책은 그 연장선상에서 진행된다. 앞서 붓다 및 법(Dharma)에 관련된 발전 양상을 검토한 작업에 뒤이어, 나는 다시 비교 연구의 역사-비판적 방법을 사용하여 승가(僧伽, Saṃgha)에 관련된 발전 양상, 즉 비구니 승가의 설립을 탐구해 보고자 한다.

이 사건의 고전적 서술들에는 초기 불교 경전에 두루 퍼져 있는 여성 일반에 대한, 특히 비구니에 대한 다양한 목소리의 복잡한 증언들이 있다.[1] 이제부터의 나의 주요 관심은 이 서술들에서 스스로 들려오는 그 다른 목소리들을 드러내고, 붓다가 비구니 승가를 설립한 이야기의 핵심 요소들이 어떻게 해서 오늘날 우리가 접하는 문헌의 형태로 점차 확립되었는지를 탐구해 보는 것이다.

이 주제로 작업을 시작한 것은 십년 전인 2007년 함부르크 대학교에서 열린 「승가에서의 여성의 역할에 관한 국제회의」의 논문을 준비할

1 Sponberg 1992: 3 이하에 따르면, "초기 승가의 구성원들 사이에 통용되는 상이한 일련의 불안감을 저마다 표현하는 그 '다양한 목소리'"는 특히 여성과 관련된 초기 불교 경전에서 뚜렷하다.

때였다. 그 논문에서 나는 이 문제에 관한 다른 학자들의 결론을 요약하면서 비구니 승가 설립의 역사에 관한 근본적인 문제들을 검토해 보았다.[2] 다음해 나는 다른 학자들이 몇몇 문제들의 해결책으로 제안한 이론들을 비판적으로 검토했는데, 여기서 나는 그들이 만족스런 설명을 제시하지 못한 까닭의 일부는 이 문제와 관련된 모든 고전적 경전들을 고려하지 않았기 때문이라는 결론을 내렸다.[3]

그 사이 몇 년간, 나는 비구니 승가 설립의 역사에서 이런저런 방식으로 나타나는 서사적 전략을 명료히 이해하기 위해 초기 불교의 고전적 문헌들에 나오는 여성 일반의, 특히 비구니들의 여러 역할을 연구했다.[4]

이 연구는 여섯 개의 장으로 나뉜다. 1장에서는 비구니에 대한 부정적 태도를 사례 연구를 통해 소개한다. 나머지 다섯 장은 그와 비슷한 태도들이 비구니 승가 설립의 역사에 끼친 영향과 관련된 것이다.

1장에서 나는 마하빠자빠띠 고따미(Mahāprajāpatī Gautamī)와 그녀의 동료들을 주인공으로 삼는 한 경전의 인연담因緣譚 부분을 검토하는데, 이것은 상응하는 다른 전승(傳承, version)들에서의 비구니에 대한

---

2 이 첫 검토문은 3년 뒤 자료집의 일부분으로 출판되었다; Anālayo 2010e 참조. 더 진전된 연구에서 나는 이 요약 평가의 부분을 수정했다. 이에 관해서는 이하 p.121의 각주 103 및 p.136의 각주 26.

3 Anālayo 2008a: 125.

4 비구니 승가의 설립 역사에 관한 나의 현재의 탐구를 알려주는 연구는 Anālayo 2009a, 2010a, 2011b, 2011c, 2013b, 2014a, 2014d, 2014e, 2014h, 2015b, 2015e.

태도와 명백한 차이를 드러낸다.

2장에서는 마하빠자빠띠 고따미의 탄원과 붓다의 거절에 대한 그녀의 반응을 시작으로 비구니 승가 설립의 역사로 초점을 옮긴다. 아난다(Ānanda)가 그녀를 위해 개입하고 뒤이어 벌어지는 토론이 3장의 주제이며, 4장에서는 비구니 승가 역사에 따르면 비구니 승가를 탄생케 하는 기초로서 붓다가 제정했다고 하는 '여덟 가지 무거운 법(eight *gurudharmma*)'에 대해 검토한다. 마하빠자빠띠 고따미의 '여덟 가지 무거운 법'의 수용, 그리고 그것을 들은 붓다의 반응, 이것이 5장의 주제다. 6장에서는 비구니 승가의 존재가 불교 교단의 수명을 단축시킬 것이라는 예언과 제1차 결집(結集, *saṅgīti*)에서 다시 명백하게 드러나는 그 주제로 이동한다.

결론에 이어서 나는 내가 설명의 근거로 삼은 비구니 승가 설립의 역사에 관한 중요한 일곱 고전적 전승들의 번역문을 제시한다.[5]

이 연구의 전체에 걸쳐 나의 의도는 고대 인도의 현장에서 실제로 무슨 일이 일어났었는지를 재구성하는 것이 아니다. 우리 마음대로 쓸 수 있는 원전 자료가 극히 제한되어 있다는 점에서 볼 때 그런 연구는 아무래도 미심쩍을 수밖에 없다. 그 대신 나의 의도는 이 사건을 전하는 텍스트들이 전달되는 과정에서 어떤 일이 일어났는지를 재구성하는 것이다. 간단히 말해, 나는 어떤 역사를 구성하려는 것이

5 이 전문 번역에는 문제가 있는 부분들이나 이본異本을 채택한 경우 각주가 추가되어 있는데, 2장 2절부터 6장 2절까지 이 번역의 일부를 뽑아 설명할 때에는 각주를 반복하지 않는다. 나의 의도는 보다 일반적인 독자에게 가 닿는 것이므로, 문헌학적 관심을 주로 하는 논의는 전체적으로 최소화 하려고 했다.

아니라, 어떤 이야기의 구성을 연구하려는 것이다. 그러나 이것은 단순한 학문적 실험에 그치는 것이 아니다. 왜냐하면, 이 이야기는 서로 다른 불교 공동체들에서 비구니에 대한 태도에 영향을 끼치면서 현장의 실제 상황에서 막대한 힘을 발휘했고 또 여전히 발휘하고 있기 때문이다.

감사의 말

나는 이 작업을 진행하는 여러 단계에서 이 책의 전부 또는 일부에 대한 아담 클라크(Adam Clarke), 앨리스 콜렛(Alice Collett), 아리야담미까 비구(Bhikkhu Ariyadhammika), 담마딘나 비구니(Bhikkhunī Dhammadinnā), 페트라 키페-필츠(Petra Kieffer-Pülz), 마이크 러닝(Mike Running), 램버트 슈밋하우젠(Lambert Schmithausen), 그리고 신천 비구니(Bhikṣunī Syinchen)의 조언에 많은 빚을 졌다.

1장 「난다까의 교계경」의 마하빠자빠띠 고따미

비구니 승가의 설립에 관한 여러 율(律, *Vinaya*)에서의 설명들을 살펴보기 전에 그 예비단계로, 우선 첫 장에서는 초기 불교의 고전적 서사에 드러나는 비구니에 대한 서술 태도를 사례를 통해 검토해 보기로 한다. 마하빠자빠띠 고따미야말로 비구니 승가 설립의 역사에서 가장 중심적인 주인공인데, 붓다에게 여자도 출가할 수 있도록 허가해 달라는 청원을 주도하고 최초의 비구니가 된 사람이 바로 그녀 자신이기 때문이다. 초기의 불교 문헌도 그녀의 성품이나 행동을 묘사함으로써 비구니 승가가 탄생하는 데에 그녀가 한 역할의 배경을 보여주고 있다.[1]

---

1 마하빠자빠띠 고따미에 대한 연구는 예컨대 Malalasekera 1938/1998: 522–524 그리고 Dash 2008 참조. 이 장에서의 나의 논의는 Anālayo 2010a의 수정된 발췌본에 바탕을 둔다.

이번 장에서 나는 「난다까의 교계경(*Nandakovāda-sutta*)」 및 그에 상응하는 경전들에 분명하게 나타나는 서술적 전략을 자세히 살펴보려 한다. 특히 나는 이 경의 인연담因緣譚 부분을 검토하려 하는데, 가령 다음 장에서 살펴보려 하는 비구니 승가의 역사 같은, 비구니와 연관된 초기 불교의 다른 문헌들에서 계속 반복되는 경향들을 이 부분이 전형적으로 보여주기 때문이다.

나는 1) 이 경의 인연담에 대한 비교 연구의 방법으로 시작한다. 2) 비구니들이 도달한 도道에 대해 서로 상응하는 경전들이 어떻게 기술하고 있는지를 검토하고, 3) 비구니들이 붓다, 또는 그들에게 직접 말을 걸지 않거나 뭔가 퉁명스럽게 구는 비구들로부터 멀찍이 떨어진 위치에 있는 존재로 묘사되는 데에서 보듯, 비구니에게 일정한 거리를 두는 태도를 보이는 빠알리(Pāli) 상좌부(上座部, Theravāda) 전승傳承의 「난다까의 교계경」 및 그와 유사한 다른 경들의 사례를 간단히 검토할 것이다. 설명을 위해 나는 「난다까의 교계경」의 다음과 같은 다른 전승들을 살펴보려 한다.

- 『맛지마 니까야(Majjhima-nikāya)』의 「난다까의 교계경」[2]
- 아마도 근본설일체유부(根本說一切有部, Mūlarsarvāstivāda)의 전승 과정에서 유래되었을 『잡아함경(雜阿含經, *Saṃyukta-āgama*)』의 한 경[3]

---

2 MN III 270,9-277,19의 MN 146.

3 T II 739c9-75c17의 SĀ 276. Anālayo 번역 2010a. 『잡아함경』의 부파 소속에 관해서는 예컨대 다음을 참조. Lü 1963:242, Waldschmidt 1980: 136, Mayeda

- 산스크리트어 문헌의 작은 단편들[4]
- 한문 및 티베트어 번역문으로 보존된 근본설일체유부의『비나야(毘奈耶, *Vinaya*)』에서의 인용들[5]

1. 인연담因緣譚

「난다까의 교계경」의 기본 줄거리는 다음과 같다. 난다까 비구가 비구니들을 가르쳐야 할 차례를 지키지 않았다. 붓다가 그에게 비구니들을 가르치라고 말하자 그는 그들에게로 가서 설법을 했다. 두 번째에도 그는 붓다의 요구를 받고서야 그렇게 했다. 이 이야기는 비구니들이 어떤 도道에 도달했는지를 붓다가 알리는 것으로 끝난다.

『맛지마 니까야』의「난다까의 교계경」은 도입부의 정형구인 "이와 같이 나는 들었다"라는 구절과 붓다가 어디에 있었는지를 말하는 구절 이후[6] 다음과 같이 진행된다.

1985: 99, Enomoto 1986: 23, Hirakawa 1987: 513, Schmithausen 1987: 306, Choong 2000: 6 각주 18, Hiraoka 2000, Oberlies 2003: 64, 그리고 Bucknell 2006: 685; 번역에 사용된 필사본의 출처에 관해서는 Glass 2010 참조.

4 SHT VI 1126의 낱장들 5R-11, Berchert와 Wille 1989: 22-26, SHT XI 4560, Wille 2012: 120.

5 T XXIII 792a17-794a17의 T 1442, 그리고 D 3 *ja* 50b7-59a4 또는 Martini 번역 Q 1032 *nye* 48b5-56a5, 2010; 또한 D 4106 *phu* 81b5-83a7 또는 Q 5607 *mu* 94b6-96b5 참조.

6 이 도입부의 구절에 관해서는 Anālayo 2014b: 41-45 참조.

그때 마하빠자빠띠 고따미는 오백 명의 비구니들과 함께 세존을 뵈러 왔다. 와서는 세존께 절을 올리고 한 곁에 섰다. 한 곁에 서서 마하빠자빠띠 고따미는 세존께 이렇게 말씀드렸다.

"세존이시여, 세존께서는 비구니들을 훈도해 주십시오. 세존이시여, 세존께서는 비구니들에게 가르침을 주십시오. 세존이시여, 세존께서는 비구니들에게 설법을 해 주십시오."

그때 장로 비구들이 비구니들에게 차례를 정하여 훈도하고 있었는데 난다까 존자는 그의 차례임에도 불구하고 비구니들에게 훈도하고 싶어하지 않았다.

그러자 세존께서는 아난다를 불러서 말씀하셨다. "아난다여, 오늘은 누가 비구니들에게 훈도할 차례인가?"

〔아난다가 말했다.〕 "세존이시여, 난다까 존자가 비구니들에게 훈도할 차례입니다.[7] 세존이시여, 그러나 난다까 존자는 자기 차례임에도 비구니들에게 훈도하기를 원하지 않습니다."

그때 세존께서는 난다까 존자를 불러서 말씀하셨다.

"난다까여, 비구니들을 훈도하라. 난다까여, 비구니들을 가르쳐라. 바라문이여, 비구니들에게 설법을 하라."

"그러겠습니다, 세존이시여"라고 난다까 존자는 세존의 말씀을 받아들였다.[8]

---

7 나의 해석은 C^{e} 및 E^{ee}를 따른다. B^{e} 및 S^{e}는 다른 모든 사람들은 자기 차례를 지켰음을 강조한다.

8 MN III 270,10-271,1의 MN 146의 번역임.

『잡아함경』에서 이 대목은 그때 '왕의 동산(王園, Rājakārāma)'에 "비구니 승가의 큰스님들"이 거주하고 있었음을 명시하면서[9] 그들의 이름을 나열하는 것으로 진행된다. 이와 비슷하게 근본설일체유부의 『비나야』에서도 이들을 "장로 비구니"로 소개하면서 그 이름들을 나열하고 있다.[10] 『맛지마 니까야』에는 그런 내용이 전혀 없다. 『잡아함경』에서 위의 인용 부분에 상응하는 대목은 다음과 같다.

> 그때 마하빠자빠띠 고따미 비구니는 오백 비구니에게 둘러싸여 부처님 계신 곳에 나아가 머리를 조아려 그 발에 예배하고 한쪽에 물러나 앉았다.
> 그리하여 세존께서는 마하빠자빠띠 고따미〔와 다른 비구니〕를 위해 설법하시어 가르쳐 보이시고 기쁘게 하시었다. 여러 가지로 설법하시어 가르쳐 보이시고 기쁘게 하신 뒤에 그만 돌아가라고 말씀하시었다.
> "비구니들이여, 떠날 시간이 되었다."
> 마하빠자빠띠 고따미〔와 다른 비구니들〕는 부처님 말씀을 듣고 모두 함께 기뻐하면서 예를 올리고 물러갔다.
> 세존께서는 마하빠자빠띠 고따미〔와 다른 비구니들〕가 떠난 것을 아시고 비구들에게 말씀하셨다. "이제 나는 늙어 비구니들에게 설법하는 것을 감당할 수가 없다. 지금부터 그대 비구들 중에 덕이 많은 장로가 비구니들을 가르쳐야 한다."
> 그리하여 비구들은 세존의 분부를 받고 차례로 비구니를 가르치게

---

9 T II 73c10의 SĀ 276: 大聲聞尼衆.

10 T XXIII 792a19의 T 1442 및 D 3 *ja* 50b7 또는 Q 1032 *nye* 48b5.

되어 난다까에 이르렀다. 그런데 난다까는 자기 차례가 돌아왔는데도 가르치려 하지 않았다.

그때 마하빠자빠띠 고따미 비구니는 오백 비구니에게 둘러싸여 세존이 계신 곳에 나아가 머리를 조아려 그 발에 예배하고 …… 모두 함께 기뻐하면서 예를 올리고 물러갔다. 그때 세존께서는 마하빠자빠띠 고따미 비구니가 떠난 것을 아시고 아난다 존자에게 물으셨다. "누가 비구니들을 가르칠 차례인가?"

아난다 존자는 부처님께 여쭈었다. "세존이시여, 장로들이 차례대로 비구니들을 가르쳤는데, 난다까에게 차례가 오자 난다까는 가르치려 하지 않나이다."

그러자 세존께서는 난다까에게 말씀하셨다. "그대는 마땅히 비구니들을 가르치고 비구니에게 설법해야 한다. 왜 그러는가? 나도 비구니를 가르치니 그대도 그리해야 한다. 나도 비구니를 위해 설법하였으니 그대 또한 그리해야 한다."

그때 난다까는 묵묵히 분부를 받았다.[11]

『잡아함경』은 위 인용문의 앞부분에서 이 이야기에 등장하는 주인공인 비구니들의 이름을 거명하면서 그들에게 "큰스님들"의 자격을 부여한다. 이것은 마하빠자빠띠 고따미를 따라온 오백 명의 비구니가 있었다는 식으로 간단하게 언급하고 마는 『맛지마 니까야』의 묘사보다 청자들로 하여금 비구니들에게 훨씬 호감을 갖게 하는 소개 방식이다.

『잡아함경』뿐 아니라 『비나야』에서도[12] 마하빠자빠띠 고따미는 자

11 T II 73c16-74a9의 SĀ 276의 번역임.

리에 앉는다. 반대로 『맛지마 니까야』를 보면 그녀는 서 있다. 그런데, 위계질서로 구조화된 고대 인도의 사회적 관계 체계 안에서, 대화 중에 취하는 몸의 자세는 상대방에 대한 존경을 표시하거나 그 대화 당사자들의 지위를 확실하게 하는 기능을 한다. 초기의 서술들에서 붓다와 대화하러 온 누군가가 취하는 몸의 자세는 청자에게 그가 어떤 류의 사람인지, 그/그녀가 장차 어떤 행동을 할지를 예상할 수 있는 단서를 제공하는 하나의 신호이다.

이런 관점으로 위의 사례를 『맛지마 니까야』 전체에 비춰보면, 붓다를 찾아온 수행자들이나 재가 신도들은 자리에 앉아 있는 경우가 압도적으로 많음을 알 수 있다. 『맛지마 니까야』의 몇몇 서술에 서 있는 자세가 더러 나타나는데 그것은 그저 간단한 전갈을 전하러 온 사람들의 경우이다.[13] 몇몇 다른 경우들에도 서 있는 자세의 외부인들이 묘사되는데 그들은 자기 자신을 붓다의 제자로 여기지 않는 사람들, 때로는 붓다에게 뭔가 시비를 걸려고 찾아온 사람들의 경우이다.[14]

---

12 T XXIII 792a25의 T 1442, 그리고 D 3 *ja* 51a4 또는 Q 1032 *nye* 49a1.

13 나는 『맛지마 니까야』 MN II 97,13의 MN 85, MN II 142,6의 MN 91, 그리고 MN III 153,1의 MN 128, 이 가운데 오직 맨 마지막 경우에서만 어떤 비구가 붓다에게 말을 하는 동안 서 있는 사례를 찾아낼 수 있었다.

14 MN I 108,24의 MN 18, MN I 339,8의 MN 51 (이 경들에서 어떤 비非불교도 유행승遊行僧이 붓다의 재가 신도와 함께 붓다가 있는 곳에 도착하고 난 뒤, 그 신도가 이미 자리에 앉았는데도 여전히 서 있는 것으로 그려지는 장면은 특별히 주목할 만하다). MN I 359,17의 MN 54, MN I 372,2의 MN 56, MN I 497,24의 MN 74, 그리고 MN II 40,5의 MN 80. 나의 이 검토는 붓다에게

마하빠자빠띠 고따미는 설법을 들으러 왔기 때문에 그녀의 역할은 단순한 메신저를 훨씬 넘어서는 것이다. 그런데도 붓다와 대화하는 중에 그녀가 서 있는 자세로 묘사되는 것은, 다른 장면에서 그랬듯 붓다에게 시비를 걸러 온 외부인을 그리는 방식으로 그녀가 재현되고 있음을 보여준다.

비록 사소한 문제이긴 하지만, 이야기의 맥락 속에서 이런 자그마한 표현들은 그녀의 언행이 뭔가 부적절하거나 심지어는 매우 도전적이라는 등의 미묘한 뉘앙스를 풍기는 역할을 한다. 다시 말해, 『맛지마 니까야』에서의 다른 이야기의 서술 방식에 익숙한 청자에게 이 장면은 뭔가 일이 잘못 돌아가고 있다는 느낌을 쉽게 전달하도록 되어 있다는 말이다.

이와 대조적으로, 상응하는 다른 전승들에서 그렇듯이 그녀가 자리에 앉는 것은 붓다에게 설법을 들으러 온 제자로서는 당연한 일일 것이다. 이것은 실제로 『잡아함경』뿐 아니라 『비나야』의 서술에서도 어김없이 행해지는 일이다.[15] 즉, 붓다는 마하빠자빠띠 고따미와 그녀를 따라온 비구니들에게 스스로 서슴없이 설법을 한다. 이런 사례는 두 번인데, 처음은 붓다가 비구들에게 비구니들을 가르칠 것을 명하기

접근하는 인간만을 염두에 둔 것이다. 천신(*deva*)은 다른 자세를 취하는데, 그들은 일반적으로 인간과 대화할 때 서 있는 자세로 묘사된다.

15 T XXIII 732a25의 T 1442 및 D 3 ja 51a4 또는 Q 1032 nye 49a1. SHT VI 1226 낱장 5Rb-c, Bechert와 Wille 1989: 22에는 *harṣayitvā samāda[pa]m* (기뻐하면서 가르침을 베풀자), 그리고 *[abhi]nanditvā anu* (그때 기뻐하면서)라고 보존된 구절이 있다. 따라서 산스크리트어 단편 전승에서도 붓다는 역시 비구니들에게 설법을 하고 그들을 기쁘게 했다는 것이다.

이전이고, 두 번째는 난다까가 자기의 차례를 지키지 않았을 때이다.

그러나 빠알리 전승의 이『맛지마 니까야』에서 붓다는 비구니들을 훈도하고, 가르치고, 그들에게 설법을 해 달라는 마하빠자빠띠 고따미의 분명한 청원을 받고도 설법을 하지 않는다.

초기 경전의 서술에서 청원이 세 번씩 거듭되는 것은 그 요구의 간절함을 표시하는 기능을 한다. 보통의 유형은 붓다가 첫 번째와 두 번째 청원을 거절하고 나서 세 번째 청원을 받고서야 그것을 받아들이는 것이다. 지금 이 사례는 마하빠자빠띠 고따미가 붓다의 거절이라는 개입 없이 한 번에 청원을 끝낸다는 점에서 차이가 난다. 그러니까 같은 청원에 세 가지 표현을 사용하는 것은 청원의 간절함을 표현하기 위한 일종의 정형화된 방법이지 저마다 다른 세 가지 요청을 말하는 것은 아니다.

이렇게 간곡한 청원에도 불구하고, 붓다는 비구니들에게 어떤 가르침도 베풀지 않는다. 정말이지 그는 그녀들에게 어떤 말도 하지 않는다. 그 대신 그는 아난다에게로 돌아선다. 인류의 스승인 붓다가 가르침을 베풀어 달라는 요청에 응하지 않고 청원자를 쌀쌀맞게 대하는 것은 상당히 강한 메시지를 전달한다.

빠알리 상좌부 전승의 이『맛지마 니까야』는 다른 일반적인 초기 경전에서의 붓다의 설법 활동에 대한 묘사뿐만 아니라, 같은 상좌부『율장』에 그려진 마하빠자빠띠 고따미에 대한 붓다의 태도와도 사뭇 다른 느낌을 준다. 해당 율의 기록을 보면, 한때 마하빠자빠띠 고따미가 몸이 아팠는데 붓다가 친히 그녀를 찾아가서 설법을 하는 구절이 있다. 비구는 비구니를 훈도하기 위해 비구니의 처소를 방문해서는 안 된다는 계율을 붓다 스스로 일찍이 제정했는데도 말이다. 그리하여 이 사건은 몸이 아파서 비구를 찾아가 훈도를 받을 수 없는 비구니를 훈도하기 위해서는 비구가 비구니를 방문할 수 있도록 붓다가 계율을 수정하는 계기가 되었다는 이야기로 이어진다.[16]

그러므로 지금 이 경우에 마하빠자빠띠 고따미와 그녀를 따르는 여인들이 붓다에게 와서 가르침을 받기를 간절히 원했을 때 붓다가 그들의 요청에 응하지 않는 것은 상당한 놀라움을 안겨준다. 이 이야기의 청자는 마하빠자빠띠 고따미 자신 혹은 그녀의 청원에 뭔가 잘못된 점이 있는 듯한 느낌을 받지 않을 수 없었을 것이다.

붓다가 그녀를 이렇게 간단히 무시해버리는 태도는, 어떤 비구가 비구니들을 가르칠 차례를 지키지 않았는지를 아난다에게 묻기 전에 마하빠자빠띠 고따미가 떠날 때까지 정중하게 기다리는 『잡아함경』에서의 붓다의 태도와 비교해 볼 때 더욱 분명하게 드러난다. 『비나야』에서도 마찬가지다.[17] 이런 식으로 붓다는, 비구니들을 가르치고 싶어하지 않는 어떤 비구의 문제가 마하빠자빠띠 고따미와 그녀를 따라온 비구니들 앞에서 거론되는 상황을 지혜롭게 피하는 것이다. 어떤 비구가 비구니들을 가르쳐야 할 자기 차례를 지키지 않았다는 사실을 비구니들도 분명히 알고 있었겠지만, 아무튼 이 문제를 바로 그들의 면전에서 거론하는 상황을 피한 것은 점잖고 사려 깊은 행동이었음이 분명하다. 그것은 그들 자신에게 (뿐만 아니라 비구니들 앞에서 가르치

---

16 Vin IV 57,1; 말할 것도 없이, 붓다 자신에게는 그런 수정이 필요 없었으니 입법자立法者인 그는 자기가 만든 법에 구애받지 않았던 것이다.

17 T XXIII 792b8의 T 1442 및 D 3 *ja* 51b6 또는 Q 1032 *nye* 49b2.

는 일을 맡고 싶어하지 않은 것으로 추측되는 그 비구에게도) 매우 곤혹스런 상황이었을 것이니 말이다.

그런 사려 깊고 지혜로운 행동 대신에, 『맛지마 니까야』에서 붓다는 바로 아난다에게 돌아선다. 이것은 가르침을 베풀어 달라는 마하빠자빠띠 고따미의 요청에 대한 응답이므로 비구니들은 어떤 지시를 받기를 바라면서 거기에 여전히 서 있다고 보는 것이 타당하겠다. 따라서 그런 행동은 붓다가 그들의 요청을 무시할 뿐 아니라, 상응하는 다른 전승에서는 일단 그들이 떠난 뒤에 지혜롭게 꺼내는 그 문제를 바로 그들의 면전에서 거론할 정도로 붓다가 그들의 존재 자체를 무시한다는 느낌을 준다.

이 점은 같은 「난다까의 교계경」의 뒷부분, 즉 비구니들이 어떤 성과를 이루었는지 붓다가 선언하는 대목과 비교하면 더욱 뚜렷하다. 여기서 이 빠알리 전승은, 그에 상응하는 다른 전승들과 마찬가지로, 붓다가 그 선언을 하기 위해 비구니들이 떠날 때까지 기다렸다는 사실을 보여준다.[18]

비구니들을 가르치는 차례를 지키라고 난다까에게 말할 때 「난다까의 교계경」의 붓다는 마하빠자빠띠 고따미가 그에게 했던 요청, 즉 비구니들을 훈도하고, 비구니들을 가르치고, 그들에게 설법을 해 달라는 일련의 세 용어를 그대로 똑같이 사용한다. 이런 식으로 「난다까의 교계경」은, 비구니들을 가르친다는 것은 마하빠자빠띠 고따미로부터 직접 가르침을 베풀어 달라는 요청을 받은 붓다가 난다까에게 그

---

18 MN III 276,10의 MN 146 그리고 277,9.

일을 넘겨주고 싶어할 정도의 그 무엇이라는 느낌을 준다.

『잡아함경』의 서술에 따르면, 일찍이 붓다는 자신은 가르치기에는 너무 늙었고 그러니 비구들이 차례대로 비구니들을 가르쳐주기를 바란다는 뜻을 분명히 했다. 『비나야』의 해당 부분에도 붓다가 이제 자신은 사부대중, 즉 비구, 비구니, 남신도, 여신도들에게 설법을 하기에는 너무 늙었다고 말하는 장면이 있다.[19]

『잡아함경』에는 붓다가 정한 기준을 지켜야 한다고 난다까에게 말할 때 다시 이 문제를 거론하는 장면이 나온다. 『비나야』도 비슷하게 진행된다.[20] 이것은 비구니들을 가르치는 일에 모종의 영광과 특혜의 분위기, 즉 이 일을 맡는 사람이 그것 때문에 붓다의 위치에 설 수 있다는 듯한 느낌을 부여한다.

그리하여 난다까는 묵묵히 그 일을 받아들인다. 그러나 『맛지마 니까야』에서 그는 동의를 표하는 답변("그러겠습니다. 세존이시여")을 한다. 이것은 아주 작은 차이일 뿐이지만 『맛지마 니까야』의 다른 서술들에 비추어보면 상당히 중요한 의미를 담고 있는 듯하다. 그 서술들에서 비구가 동의하는 답변을 하는 경우란 붓다의 설법 중에 붓다로부터 질문을 받았을 때이다. 그러나 같은 경전에서 붓다로부터 꾸중을 들을 때에는 다르다. 그런 상황에서 비구는 침묵을 지킨다.[21]

---

19 T XXIII 792a29의 T 1442 및 D 3 *ja* 51a7 또는 Q 1032 *nye* 49a4.

20 T XXIII 792b12의 T 1442 및 D 3 *ja* 52a1 또는 Q 1032 *nye* 49b4.

21 MN I 132,29의 MN 22 및 MN I 258,29의 MN 38은 아리따(Ariṭṭha)와 사띠(Sāti)라는 승려가 잘못된 견해를 고집하다가 꾸중을 듣고 침묵을 지키는 장면을 전한다. 두 경 모두 존경받는 비구가 어깨를 떨구고 머리를 숙이고 있는 모습을 묘사한다.

여기서의 침묵은 그들이 뭔가 적절치 못한 행위를 했음을 인정한다는 뜻을 지닌다.

지금 사례에서 난다까는 자기 의무를 게을리한 책임이 있으니까 침묵으로 잘못을 인정하는 것이 적절한 반응일 터이다. 만일 붓다가 지신의 나이 많음을 이유로 비구니를 가르치는 일을 비구들에게 친히 부탁한 것이라면 이 점은 더욱 명백하다. 난다까는 자신의 의무를 게을리함으로써 스승의 지시를 어겼을 뿐만 아니라, 붓다의 연로함에 대한 연민심조차 없음을 드러낸 것이기 때문이다.

빠알리 상좌부 전통의 관점에서도 동일한 내용이 어느 정도 유지되고 있는데, 『율장』에 따르면 비구니를 가르칠 차례를 지키지 않은 비구는 비행(非行, dukkaṭa)을 저지른 것이 되기 때문이다.[22] 이런 계율이 선포된 것과 「난다까의 교계경」에 기록된 사실과의 시간적 관계가 어떻든 간에, 그것이 결국 계율 위반이 된다는 사실은 난다까의 행동이 결코 이상적인 것이 아님을 명백히 보여준다.

그러나 난다까가 하는 동의의 대답은 오히려 자신의 의무를 팽개치고 비구니들을 가르치는 차례를 지키지 않은 그의 행동에 정말로 아무런 잘못이 없다는 듯한 인상을 준다. 이러한 인상은 『맛지마 니까야』의 서술에서 붓다가 난다까에게 "바라문이여(brahmin)"라고 잔뜩 치켜세우는 용어를 쓰면서 부를 때의 분위기에서 확실해진다.

일반적으로, 침묵은 여러 기능을 가질 수 있는데 가령 논쟁 상황에서의 패배의 표시거나 아니면 식사에 초대받았을 때 동의를 표시하는 등등의 방법이기도 하다; Anālayo 2008b 참조.

22 Vin II 264,35.

『비유경(Apadāna)』에 따르면 난다까는 바라문 계급 출신이 아니다.[23] 이 사실을 상좌부 전통의 관점에서 봤을 때, 지금 이 맥락에서 "바라문이여"라는 호칭의 사용은 일종의 칭찬으로 이해되어야 한다. 결국 이러한 칭송 어법의 사용은 비구니들을 가르치도록 난다까를 설득하기 위해서는 그를 잔뜩 추켜세울 필요가 있었다는 느낌을 준다. 또한 이것은 자기 의무를 팽개쳤던 앞서 그의 잘못을 어느 정도 사소하게 만드는 효과도 지닌다.

위에서 인용한 부분 다음에 이어지는 대목에서는 난다까가 설법을 하러 비구니들의 처소로 오자 비구니들이, 다른 상응하는 경전에 기록된 것과 유사하게, 그를 위한 자리를 마련하고 예를 올린다. 그뿐 아니라 그가 발 씻을 물을 준비하는 장면이 그려진다.[24]

고대 인도의 환경으로 보아 인도의 먼지투성이 길을 아마도 맨발로 걸어왔을 사람은 발이 더러워졌을 게 틀림없으니까 발 씻을 물을 차려놓는다는 것은 당연한 일일 것이다.[25] 그런 까닭에 가사袈裟와 자리를 더럽히지 않도록 자리에 앉기 전에 발을 씻을 필요가 있다.

---

23 Ap 499,27 (게송 542.14)에 따르면, 난다까는 어떤 유명한 상인 가문(*seṭṭhikule*)에 태어난 이승의 삶이 자신의 마지막 삶이라고 말하기 때문에, 그를 바라문으로 칭하는 것은 그의 태생을 반영하는 것이 아니다. 따라서 Honer 1959: 323 각주 3에서 지적되었듯이, MN 146의 지금 구절에서의 *brahmaṇa*라는 표현은 "일종의 존경어"로 사용된 것이다.

24 MN III 271,6의 MN 146.

25 실제로 상좌부 『율장』에 따르면, 다른 승려가 방문했을 경우 발 씻을 물을 준비하는 것은 그곳에 거주하고 있는 승려의 의무 중 하나다; Vin II 210,25 참조.

이 행동은 그 자체로는 앉을 자리를 마련하는 것만큼이나 별다른 의도를 지니지 않은 것이다.

그러나 문제는 경전의 암송자들이 그런 세세한 것을 언급하느냐 안 하느냐 하는 데에 있다. 『맛지마 니까야』의 다른 곳에서는 붓다가 비구 제자들을 방문했을 때 그를 영접하는 방법으로 발 씻을 물을 준비하는 장면이 몇 번 묘사된다.[26] 그러나 발 씻을 물에 대한 언급 없이 바로 준비된 좌석에 앉는 초대의 장면도 역시 나타나는데, 그것은 방문자가 그냥 다른 비구일 때의 경우다.[27]

이런 식으로, 상대적으로 짧은 분량의 이야기 안에서 오히려 차이가 뚜렷한 태도들이 드러난다. 『잡아함경』의 관점으로 이 태도를 요약하면 다음과 같다.

1) 비구니들은 그들의 이름으로, 그리고 "큰스님들"로 소개된다.

2) 마하빠자빠띠 고따미는 자리에 앉는다.

---

26 붓다를 위해 발 씻을 물을 준비한 사람들은 MN I 171,30의 MN 26에서는 최초의 비구가 된 붓다의 이전 다섯 동료들 (MN 85에서 반복됨), MN I 206,4의 MN 31에서는 아누룻다(Anuruddha)와 그의 동료들 (MN 128에서 반복됨), MN I 414,7의 MN61에서는 라훌라(Rāhula), 그리고 MN III 155,3의 MN 128에서는 바구(Bhagu) 등이다.

27 MN I 252,27의 MN37에서 마하목갈라나(Mahāmoggallāna, 목련존자)는 초대받아 준비된 자리에 앉는다. MN I 514,16의 MN 76 및 MN III 7,29의 MN 109에서 아난다 역시 비슷한 초대를 받는다. MN I 237,17의 MN 36, MN I 481,27의 MN 71, MN II 2,13의 MN 77, MN II 30,20의 MN 79, 그리고 MN II 45,21의 MN 81에서 붓다는 발 씻을 물에 대한 어떤 언급도 없는 채 준비된 자리에 앉는다.

3) 그리해 달라는 요청이 없었음에도 붓다는 그들에게 두 번 설법을 한다.

4) 자신의 연로함을 이유로 붓다는 비구들이 비구니들을 가르칠 것을 요구한다.

5) 누가 차례를 지키지 않았는지를 묻기 위해 붓다는 비구니들이 떠날 때까지 기다린다.

6) 비구니들을 가르침으로써 난다까는 붓다의 본보기를 따르게 될 것이다.

7) 난다까는 자신의 의무를 다하지 못했으므로 침묵을 지킨다.

8) 난다까가 도착하자 비구니들은 정중하게 그를 영접한다.

같은 내용을 『맛지마 니까야』의 관점에서 보면 다음과 같다.

1) 비구니들은 이름으로도, "큰스님들"의 자격으로도 소개되지 않는다.

2) 마하빠자빠띠 고따미는 서 있다.

3) 붓다는 비구니들의 요청에도 불구하고 그들에게 설법을 하지 않는다.

4) 왜 비구들이 비구니들을 가르쳐야 하는지 설명되지 않는다.

5) 붓다는 비구니들의 존재를 무시한다.

6) 붓다는 고따미의 요청을 간단히 난다까에게 넘긴다.

7) 난다까는 "바라문"으로 추켜세워지고 아무 잘못도 하지 않은 듯이 대답한다.

8) 난다까가 도착하자 비구니들은 그가 마치 붓다인 것처럼 존경을

표한다.

2. 비구니들의 성취

난다까의 가르침 이후에 비구니들이 도달한 경지에 관해서도 이 인연담에서는 똑같은 태도의 차이가 반복되는 것 같다. 『맛지마 니까야』의 해당 구절은 다음과 같다.

> 그때 난다까 존자는 비구니들에게 이렇게 훈도하고서 비구니들을 해산시켰다.
> "자매들이여, 시간이 되었으니 그만 가십시오."
> 그러자 그 비구니들은 난다까 존자의 말씀을 기뻐하고 감사드리면서 자리에서 일어나 난다까 존자에게 절을 올리고 오른쪽으로 돌아 경의를 표한 뒤 세존을 뵈러 갔다. 가서는 세존께 절을 올리고 한 곁에 섰다. 한 곁에 선 비구니들에게 세존께서는 이렇게 말씀하셨다. "자매들이여, 시간이 되었으니 그만 가라." 그러자 그 비구니들은 세존께 절을 올리고 오른쪽으로 돌아 경의를 표한 뒤 물러갔다. 그러자 세존께서는 비구니들이 물러간 지 얼마 되지 않아 비구들을 불러서 말씀하셨다. "비구들이여, 예를 들어 14일의 포살(布薩, uposatha; 한 달에 두 번 모여 경전을 읽고 참회하는 행사. 날짜가 정해져 있지 않음)일에 많은 사람들에게 달이 아직 차지 않았는지 가득 찼는지에 대해 의문과 혼란이 없다. 그것은 아직 달이 차지 않았기 때문이다. 비구들이여, 그와 같이 그 비구니들은 난다까의 설법으로 마음이

흡족하지만 그들의 염원하는 바는 아직 채워지지 않았다."

그때 세존께서는 난다까 존자를 불러서 말씀하셨다. "난다까여, 그러므로 그대는 내일 다시 그 비구니들에게 같은 방법으로 훈도를 하여라." 난다까 존자는 분부를 받들었다. "그러겠습니다. 세존이시여."[28]

사진 1. 마하빠자빠띠 고따미와 마주 앉은 비구니들[29]

「난다까의 교계경」은 이 다음 대목의 시작 지점에서 난다까의 탁발과 그가 비구니들의 처소로 가는 이야기를 반복한다. PTS(Pāli Text Society, 빠알리 성전 협회) 전승은 그 뒤에 그가 말한 내용을 생략한다.[30]

28 MN III 276,1-276,22의 MN 146의 번역임.

29 방콕 텝티다람 사원(Wat Theptihidaram, Bangkok), 아난다조티(Ānandajoti) 스님 제공. 일군의 비구니들과 마주 앉은 마하빠자빠띠 고따미의 모습을 보여준다.

30 이것은 그의 설법이 앞서의 것과 같음을 뜻한다. B^e, C^e 및 S^e를 보면 사실

그리고 나서 이 전승은 난다까가 비구니들을 어떻게 해산시켰는가를 설명하는 것으로 다시 시작된다.

"자매들이여, 시간이 되었으니 그만 가라." ……[31] 그러자 세존께서는 비구니들이 물러간 지 얼마 되지 않아 비구들을 불러서 말씀하셨다. "비구들이여, 예를 들어 15일의 포살일에 많은 사람들에게 달이 아직 차지 않았는지 가득 찼는지에 대해 의문과 혼란이 없다. 그것은 달이 가득 찼기 때문이다.
비구들이여, 그와 같이 그 비구니들은 난다까의 설법으로 마음이 흡족하고 그들의 의도하는 바는 가득 채워졌다. 비구들이여, 오백 명의 비구니들 가운데 가장 뒤떨어진 비구니도 '흐름에 든 자(예류자預流者)'가 되어 더 이상 악처에 떨어지는 법이 없고, 해탈이 확실하며 바른 깨달음으로 나아가게 되었다."[32]

이에 상응하는 『잡아함경』의 서술은 다음과 같이 진행된다.

그때 난다까 존자는 비구니들을 위해 설법하여 가르쳐 보이고 기쁘게 해주었다. 가르쳐 보이고 기쁘게 해 준 뒤에 자리에서 일어나 떠나갔다.
이때 마하빠자빠띠 고따미는 오백 명의 비구니들에게 둘러싸여 부처

그렇다.

31 여기에는 비구니들이 붓다에게 예를 올리는 부분이 채워져야 한다.

32 MN III 277,8-277,17의 MN 146의 번역임.

님 계신 곳에 나아가, 머리를 조아려 그 발에 예배하고 한쪽에 물러서서 …… 부처님께 예배하고 물러갔다.

그때 부처님께서 마하빠자빠띠 고따미〔와 다른 비구니들〕가 떠난 것을 아시고 비구들에게 말씀하셨다. "예를 들어 달이 밝은 14일 밤과 같으니, 많은 사람들이 달을 구경할 때 그 달이 가득 찼다고 하겠느냐, 가득 차지 못했다고 하겠느냐? 마땅히 알아야 한다. 그 달은 완전히 차지는 못하였느니라.

이와 같이 선남자善男子 난다까는 오백 비구니들을 위해 바르게 가르치고 바르게 설법하였으나 그들의 해탈은 〔아직〕 완전하지 못하다. 그러나 이 비구니들은 목숨이 다할 때, 그들로 하여금 이 세상에 다시 태어나게 할 끊지 못한 족쇄를 단 하나도 보지 못할 것이니라."

그리고 세존께서는 다시 난다까에게 말씀하셨다. "비구니들을 위해 다시 설법해주어라."

그때 난다까 존자는 잠자코 분부를 받들었다. 그는 밤이 지나고 이른 아침에 발우를 가지고 성으로 들어가 탁발하였다. 탁발을 마치고 …… '왕의 동산'으로 가서 〔준비된〕 자리에 앉았다.[33]

그는 비구니들을 위해 설법하여 가르쳐 보이고 기쁘게 해주었다. 가르쳐 보이고 기쁘게 해준 뒤에 자리에서 일어나 떠나갔다.

---

33 이 SĀ 276에서는 난다까가 비구니들의 거처로 가는 동안의 얘기를 생략하지만 그가 자리를 떠나는 장면까지를 모두 생략하는 것은 아니다. 그의 설법이 그가 이전에 했던 것과 같은 내용이라고 간주했다면 모두 생략하는 것이 자연스러웠을 터인데 그렇지 않았다는 점에서 이 축약은 주목할 만하다. 이것은 SĀ 276의 암송자가 이 나중 설법을 이전 것과 같은 것으로 여기지 않았다는 느낌을 준다. 위의 p.36 각주 30 참조.

이어서 마하빠자빠띠 고따미는 오백 명의 비구니들에게 둘러싸여 부처님 계신 곳에 나아가, 머리를 조아려 그 발에 예배하고 …… 부처님께 예배하고 물러갔다.
그때 세존께서 마하빠자빠띠 고따미〔와 다른 비구니들〕가 간 것을 아시고 비구들에게 말씀하셨다. "예를 들어 달 밝은 보름날 밤에는 그 달이 가득 찼는지 가득 차지 않았는지 의심하는 사람이 없을 만큼 그 달이 완전하게 둥근 것과 같으니라.
이와 같이 선남자 난다까는 오백 비구니들을 위해 바르게 가르쳐 완전히 해탈하게 하였다. 그들의 목숨이 다할 때에 아무도 그들의 간 곳을 알지 못하리니, 마땅히 알아야 한다. 〔그들이 도달한〕 바로 그곳이 괴로움〔duḥkha〕의 끝이니라."
이와 같이 세존께서는 오백 비구니가 최상의 과果를 이루었다는 기별을 주시었다.[34]

이처럼 『잡아함경』에서는 난다까의 첫 번째 가르침만으로 벌써 모든 비구니가 '다시 돌아오지 않는 자〔불환자不還者〕'가 된다. 『비나야』와 산스크리트어 단편의 기록도 마찬가지다.[35] 이와 대조적으로

---

34 이 번역은 T II 75b-75c16의 SĀ 276. 나는 이 번역의 "受" 대신 이본異本의 "授"를 채택한다(世尊爲五百比丘尼受第一果記 → 世尊爲五百比丘尼授第一果記).

35 T XXIII 793c12의 T 1442 및 D 3 ja 57b7 또는 Q 1032 nye 55a2; SHT XI 4560 R4에서도 마찬가지다. Wille 2012: 120. 여기 보존된 구절은 *punar-imaṃ lokam-āgac[ch]e* (다시는 이 세상에 돌아오지 않을 것이다), 그리고 다음 R 5 행의 *[a]nusāsī tvaṃ nandaka bhikṣuṇīḥ [ku]* (그대 난다까여, 비구니들을 가르치도록 하라). 이것은 난다까에게 다시 비구니를 위해 설법을 하라는 붓다의

『맛지마 니까야』에서 붓다는 비구니들이 염원하는 바는 아직 채워지지 않았다고 말할 뿐이다.

「난다까의 교계경」에서 난다까의 두 번째 가르침은 먼젓번 것의 반복이다. 사실은 붓다가 그에게 같은 내용을 가르치도록 분명하게 요구했기 때문이다. 상응하는 다른 전승들은 단지 그가 비구니들에게 설법을 했다고만 말할 뿐이지, 그가 이전의 설법을 똑같이 되풀이했다고는 굳이 말하지 않는다.

주목할 점은, 구술口述 상황에서 설법의 반복은 단순히 정보 전달이라는 기능을 넘어 일종의 명상 지침으로서 그 역할이 있다는 것이다. 그러나 비구니들이 어떤 성취도 이루지 못했다는 언급과 함께 이것을 고려하면, 비구니들이 정말 아무 경지에도 이르지 못했고 따라서 그들을 완전히 이해시키기 위해서는 한 번 더 똑같은 것을 가르칠 필요가 있겠다는 느낌을 쉽게 일으킬 수 있다.[36]

『잡아함경』의 서술에 따르면, 두 번째 가르침으로 비구니들은 모두 완전한 깨달음에 도달했다. 『비나야』에서도 마찬가지다.[37] 그러나 『맛지마 니까야』의 서술에 따르면, 두 번째 가르침 이후 비구니들은 그들 가운데 가장 뒤떨어진 사람이 '흐름에 든 자[預流者]'가 된 것을

지시의 한 부분임이 틀림없다. 이에 따라 이전 R 4의 문장에는, 난다까가 두 번째 설법을 하기 "전"에 비구니들이 불환과를 얻었다는 묘사가 보존되어 있다고 결론을 내려도 무방할 것이다.

36 Falk 1989: 162는 이 묘사가 "비구니들은 좀 굼뜨다(on the slow side)는 것을 은근히 내비친다"는 결론에 이른다.

37 T XXIII 794a14, T 1442 및 D 3 *ja* 59a1 또는 Q 1032 *nye* 56a2.

비롯하여, 그저 여러 단계의 깨달음에 도달했을 뿐이다.

『잡아함경』의 관점에서 이 상황을 요약하면 중요한 점은 다음과 같다.

1) 첫 번째 가르침으로 비구니들은 모두 '다시 돌아오지 않는 자〔不還者〕'가 된다.

2) 두 번째 가르침은 설법이다.

3) 두 번째 가르침으로 비구니들은 모두 완전한 깨달음에 이른다.

이와 대조적으로 『맛지마 니까야』에서는 같은 장면들이 다음과 같이 서술된다.

1) 첫 번째 가르침 이후 비구니들의 성취는 아무것도 없다.

2) 두 번째 가르침은 첫 번째와 똑같다.

3) 두 번째 가르침으로도 몇몇 비구니들은 겨우 예류과에 도달했을 뿐이다.

이런 서로 다른 표현들을 검토해 볼 때, 원칙적으로 『맛지마 니까야』는 훗날의 변형의 산물이거나 아니면 원형 전승에 더 가까운 표현일지도 모른다.

그런데 『앙굿따라 니까야(*Aṅguttara-nikāya*)』에 대한 빠알리 주석서에는 난다까의 두 번째 가르침으로 모든 비구니가 아라한이 되었다는 뜻밖의 선언이 있고, 『잡아함경』과 『비나야』의 표현은 이것을 받아들인다.[38] 한편 『장로게경(長老偈經, *Theragāthā*)』 및 『장로니게경(長老尼

偈經, *Therīgāthā*)』의 주석서에도 같은 장면이 나온다.[39] 이런 점에서 이 빠알리 주석서들이 빠알리 경전과는 반대로 『잡아함경』 및 『비나야』의 서술과 일치하고 있다는 것은 특기할 만한 일이다.

빠알리 주석서가 빠알리 경전들보다 후대의 자료를 담고 있음은 분명하다. 결국 비구니들의 성과를 미미한 것으로 언급하는 『맛지마 니까야』와는 달리, 『앙굿따라 니까야』와 『장로게경』 및 『장로니게경』의 주석서들에서 비구니들 모두가 아라한이 되었다고 기록하는 상황은 비구니들의 능력을 향상시키는 어떤 발전적 사건이 훗날 일어났다는 의미로 받아들일 수도 있겠다.

그러나 비구니들의 성취 단계에 관한 서술의 차이는 단지 경전과 주석서 사이의 문제가 아니다. 왜냐하면 『맛지마 니까야』의 주석서에 따르면 모든 비구니들이 완전한 깨달음에 이른 것은 아니기 때문이다. 이 특정한 주석서의 설명으로는 난다까의 두 번째 가르침으로 몇몇의 비구니는 겨우 낮은 단계의 깨달음에 도달했을 뿐이다.[40] 따라서 그들의 성취 단계에 관한 불일치는 빠알리 상좌부 전통의 주석서들 사이에

---

38 Mp I 314,11은 난다까의 첫 설법으로 모든 비구니가 예류도에 이르렀고, 다음날 그의 가르침을 듣고 모두 완전한 깨달음에 이르렀다고 설명한다: *sabbā va arahattaṃ pattā* (모두가 아라한의 경지를 얻었다).

39 Th-a II 116,24는 어떤 포살일에 단 한 번의 훈도로써 난다까는 오백 비구니를 해탈에 이르게 했다고 전한다. Thī-a 136,14는 고따미는 이미 전에 아라한이 되었다는 언급을 한 뒤, 난다까의 훈도에 대한 결론으로 다른 오백 비구니들이 여섯 가지 높은 지혜를 얻었다고 전한다. Thī-a 4,15의 같은 주석 역시 그들의 완전한 해탈을 언급한다.

40 Ps V 97,10 참조; As 229,14 역시 참조.

서도 발견되는 것이다.[41] 그러니까 『앙굿따라 니까야』와 『장로게경』 및 『장로니게경』에 대한 주석서들의 중요성은 비구니들이 아라한이 되었다는 관념이 주석서의 시대, 즉 후대에 생겨난 것임을 알려주는 데에 있는 것 같지는 않다. 그보다는 그러한 표현이 빠알리 경전 및 같은 빠알리 상좌부 전통의 다른 주석서끼리도 일치하지 않는다는 사실에 그 중요성이 있다.

비구니들이 모두 완전한 깨달음에 도달했다는 관념은 후대에 와서야 가능했다는 가설은 『잡아함경』 및 『비나야』(그리고 산스크리트어 단편)에서 분명한 것처럼, 빠알리 상좌부의 전통이 근본설일체유부의 암송 전통에 영향을 미쳤거나, 아니면 후자가 빠알리 주석서 전통에 영향을 미쳤다는 전제가 필요하다. 왜냐하면 이 문헌들의 여러 전통 안에서 똑같은 생각이 각각 독립적으로 발생했을 개연성은 아무래도 적기 때문이다.

그러한 교차-전통의 영향은 분명 가능하긴 하지만, 이 문제와 관련해서는 「난다까의 교계경」이 후대의 변화를 겪었고 그것이 또 「난다까의 교계경」의 주석에도 영향을 끼쳤을 것으로 보는 게 더 타당하다. 경전을 암송하는 사람은 또 각자의 주석을 전파하는 사람이기도 할 터이므로,[42] 그런 변화는 외부 집단의 영향을 필요로 하지

---

41 지금 여기의 경우는 특정한 빠알리 경전 암송자들 사이의 여러 가지 차이들 가운데 한 사례다. 이에 관해서는, 예컨대 Adikaram 1946/1994: 27-32, Goonesekera 1968: 689, Mori 1990: 127, 그리고 Edo 2003a 및 2003b 참조.

42 주석과 경전은 저마다 따로 전해졌다는 Norman 1997: 158-160의 주장에 대한 비판적 응답은 Anālayo 2010c 참조.

않고 같은 암송자에 의해 일어났을 것이다. 절약 원칙에 따르자면 간단한 이 설명이 매우 바람직해 보인다. 빠알리 상좌부 전통이든 근본설일체유부 전통이든 간에, 어떤 관념이 한 전통 안에서 일어나고 그것이 다시 다른 쪽에 전수되었다는 식의 가정보다는 말이다.

비구니들의 성취에 관한 설명에서 『맛지마 니까야』의 주석서는 비구니들 중 몇몇은 처음부터 낮은 단계의 깨달음을 염원하고 있었다고 말한다.[43] 그리하여, 붓다가 비구니들의 발전 정도를 비구들에게 알려주는 장면에 항상 등장하는 보름달의 이미지는 주석서의 설명에 따라 그들의 그러한 염원이 충분히 달성되었다는 관념을 전달한다.

이 설명은 뭔가 억지스러워 보인다. 왜 몇몇 비구니는 오직 낮은 단계의 깨달음만을 염원했는지 도무지 이해할 수 없기 때문이다. 어떤 다른 동기에서가 아니라 오로지 진지하게 해탈의 염원만을 품고 출가한 수도자가 처음부터 낮은 단계의 성취를 원하고 또 그것으로 만족할까 하는 점을 고려하면, 나는 경전의 어디에서도 이런 선례를 보지 못했다. 한편으로 이것은, 비구와 관련해서는 출가의 동기로 흔히 어떤 모범적인 유형이 제시되는 반면에 비구니의 염원은 그보다 훨씬 열등한 것으로 그려지는 장면에서 보듯, 비구니를 대단히 비우호적인 관점으로 묘사하는 결과를 낳기도 했다.

맑은 달 혹은 보름달의 이미지는 빠알리 경전의 어디에서나 완전한 깨달음에 이른 사람을 상징한다.[44] 이로 보아 지금의 사례에서도 그것

---

43 Ps V 97,12.

44 예컨대 Sn 637 또는 Dhp 413 참조. 여기서 오점 없고, 순수하고, 맑고, 흠없는 달은 존재의 기쁨을 파괴해 버린 (진정한) 바라문을 상징하는 바, 이것은 틀림없이

이 비슷한 뉘앙스를 전달하기 위한 것이라는 점, 즉 달의 비유의 본래 취지는 비구니들의 완전한 깨달음을 보여주기 위한 것이었다는 점이 더욱 분명해진다.

사실 14일에 거의 꽉 찬 달, 그리고 보름에 완전히 찬 달의 이미지는 불환과를 얻어 완전한 깨달음에 거의 도달한 뒤 이어서 완전한 깨달음에 도달하는 예시例示로서 썩 잘 어울리며 이것이 당연히 본래의 뜻이었을 거라는 느낌을 준다.[45]

이 경전의 원본은 우리가 지금 보고 있는 「난다까의 교계경」의 표현보다는 비구니들에 대한 태도가 틀림없이 훨씬 우호적이었을 것으로 추정되는데, 난다까가 결국은 계율을 어긴 것으로 간주되는 어떤 잘못을 저지른 사람이라는 사실과 그가 상당히 긍정적인 관점으로 그려지는 것이 뭔가 아귀가 잘 맞지 않는다는 사정을 고려하면 그 추정에 든든한 근거가 생긴다.

게다가 수도하는 일군의 제자들로부터 직접적인 가르침을 진지하게 요청받은 붓다가 그것을 무시한다는 것은 놀라운 일인데, 스스로 깨달음에 이른 붓다는 다른 사람들을 가르치는 데에 그 본질적 특성이

아라한을 가리키는 묘사다. (Pj II 469,13 및 Dhp-a IV 192,8은 존재의 기쁨을 파괴해 버렸다는 것은 세 가지 형태의 갈애渴愛를 파괴해 버렸음을 말하는 것이라고 설명한다). Th 306에는 또 다른 사례가 나오는데, 여기서는 갈애의 그물을 파괴하고 윤회(의 바퀴)를 제거해 버린 사람을 보름날 밤의 맑고 가득 찬 달에 비유하는데, 이 표현 역시 명백히 아라한을 가리키는 말이다.

45 나는 Falk 1989: 162가 내린 결론에 동의하는데, 그는 MN 146의 사례를 "처음에는 비구니들의 성취를 축하하기 위한 의도였다가 그들의 성취를 폄하하는 것으로 바뀐 이야기들"로 간주한다.

주어져 있기 때문이다. 「난다까의 교계경」의 이러한 난점難點들은 빠알리 전승에 영향을 끼친 후대의 변화에서 나온 의도치 않은 부산물이라는 게 가장 정직한 해석일 것이다.

이 빠알리 전승이 후대의 변화에 영향을 받았다는 가설은 상응하는 다른 전승들과의 차이에서 확실한 근거를 찾을 수 있다. 『잡아함경』 및 『비나야』에서는 첫 번째 기르침이 끝났을 때 난다까가 떠나는 것으로 그려진다. 그러나 「난다까의 교계경」에서 난다까는 비구니들에게 시간이 되었으니 그만 가라고 말한다. 바로 거기서 그들은 떠난다.[46] 어리둥절할 일이다. 상응하는 다른 전승들과 마찬가지로 「난다까의 교계경」에서도 난다까의 설법 장소는 '왕의 동산', 즉 난다까가 비구니들을 가르치기 위해 온 비구니들의 거처이기 때문이다.

상좌부 『율장』의 한 규정은 이 내적 비일관성에 대한 몇 가지 사정을 설명해준다. 이 규정은 비구가 비구니를 훈도하기 위해 비구니의 처소에 가는 것을 금지한다.[47] 이 규정이 제정된 사정 이야기에 따르면, 이전에는 비구가 훈도하기 위해 비구니 처소에 가는 관습이 있었다. 그런데 못된 짓을 하기로 악명높은 한 무리의 비구들이 멋대로 비구니

46 MN III 276,1의 MN 146. MN III 271,4의 MN 146에서는 난다까가 비구니 처소로 오는 것으로 나타나고 (MN III 276,26과 MN III 277,8에서 똑같은 패턴이 그의 두 번째 설법과 관련해서 반복되는데, 여기서도 난다까가 비구니들에게 떠나라고 말한다) 난다까가 지시하며 쓰는 "*gacchatha bhaginiyo* (비구니들이여, 가시오)"라는 표현은, Vin IV 50,7, Vin IV 51,18 (E^e에 축약) 및 Vin IV 54,29에서 한 무리의 비구니들이 한 사람 혹은 여러 사람의 비구들에게 훈도를 받기 위해 찾아온 상황에서도 반복된다.

47 Vin IV 56,13 바일제(波逸提, *pācittiya*; 참회해야 하는 죄) 23.

의 처소에 갔고, 부탁을 받지도 않고서 몇몇 비구니들을 훈도했다. 이 사실이 붓다에게 보고되자 그는 비구니들이 지도를 받고자 하면 비구의 숙소로 와야 한다는 규정을 제정했는데, 아마도 비구니들을 가르치기에 적합하지 않은 비구가 멋대로 비구니 숙소에 가서 마치 스승이나 된 양 으스대는 일을 방지하기 위해서였을 것이다.

이 규정으로 보면, 「난다까의 교계경」과 그에 상응하는 경들에서 서술되는 사건은 이 규정이 제정되기 전에 있었던 일일 것이다. 모든 경들이 난다까가 비구니 숙소에 간 것으로 기록하고 있기 때문이다. 그러나 「난다까의 교계경」의 결말은 이 규정이 이미 존재하고 있는 시점을 반영하는 것 같다. 그 묘사는 비구니들이 가르침을 받으러 난다까와 붓다가 거주하고 있는 사원으로 찾아온 것처럼 진행되기 때문이다.

난다까가 비구니들을 해산시키고 그들이 그 장소로부터 떠나는 장면은 이 인연담이 생겨난 시점에서는 존재하지 않았던 규정의 영향으로 인해 변형된 듯하다. 비구니들을 가르치러 비구니 숙소에 가서는 안 된다는 관념에 익숙한 암송자 비구로서는 난다까가 해산을 명하고 그 결과 비구니들이 자리를 떠난다는 표현이 자연스럽게 비쳤을 터이고, 그들 자신의 경험과도 어울리는 일이었을 터이다. 이에 견주어, 비구는 비구니 처소에 가면 안 된다는 관념이 일단 한번 형성된 뒤에 그 반대 형태의 변형이 일어나기란 다소 개연성이 없겠다. 따라서 「난다까의 교계경」에서의 이 내적 비일관성은 후대의 변화의 산물로 볼 개연성이 매우 높다고 할 수 있다.

요약하자면, 내가 보기에 위에서 언급한 「난다까의 교계경」과 그에 상응하는 경들 사이의 차이에서 끌어낼 수 있는 결론은, 비구니들을 덜 우호적인 관점으로 묘사하는 것은 후대에 시작된 일이며 그것이 빠알리 상좌부 전승의 이 경전에 영향을 미쳤다는 것이다.[48]

3. 거리를 둔 서술

「난다까의 교계경」은 여성들에게 거리를 두는 남성중심적 서술 전략을 보여준다. 특히 비구니에게 거리를 두는 이 경향은 어떤 재가 신도에게 심오하고도 자상한 가르침을 베푼 한 비구니에 대해 서술하는 빠알리 전승의 『맛지마 니까야』에서 역시 분명히 드러난다. 이 이야기는 초기 불교 비구니들의 지혜로움을 증언하는 대표적인 사례임에도, 그 결말 부분은 역시 빠알리 상좌부 문헌들에서 자주 느낄 수 있는 그런 거리두기의 영향을 받은 듯하다.

아마도 설일체유부 전통을 대표할 『중아함경中阿含經』에서[49] 이에

---

48 비교 연구의 방법을 통해 이렇게 드러나는 MN 146에서의 이 뒤늦은 표현은 앞서 p.15 이하의 서론에서 언급했듯이, 빠알리 정전에만 시야를 좁히는 것을 넘어 상응하는 여러 전승들을 염두에 두어야 할 필요성을 다시 강화한다. von Hinüber 2015: 198는 (2008년 그가 제시한 가설에 대한) 나의 비판(Anālayo 2008a)에 응답하면서 "상좌부 전통에 집중하는 것은 '방법론적 문제'(p.114)도 아니고 '방법론적 지름길'(p.121)도 아니며, 방법론적 필수다. 우리가 접근할 수 있는 불교 전통의 최고층最古層만이 매우 이른 시기의 불교에 대해 때때로 우리에게 무언가를 말해 줄 것"이라고 말한다. von Hinüber 선생께는 죄송하지만, 빠알리 경전은 언제나 변함없이 "불교 전통의 최고층"을 대표하지는 않는다. 빠알리 경전들에서의 후대의 추가나 전달 과정에서의 실수 등을 가려내기 위한 비교 연구의 잠재력에 대한 보다 자세한 논의는 Anālayo 2015g 참조.

상응하는 대목, 그리고 근본설일체유부의 문헌인 『아비달마구사론복주서(阿毘達磨俱舍論復註書, *Abhidharmakośopāyikā-ṭīkā*)』의 한 대목에는 그 비구니가 붓다에게 지신의 설법에 대해 보고하는 장면이 있다.[50] 그러나 『맛지마 니까야』에는 오히려 재가 남자 신도가 붓다를 찾아가 무슨 일이 있었는지 보고하는 것으로 나온다.[51] 그 결과, 상응하는 경전들에서는 붓다가 그 비구니의 지혜를 칭찬할 때 그녀는 그 자리에 있지만, 빠알리 전승에는 그녀가 등장하지 않고 붓다와 어떤 직접적인 접촉도 하지 않는다.[52]

초기 경전으로부터 후기의 문헌으로 이행하면서 여성에게 거리를 두는 이 경향은 붓다 자신과 관련해서, 특히 과거불過去佛의 시대에는 여성으로 살기도 했던 붓다의 한 전생과 관련해서 더욱 두드러진다. 이 이야기의 빠알리 전승은 『오십본생담(五十本生譚, *Paññāsa-Jātaka*)』인데, 『소부(小部, *Khuddaka-nikāya*)』를 이루는 게송偈頌들에 바탕을 둔 『본생담(本生譚, *Jātaka*)』에는 속하지 않는다.[53] 이에 상응하는 이야

---

49 『중아함경』의 소속 부파에 관한 통상적인 합의에 대한 의문은 Chung과 Fukita 2011: 13-24, Chung 2015 및 2016에서 제기되었다. 이에 대한 비판적 응답은 Anālayo 2012c: 516-521 및 Dhammadinnā와 Anālayo 2016 참조.

50 T I 790a24의 MĀ 210 및 D 4094 *ju* 11a3 또는 Q 5595 *tu* 12a7; 번역 및 논의는 Anālayo 2011b.

51 MN I 304,31의 MN 44.

52 그러나 다른 경전들에서의 이 양상을 검토할 때는 "비구(여)(*bhikṣu* 또는 *bhikkhu*)"라는 주격 및 호격呼格 명사가 누구에게나 사용되는 총칭總稱임을 염두에 둘 필요가 있다. 즉, 그 용어는 항상 구족계를 받은 남성 승려만을 가리키는 것은 아니라는 뜻이다; 보다 자세한 논의는 Collett와 Anālayo 2014.

53 이 텍스트에 관해서는 Jaini 1989/2001; 상좌부 문헌에서의 이 이야기의 다른

기들은 한문 번역의 『증일아함경(增一阿含經, *Ekottarica-āgama*)』 및 붓다의 본생담을 육바라밀六波羅蜜에 맞추어 배열한 『육도집경六度集經』, 그리고 「현명한 자와 어리석은 자 경」에 나온다.

이 전승들 가운데, 빠알리 전승의 『본생담』에서만 그 여성 주인공이 과거불과 직접 대화하지 않는다. 다른 전승들에서는 그녀가 과거불을 방문하여 대화를 나누는 반면, 빠알리 전승에서 붓다와 그녀의 대화는 모두 어떤 비구가 그녀를 대신해서 한다.[54] 또한 빠알리 전승은 그녀의 이름을 밝히지 않는 반면, 이에 상응하는 다른 전승의 셋 가운데 둘은 그녀를 "모니 왕녀牟尼 王女"라고 소개한다.[55]

이런 식으로 초기 경전으로부터 후대의 이야기에 이르면서 여성에게 거리를 두는 경향, 즉 붓다와 여성이 직접 대화하는 장면의 묘사를 피하면서 그들을 이름 없는 존재로 남겨두는, 특히 빠알리 전승의 문헌에서 두드러지는 그런 경향이 생겨난 듯하다.

전승들에 관해서는 Gombrich 1980: 70, Derris 2008, Skilling 2009: 132 이하 및 2010: 950 참조. 그리고 그 전체 모음집이나 다른 부분들에 관해서는 Skilling 2006, Unebe et al. 2007, Sheravanikul 2008, Unebe 2009 및 2012 참조.

54 Jaini 1981: 399,7. 상응하는 전승들에서 그녀는 붓다를 방문하여 그에게 말을 한다: T II 757c19의 EĀ 43,2. Anālayo 번역 2015b: T III 38c15의 T 152, Chavannes 번역 1910: 264 및 Shyu 2008: 181, 그리고 T IV 371c12, T 202; 몽골어 번역 및 이에 상응하는 티베트어 부분에 관해서는 Frye 1981: 199 및 Dhammadinnā 2015a: 488 참조. 이 텍스트 전체의 문헌적 역사에 관해서는 Mair 1993/1999 참조.

55 T II 757a30, EĀ 43,2. 및 T IV 371b28, T 202.

요약

「난다까의 교계경」의 연구는 남성중심적 서술 전략의 작동을 뚜렷이 밝혀준다. 특히 주목할 점은 비구니들에게 거리를 두는 서술 방식인데, 이것은 다음 장에서 밝히는 바와 같이, 비구니 승가의 설립 역사에서도 현저히 드러나는 특징이다. 이것은 그러한 경향들이 단지 빠알리 상좌부 전통에만 국한된 것이 아니라는 사실을 보여준다.

지금 사례에서는, 이 빠알리 전승의 경전에서 붓다가 그랬듯이, 비구니들의 존재를 무시하고 그들의 요청에 응답하지 않는 것으로 비구니들에게 거리를 두는 일이 일어난다. 이 태도는 비구니들을 향해 긍정적인 배려를 전혀 하지 않는 사람들을 묘사할 때 확실해진다. 「난다까의 교계경」에서 이 점은 분명한데, 실제로는 자신의 의무를 팽개친 난다까가 무슨 칭찬을 받는 것처럼 그려질 때가 그렇다.

한편 비구니들의 중요성과 능력을 최소화하는 형태의 서술 전략이 사용되기도 한다. 이것은 비구니들을 "큰스님들"로 언급하는 건 고사하고, 아예 이름 자체를 언급하지 않는 데에서 이미 확실하다. 이런 최소화 전략의 특별히 분명한 사례는, 이 빠알리 전승에서는 비구니들에게 노골적으로 낮은 단계의 깨달음을 부여하는 데 비해 다른 상응하는 전승들에서는 훨씬 높은 단계의 깨달음을 부여하는 데에서 발견된다.

「난다까의 교계경」에서 또 다른 주목할 점은 세 번에 걸친 요청에도 불구하고 붓다가 비구니들에게 어떤 가르침도 베풀지 않는다는 것이다. 이것은 초기 경전들의 어디에나 보이는 자비로운 스승으로서의 그의 역할과 뚜렷한 차이를 보인다. 이와 비슷한 차이는 다음 장에서 다룰 비구니 승가의 설립 역사에서도 볼 수 있다. 즉, 불교 전통의 전반적인 쇠퇴를 초래할지도 모를 비구니 승가의 수립을 단호히 거절하는 붓다와, 비구니 승가는 붓다의 교단을 구성하는 필수불가결한 부분이라는 또 다른 기록들 사이의 차이이다.

요약하면, 「난다까의 교계경」에서의 붓다의 행동 방식에 대한 묘사는 다른 경전들에서 그가 보이는 행동 방식과 뚜렷한 차이를 보인다. 이 빠알리 전승과 그에 상응하는 다른 전승들과의 비교 연구는 그러한 비일관성이, 비구니들에게 거리를 두고 그들의 능력을 최소화하는 서술 전략에서 분명하듯이, 후대에 진행된 일들의 결과임을 보여준다.

2장 마하빠자빠띠 고따미의 탄원

비구니들에 거리를 두면서 그들의 능력을 최소화하는 서술 전략의 본보기로서 「난다까의 교계경」의 사례 연구를 바탕으로, 이번 장에서는 비구니에 대한 유사한 전략 및 다른 부정적 표현들을 확인할 수 있는 비구니 승가 설립의 역사로 초점을 옮기고자 한다. 이번 장의 주요 주제는 붓다에게 비구니 승가를 수립해 달라고 하는 마하빠자빠띠 고따미의 탄원이다. 나는 1) 우선 이번 장과 다음 장에서 이 연구의 기본 바탕이 될 비구니 승가의 설립 역사에 관한 주요 경전들을 살펴본다. 2) 그 다음에 비구니 승가의 설립 역사에 관한 최초의 서술, 즉 구족계具足戒를 받기 원하는 마하빠자빠띠 고따미의 청원을 다룬다. 3) 이어서 붓다가 그녀에게 구족계를 주기를 거절하는 장면을 검토하고, 4) 붓다의 거절에 대한 마하빠자빠띠 고따미의 반응이 어떻게 묘사되는지를 다룬다.[1]

1. 설립 역사의 주요 전승들

비구니 승가의 설립에 관한 현존하는 서술에는 매우 다양한 출처들이 있다. 아래에서 나는 어느 부파에 속하는지가 결론적이든 잠정적이든 일단 확인되는 주요 경전들과 율에 초점을 맞출 것이다. 다른 전승들에 나오는 설립 역사와 관련된 정보는 각주에서 설명한다. 일곱 개의 주요 경전들과 율이 있는데 그것은 다음과 같다.

- 한문으로 번역된 법장부(法藏部, Dharmaguptaka) 전승의 『사분율四分律』[2]
- 몇몇 학자들이 설산부(雪山部, Haimavata) 전통을 대표한다고 추정하는 한문 번역의 『비니모경(毘尼母經, *Vinayamātṛkā*)』[3]

---

1 이번 장과 이어지는 장에서의 설명은 Anālayo 2010e 및 2011c에서 수정 발췌하여 종합한 것이다.

2 관련 부분은 T XXII 922c7-923c12의 T 1428에 나온다.

3 관련 부분은 T XXIV 803a22-803b24의 T 1463에 나온다. T 1463이 설산부 계열에 속한다는 설은 Hofinger 1946: 13, Bareau 1955b: 112, 그리고 Lamotte 1958: 148에서 제기되었고, Przyluski 1926: 316가 이 관점을 발전시켰는데, 그는 제1차 결집(結集, *saṅgīti*) 당시 오백 비구가 설법의 정전을 편찬한 장소로 나와 있는 T XXIV 813a29, T 1463의 "雪山", 즉 "눈 덮인 산"을 제시한다. 이 구절은 de Jong 1962/1979의 각주 6에서 다음과 같이 번역되었다. "그리하여 오백 비구가 눈 덮인 산에서 율의 바구니(律藏, les Corbeilles de la Loi)를 위해 모였다." Bareau 1955b: 112 각주 1에서 말하는 바와 같이, "이 구절은 …… 이 경전의 기원이 설산부임을 입증하는 데 사용된다."; Bareau 1955b: 199 이하도 참조. 그리고 T 1463의 제목에 관해서는 Clarke 2004: 87 참조. Schmithausen 1991: 38의

- 산스크리트어로 보존된 대중부-설출세부(大衆部-說出世部, Mahāsāṃghika-Lokottaravāda) 전승의 『비구니율(*Bhikṣuṇī-Vinaya*)』[4]
- 한문으로 번역된 화지부(化地部, Mahīśāsaka) 전승의 『오분율五分律』[5]
- 근본설일체유부(根本說一切有部, Mūlarsarvāstivāda) 전승의 『비나야』. 한문 번역 및 티베트어 번역으로 그 에피소드가 현존하고, 또 산스크리트어 문헌의 단편에도 주요 부분들이 보존되어 있다.[6]
- 한문 번역이며 아마도 설일체유부(說一切有部, Sarvāstivāda) 전통을

각주 218은 T 1463이 설산부 또는 법장부에 속한다는 몇몇 학자들의 제안은 충분히 확정된 것이 아니라는 취지의 히라카와(Hirakawa)의 말을 인용한다. (나는 일본어를 모르기 때문에 히라카와의 설명을 스스로 판단할 수 없다).

4 관련 부분은 Roth 1970: 4-21에 나온다. (위치에 관한 정보가 Roth 1970: 2,2 이하에 먼저 나옴).

5 관련 부분은 T XXII 185b19-186a28의 T 1421에 나온다.

6 한문 번역은 T XXIV 350b10-351c2의 T 1451이고, 이에 상응하는 티베트어 번역은 D 6 *da* 100a4-104b5 또는 Q 1035 *ne* 97a7-102a1. 이것의 요약은 Rockhill 1883/1907: 60-62 참조. 산스크리트어 단편은 Ridding과 de La Vallée Poussin 1919에서 편집되었고 Schmidt 1993에서 다시 편집되었다; 이 단편들의 소속 부파에 관해서는 Roth 1970: 5의 각주 3b, Yuyama 1979: 6, Schumidt 1994, Chung 1998: 420, Oberlies 2003: 62, 그리고 Finnegan 2009: 310의 각주 591 참조. 이 에피소드가 실린 한 경전에서 따온 '여덟 가지 무거운 법'의 빌췌본은 근본설일체유부 전통 내에서 전승되었는데, 『아비달마구사론(*Abhidharmakośopāyikā*)』에서 인용된 경전들에 대한 사마타데와(Śamathadeva, 寂天)의 주석 전서全書인 『아비달마구사론복주서(*Abhidharmakośopāyikā-ṭīkā*)』에 나온다. D 4094 *ju* 212b6-214a3 또는 Q 5595 *tu* 242b6-244a4; 이 전서의 부파 소속에 관해서는 Dhammadinnā 2012: 68 이하 참조

대표하는 것으로 추정되는 설일체유부 전승의 『중아함경(中阿含經, *Madhyama-āgama*)』 가운데 한 경전.[7] 대단히 유사한 서술이 개별 번역으로 보존되어 있다. 이에 관해서는 각주에서 논한다.[8]

- 빠알리(Pāli) 상좌부(上座部, Theravāda) 전승의 『앙굿따라 니까야(*Aṅguttara-nikāya*)』의 「여덟의 모음」 가운데 한 경전.[9] 같은 설명이 상좌부 『율장』에도 보존되어 있다.[10]

주목할 만한 점은 이 사건에 관한 전승들이 여러 율에서만이 아니라 경에서도 발견된다는 것이다. 위의 목록에서 언급한 설일체유부와 빠알리 상좌부 전승의 경전 외에도, 한문으로 보존된 대중부(大衆部, Mahāsāṃghika)의 『마하승기율摩訶僧祇律』은 마하빠자빠띠 고따미의 출가에 관해 짧게 축약한 뒤 독자(또는 청자)에게 다른 한 경에 나오는 자세한 설명을 참조하도록 한다.[11] 이런 식으로, 최소한 세 개의 불교

7 T I 605a10-607b16의 MĀ 116, 번역 Anālayo 2011c: 272-287. 설일체유부의 율인 T XXIII 291a1의 T 1435 『십송율十誦律』은 축약이어서 전체 설명을 제공하지 않는다.

8 T I 856a7-T I 858a6의 T 60, 번역 Anālayo 2016. 거의 대부분이 MĀ 116과 비슷해서 이것은 아주 가까운 전승 계열에서 파생된 것으로 결론 내려도 무방할 것이다.

9 AN IV 274,1-279,13의 AN 8.51.

10 Vin II 253,1-256,32.

11 T XXII 471a25의 T 1425. 이 축약에 이어서 T XXII 471a27-476b11의 T 1425에는 '여덟 가지 무거운 법(eight *gurudaharma*)'의 자세한 설명이 뒤따른다. T XXII 514b4의 T 1425는 이 다른 한 경의 제목을 「대애도출가선경大愛道出家線經」이라고 전한다. 이 경은 Brough 1973: 675에 「마하빠자빠띠 출가경 *Mahāprajāpatī*

부파에 그런 경전이 존재한다. 이것은 경에 배치된 자료와 율에 배치된 자료가 어느 정도는 중복될 수 있는 초기 불교 문헌들의 일반적 양상을 확인시켜 준다.[12]

그럼에도 불구하고, 비구니 승가의 설립 역사는 기본적으로 율의 서사다. 그런 율의 서사는 승려 교육의 맥락에서, 즉 그 교육적 기능의 관점에서 이해될 필요가 있고, 따라서 승려들 사이에 일련의 특정한 윤리적 가치와 태도를 심어주기 위한 기획의 필수불가결한 부분으로 볼 필요가 있다.[13] 율의 서사는 어떤 특정 사건에 대해 역사적으로 정확한 정보를 있는 그대로 표현하려는 시도보다는, 이미 설정된 그런 교육적 기능의 필요와 요구를 반영할 수밖에 없다. 따라서 율의 서사를 연구해서 얻을 수 있는 최상의 역사적 정보는, 다른 승려들을 가르칠 때 계율을 병들게 하는 원인에 대해 설명했던 승려들이 무엇을 걱정했던 것인지, 그들이 청자에게 심어주려고 했던 규범적인 가치 그리고 그들이 전파하고자 했던 태도는 어떤 형태의 것이었을지, 결국 그런 것이 될 것이다.

이런 점에서 비구니 승가 설립의 역사는 특히 풍부한 정보의 원천이다. 매우 다양한 목소리들이 저마다 다른 부분에서 들리기 때문이다. 이 목소리들은 서로 다른 암송의 전통 안에 보존되어 왔기 때문에, 이들을 비교 검토하면 각각의 문헌들의 전승을 책임졌던 남성 승려들

-pravrajyā-sūtra(?)」으로 재구성되었다.

12 이 두 텍스트들 간의 상호 관계에 대한 보다 자세한 연구는 Anālayo 2014f: 27-42에 나온다.

13 더 자세한 검토는 Anālayo 2012a 참조.

의 비구니에 대한 태도가 단계별로 어떻게 전개되었을지를 재구성할 수 있다.

그런 재구성을 하는 한 기본적 원칙으로서 나는, 이 일곱 고전적 전승들이 지닌 공통적인 소재로 보아 이들이 비교적 초기에 속하는 고층古層의 문헌일 가능성이 충분하다고 추측한다.[14] 한편 승가 설립의 전체 역사 안에서 특정한 구절의 내적 일관성을 검토하거나 또는 그 구절의 서사나 교리적 내용에 영향을 끼친 다른 경전이나 율의 구절들을 비교함으로써 매우 유용한 관점을 얻을 수도 있다. 이런 세 가지 원칙을 결합함으로써 우리는 비구니 승가의 설립 역사가 어떻게 전개되었을지 매우 분명한 가설들을 세울 수 있을 것이다.

이하 나의 연구는 위에 나열한 일곱 고전적 전승들에 보존된 핵심 구절들에 집중하는 미시微視-서사학적 방법을 사용할 것인데, 다른 현존하는 전승들에 담긴 암시적인 내용들은 단지 보충적인 방식으로만 거론할 것이다.[15]

---

14 상이한 전승들 사이의 자료적 공통성은 후대에 축적된 결과로 간주해야 한다는 Schopen 1985의 제안에 대한 비판적 응답은 Anālayo 2012b 참조.

15 위에서 열거한 율의 목록 외에 덧붙여, 한문 번역으로 보존된 『정량부正量部율(Saṃmitīya *Vinaya*)』에도 여덟 가지 '무거운 법'이 나온다. T XXIV 670c5-c16의 T 1461. 마하빠자빠띠 고따미가 직접 서술자로 나오는 비구니 승가 설립의 역사에 관한 짧은 설명은 아마도 한문으로 작성되었을 T III 153c8-154a6의 T 156에 나온다. 비구니 승가 설립에 관한 또 다른 전승은 붓다의 전기의 한 부분으로서 T IV 158a22-159b17의 T 196에 현존한다. 승가 설립의 전체 전승은 T XXIV 945b25-950a15의 T 1478에 나오는데, Yang 2014에서 번역되었다. Heirman 2001: 284의 각주 48은 Hirakawa가 T 1478은 한문으로 편집되었을 것이라고 말한 취지를 인용하면서, T 1478은 대승大乘 사상의 영향을 보여준다는

서로 다른 전승들 가운데 기본적인 줄거리는 다음과 같이 요약할 수 있다.

마하빠자빠띠 고따미가 붓다에게 가서 그녀와 일군의 여성 동료들의 수계受戒를 청한다. 붓다는 거절한다. 마하빠자빠띠 고따미와 동료들은 머리를 깎고 가사袈裟를 입고 유행遊行에 나선 붓다의 뒤를 따른다.

아난다가 마하빠자빠띠 고따미를 대신해서 붓다에게 가 그녀들의 청원을 되풀이 말한다. 둘 사이의 약간의 논의 끝에, 마하빠자빠띠 고따미가 '무거운 법(*gurudharma*)'이라고 불리는 여덟 가지 조건을 받아들임으로써 붓다는 그녀에게 계를 수여하게 된다. 이것은 새로 수립된 비구니 승가가 이미 존재하는 비구 승가와 어떻게 상호 소통할지 그 방식을 밝혀놓은 것이다. 마하빠자빠띠 고따미는 기쁘게 이 조건을 받아들인다.

그녀가 그 조건을 받아들였다는 것을 들었든지 아니면 이야기 중 어떤 다른 때에 들었든지 간에, 붓다는 여성의 출가가 끼칠 부정적인 영향을 표출하면서 이것이 불교 교단의 수명을 반으로, 즉 천 년에서 오백 년으로 감소시킬 것이라고 예언한다.

점에 주목한다; 비구니 승가 설립 이후에 나타나는 여러 관련 부분들을 망라하면서 T 1478의 주요 서사적 요소를 검토하는 글은 Heirman 2001: 284-288 참조. 비구니 승가 설립에 관한 설명은 고대의 불교 연극인 『미륵과의 만남(*Maitrisimit*)』에 있는 것과 동일하다고 하는 Laut의 추정, 그 뒤를 이어서 토카라어로 된 상응하는 전승이 있다는 Pinault 1991의 추정(Schmidt 1996: 276도 참조)은 오해에 기반한 듯하다; Hüsken 2000: 46 각주 9 및 Anālayo 2008a: 106-108 참조.

2. 최초의 청원

이 연구의 주요 바탕인 일곱 개의 고전적 전승들은 비구니 승가를 세워달라는 최초의 청원이 붓다의 고향에서 삭꺄인들(Śākyans) 가운데 일어났다는 사실에는 모두 일치한다. 화지부 전승의 『오분율』은 다른 전승에는 없는 추가적인 자세한 이야기를 전한다.[16] 이 애기의 첫 부분은 다음과 같다.

> 부처님께서 〔숫도다나 왕(정반왕淨飯王)에게〕 갖가지 묘한 법을 설하시니 …… 왕이 법을 보고 과〔예류과〕를 얻었다.
> 〔숫도다나 왕은〕 자리에서 일어나 옷을 내려 오른쪽 어깨를 드러내고 무릎을 꿇고 합장〔의 예를 올리고〕 부처님께 말했다. "세존이시여, 저는 출가하여 구족계를 받기를 원하나이다!"
> 부처님께서는 이를 보시고 왕은 출가해서 더 이상 얻을 것이 없음을 아시고 왕에게 말씀하셨다. "게으르지 마십시오. 그러면 차례차례 묘한 법을 얻을 수 있을 것입니다." 이에 왕은 삼귀의와 오계를 받기를 청하였다. 〔왕이〕 오계를 받자 부처님께서는 그를 위하여 갖가지 묘한 법을 설하시어 보이고 가르치고 이롭게 하고 기쁘게 하셨다.

---

16 화지부의 『오분율』이 이런 인연담을 통해 그런 자세한 정보를 전하는 것이 독보적인 까닭은, 다른 전승들은 곧바로 마하빠자빠띠 고따미의 청원으로부터 이야기를 시작하기 때문이다. 그러니까 상응하는 모든 고전적 경전들은 이 『오분율』의 설명에서 제시되는 내용들을 인정할 수도 없고 반박할 수도 없다. 비교의 관점을 통하면 이 모든 것을 말할 수 있다.

이에 〔왕은〕 그가 머무는 곳으로 돌아갔다.

궁으로 돌아와서 왕은 정원 한가운데에서 다음과 같이 세 번 선언했다. "만일 〔누군가〕 여래의 바른 법과 율 가운데 출가하고자 한다면, 나는 이를 허가하리라."[17]

이 장면의 중요한 측면은 붓다가 왕의 수계를 거절했다는 기록이다.[18] 이것은 어떤 점에서는 붓다가 나중에 마하빠자빠띠 고따미로부터 수계를 요청받을 때 하는 것과 똑같은 행동을 미리 보여주고 있다.

이 사건에 대한 화지부 전승의 묘사에서 또 달리 주목할 점은 마하빠자빠띠 고따미의 청원이 그녀의 남편, 즉 숫도다나 왕이 아직 살아 있는 동안에 이루어졌다는 것이다. 이 전승은 출가하고자 하는 그녀의 염원이 과부 상태를 벗어나고자 하는 욕망에서 생겨난 것이 아님을 보여준다.[19]

---

17 T XXII 185b12-b19의 T 1412; 그리고 아래 p.273 각주 2도 참조.

18 Sujato 2011: 16는 이것은 틀림없이 후대에 발전된 것이라고 한다. 그에 따르면, "숫도다나는 가장 초기의 문헌들에서 '왕'으로 불리지 않았고", 또 "다른 전승들에 따르면, 숫도다나는 계를 받기를 원치 않고 헌신적인 재가 신도로 살다가 죽기" 때문이다. 숫도다나의 왕으로서의 자격은 이미 여러 『아함(*Āgama*)』 경전들에 나온다. 예컨대, T I 149b1의 DĀ 30, T I 470c17의 MĀ 32, 그리고 T II 622c25의 EĀ 24.5, 그뿐 아니라 여러 율들, 예컨대 T XXII 415b8의 T 1425, T XXII 913a24의 T 1428, T XXIII 152c13의 T 1435, 그리고 T XXIV 106c28의 T 1450. 이것 자체가 다른 고전적 문헌들에 비해 늦지 않았다는 표지다. 다른 반론, 즉 그가 재가 신도로서 죽었다는 것은 『오분율』의 이야기에 대한 반론이 되지 못한다. 왜냐하면 이 이야기에서도 그는 재가 신도로 남아 있기 때문이다.

19 이와 대조적으로 상좌부 주석서의 전통에 따르면, 그녀는 과부였고 그녀의

위 에피소드 다음에 이 화지부 전승은 마하빠자빠띠 고따미가 붓다에게 가사를 보시하려 했다는 이야기로 이어진다. 다음 장에서 이 에피소드를 다룰 것이다.[20]

그런 자세한 인연담 대신에 다른 전승들은 그냥 마하빠자빠띠 고따미의 실제 청원으로 시작된다. 대부분의 서술들은 그때 마하빠자빠띠 고따미가 그녀를 따르는 삭까의 여인 오백 명의 무리 속에 있었다고만 기록한다.[21] 설일체유부 전승의 『중아함경』과 빠알리 상좌부 전승의

동료들은 (출가를 결심했을 때) 남편이 없는 상태에서 집을 떠났다는 것이다; Pruit 1998/1999: 182 번역의 Thī-a 136,1 참조; 다른 여성들이 어떤 동기에서 출가했는지에 대한 주석서의 표현에 대해서는 Sharma 1977도 참조. Murcott 1991: 15의 언급 중에 계를 받으려고 할 때의 마하빠자빠띠 고따미를 가리켜, "더 이상 세속적 의무가 없는 …… 갈 데 없는 아내들, 과부들, 왕의 후궁들에 둘러싸인 여자"라는 표현이 있다. Owen 1998: 28의 지적처럼, "여기서 메시지는 명백하다. 즉, 더 이상 아버지, 남편 또는 아들에 얽매이지 않는 여자들만이 수도자의 삶을 살기 위해 인도 사회의 관습을 무시하고 여자의 전통적인 역할을 포기할 수 있는 허가를 받았다." 따라서 상좌부 주석서의 전통에서 마하빠자빠띠 고따미와 그 그룹은 "다른 어떤 대안도 없었기 때문에 승가에 들어온 것으로 묘사되었다." Crosby 2014: 220는 "붓다의 계모는 사실상 과부에게 요구되는 두 가지 형태의 행동 규범을 따른 것이다. 즉 남편에 의존했던 삶을 아들에 의존하는 삶으로 바꾸거나 아니면 은둔의 금욕생활로 세월을 보내거나 하는 것이다." 비구니 승가 역사의 줄거리에서 그들의 과부로서의 처지는 반복되는 양상을 보이지만 (예컨대 Lopez 2001: 160 같은 것), 이것은 상좌부 주석서 전통에서 기원한 것이지 고전적 경전의 서술들에 기반한 것은 아니라는 점을 염두에 두어야 한다.

20 아래 p.94 이하 참조.

21 오백이라는 숫자는 많은 수행자를 가리키는 정형화된 문구다. 보다 자세한 것은 Anālayo 2011a: 417 이하 참조.

『앙굿따라 니까야』에서는 그녀의 동료들에 대해서는 아무 말 없이 오직 그녀의 존재만을 언급한다.

근본설일체유부 전승의 『비나야』는 붓다를 찾아와 가르침을 받은 마하빠자빠띠 고따미가 "법을 듣고는 마음속 깊이 기뻐했다"는 기록을 그녀의 청원 장면에 추가적으로 언급한다. 그리하여 마하빠자빠띠 고따미의 실제적인 청원은 서로 다른 전승들에서 다음과 같은 양상을 취한다.

법장부:
바라옵건대 세존이시여, 여자들도 불법에 출가하여 도를 닦도록 허락해 주옵소서.[22]

설산부(?):
세존이시여, 우리 여인들도 부처님 법 안에 출가할 수 있습니까?[23]

대중부–설출세부:
세존이시여, 부처님의 나타나심을 만나기는 어렵습니다. 진정한

---

22 T XXII 922c9 이하 T 1428.

23 T XXIV 803a24 이하 T 1463. 이 표현은 양면적인데, 이것이 일반적인 여성 전체의 출가를 청원하는 것인지, 아니면 마하빠자빠띠 고따미와 그 동료들만을 위한 청원인지 (Wijayaratha 1991: 22는 빠알리 전승은 그런 뜻이라고 추정한다) 분명하지가 않다는 점에서 그렇다. 하지만 붓다가 한 응답을 보면, 지금 중요한 문제는 여성 전체에게 계를 주는 것이라는 점을 분명히 하면서, 여성 일반에 대해 말하고 있다.

법의 가르침을 만나기도 어렵습니다. 이제 세존이시며, 여래이시며, 아라한이시며, 정등각이신 분이 세상에 나오시어 평안과 마지막 열반으로 인도하는 법을 설하시니, 이 법은 선서(善逝; 피안으로 잘 가신 분)가 선포하신 것이며 불사不死를 얻고 열반을 실현하는 길로 인도하는 것입니다.
세존이시여, 여인도 여래께서 선포하신 법과 율 안에 출가하여 구족계를 받아 비구니가 될 수 있도록 해 주시면 감사하겠나이다.[24]

화지부:
여인들도 부처님의 바른 법 안에 출가하여 구족계를 받도록 허락해 주십시오.[25]

근본설일체유부:
세존이시여, 여인도 불법 가운데에 출가하여 계를 받고 비구니가 되어 청정범행을 힘껏 닦으면 제4의 사문과沙門果를 얻을 수 있나이까?[26]

---

24 Roth 1970: 5,2-5,7.

25 T XXII 185b25 이하 T 1421.

26 T XXIV 350b13-350b15의 T 1451. 상응하는 D 6 *da* 100a7 또는 Q 1035 *ne* 97b2 그리고 Schmidt 1993: 242, 1의 산스크리트어 단편은 (마하빠자빠띠 고따미가 청원을 되풀이하고 그 뒤 붓다의 유행을 따라나서는 시작 부분에서 사용되는 해당 표현) 대신 여성이 깨달음에 이를 능력으로부터 시작해서 그들이 마땅히 출가를 허락받아야 한다는 제안으로 진행된다.

설일체유부:

세존이시여, 여인도 제4의 사문과를 얻을 수 있나이까? 또 이로 말미암아 여인도 이 바른 법과 율 가운데서, 지극한 믿음으로 집을 버리고 집이 없이 도를 배울 수 있나이까?[27]

상좌부:

세존이시여, 여자도 집을 나와 여래가 선포하신 법과 율 안으로 출가하도록 해 주시면 감사하겠습니다.[28]

사진 2. 붓다에게 탄원함[29]

---

27 T I 605a13-605a15의 MĀ 116, 이에 상응하는 T I 856a11의 T 60에는 다음과 같은 질문이 있다. "세존이시여, 여인도 제4의 사문과를 얻을 수 있나이까? 여인도 이 법과 율 가운데서, 지극한 믿음으로 집을 버리고 집이 없이 도를 배울 수 있도록 해 주시지 않겠나이까?"

28 AN IV 274,6 이하 AN 8.51 (Vin 253,6 참조)

29 간다라(Gandhara), 구리타 이사오(Kurita Isao) 제공. 이 부조浮彫 작품은 마하빠자빠띠 고따미가 수계를 탄원하는 장면을 표현한 것일 터인데, 전통적 서사 안에서

마하빠자빠띠 고따미의 청원에 관한 몇몇 전승들에서 주목할 점은, 출가의 염원과 깨달음의 길에서의 정신적 향상과의 명백한 관계이다. 대중부-설출세부 전승은 이 점에서 가장 자세한데, 붓다가 이 세상에 나타나 열반으로 이르는 길을 가르치는 때에 살아 있는 값진 기회를 강조한다. 법장부의 서술은 그보다는 덜 명료하지만 그래도 출가의 염원과 "도를 닦는다"는 의도를 연결 짓는다. 근본설일체유부와 설일체유부 전승은 이 주제를 특히 중요시한다. 여기서 마하빠자빠띠 고따미는 여자도 제4의 사문과를 이루어 아라한이 될 수 있느냐고 묻는다.

근본설일체유부와 설일체유부 전승에서 제기된 이 주제는 나중에 아난다와 붓다 사이의 대화의 한 부분으로, 역시 같은 두 전승에서 다시 제기된다. 이 두 번째 경우는 다른 전승들에서도 역시 기록된다. 붓다와 아난다 사이의 이 대화와 관련해서는 다음 장에서 다룰 예정인데, 여자도 남자와 똑같은 정신적 가능성을 지녔음을 암시적이든 명시적이든 붓다가 확인한다는 점은 일곱 개의 전승 모두 일치한다.

3. 붓다의 거절

일곱 전승 전체에 따르면 마하빠자빠띠 고따미의 청원에 대한 붓다의 반응은 거절이다. 그의 거절은 다음과 같은 양상을 취한다.

는 각각 다른 두 개의 이야기가 한 장면 안에 결합되어 있다. 하나는 그녀가 아직 재가 신도의 복장을 하고 있는 상황이고, 다른 하나는 아난다가 개입하고 있는 장면이다. 한 사건의 연속되는 측면들을 하나의 이미지로 묘사하는 경향에 대해서는 Schlingloff 1981 참조.

법장부:

그만두시오. 고따미여, 여자들이 출가해서 도를 닦기 원한다는 말을 하지 마시오. 왜 그러한가? 여자들이 불법 안에 출가하여 도를 닦으면, 불법이 오래 가지 못할 것이오.[30]

설산부(?):

나는 여인이 출가하는 것을 허락하지 않소.[31]

대중부-설출세부:

고따미여, 여인도 여래가 선포한 법과 율 안에 출가하여 구족계를 받아 비구니가 될 것을 요청하지 마시오.[32]

화지부:

그만두시오, 그만두시오. 그런 말을 하지 마시오. 왜 그러한가? 옛 부처님들께서 모두 여인의 출가를 허락하지 않으셨소. 여인들이 각자 집에서 부처님께 귀의하여 머리를 깎고 가사를 입고 열심히 정진하면 도道와 과果를 얻을 수 있을 것이오. 미래의 부처님도 이와 같을 것이오. 이제 나는 그대가 이렇게 수행할 것을 허락하오.[33]

---

30 T XXII 922c10-922c13의 T 1428.

31 T XXIV 803a25 이하 T 1463.

32 Roth 1970: 5,7-5,9.

33 T XXII 185b26-185c1의 T 1421.

근본설일체유부:

마하빠자빠띠여, 그대는 집에서 흰옷을 입고 순수하게, 원만하게, 청정하게, 물듦 없이 범행梵行을 닦으시오. 이것으로 능히 오래도록 평화와 이득과 행복을 얻을 수 있을 것이오.[34]

설일체유부:

그만두시오, 그만두시오, 고따미여. 그대는 그런 생각을 하지 마시오. '여인도 이 바른 법과 율 안에서 지극한 믿음으로 집을 버리어 집이 없이 도를 배우리라'고 생각하지 마시오. 고따미여, 이와 같이 그대도 머리를 깎고 가사를 입고, 목숨이 다할 때까지 청정범행을 깨끗이 닦으시오.[35]

상좌부:

그만하시오, 고따미여. 그대는 여자가 집을 나와 여래가 선포하신 법과 율 안으로 출가하는 것을 요청하지 마시오.[36]

---

34 T XXIV 350b15–350b17의 T 1451, 이에 상응하는 D 6 *da* 100b2 또는 Q 1035 *ne* 97b4.

35 T I 605a15–605a18의 MĀ 116. 이와 비슷하게 말하는 상응하는 경전이 T I 856a12–856a15의 T 60에 나오는데 다음과 같다. "그만두시오, 고따미여. 〔그런 생각을〕 하지 마시오. 여인이 이 바른 법과 율 안에서 지극한 믿음으로 집을 버리어 집이 없이 도를 배울 수는 없소. 고따미여, 그대는 항상 머리를 깎고 가사를 입고, 〔목숨이〕 다할 때까지 청정범행을 닦을 수 있을 것이오."

36 AN IV 274,7–274,9의 AN 8.51 (Vin II 253,8 참조). *alaṃ … mā te rucci* (그대는 …을 하지 마시오) 라는 표현이 전적인 거부를 뜻하는 것은 아니라는 Wijetunge 2005: 281의 추정은, 같은 구절의 다른 사례들을 보면 입증될 수 없는 추정이다.

법장부 전승은 붓다가 여성의 출가를 거절하면서 여성의 출가가 불법의 수명을 단축할 거라는 암시를 덧붙인다는 점에서 매우 유별나다. 다음 장에서 나는 훗날의 어떤 시점에 다른 전승에도 등장하는 이런 형태의 선언을 다시 다루도록 하겠다.[37]

같은 맥락에서 화지부 전승은 과거와 미래의 붓다들이 여성의 출가를 허락하지 않았고 또 하지도 않을 것이라고 말한다.[38] 붓다는 원칙적으로 여성의 출가를 허락하지 않는다는 이런 단호한 주장에 덧붙여 화지부 전승은 다른 주장, 즉 과거불의 시대에 여성들은 집에서 살면서 머리를 깎고 가사를 입었다는 말을 전한다. 이런 말을 전한 뒤 붓다는 마하빠자빠띠 고따미에게 이런 형태의 수행을 할 것을 허락한다.

특히 붓다가 데와닷따에게 승가를 분열시키지 말라고 말하는 장면은 그 강력한 사례다; Vin II 188,32 및 Vin II 198,10 참조. (사리뿟따 Sāriputta와 마하목갈라나의 제안에 대한 거부와 관련된 다른 사례들에 관해서는 Vin II 201,2 및 Vin III 7,15 참조).

37 아래 p.201 이하 참조.

38 그러나 근본설일체유부의 『비나야』에 따르면, 과거의 붓다들에게는 비구니 제자들이 있었다. 이 문제는 제1차 결집에 대한 근본설일체유부의 서술에 등장하는데, 여기서 아난다는 과거의 붓다들에게도 사부대중이 있었음을 언급하면서 왜 자신이 비구니들을 위해 그렇게 노력했는지를 설명한다. 마하깟사빠(Mahākāśyapa, 마하가섭)는 그 말에 동의한다; 아래 p.226 참조. 상좌부 전통에서도 마찬가지인데, 이미 Skilling 2000: 56이 주목했듯이, 『붓다왕사(*Buddhavaṃsa*, 佛種姓經』(붓다의 연대기)는 과거불의 제자인 두 명의 뛰어난 비구니의 이름을 기록하고 있다. 심지어 이 책의 2.68은 고따마 붓다의 뛰어난 비구니 제자 두 사람의 이름을 예언하기까지 한다. 따라서 Harvey 2000: 385가 지적했듯이, 이 책의 관점으로 보면 "붓다가 고따미의 청원을 끝내 받아들이지 않는 것은 불가능"한 일이었을 것이다.

설일체유부 전승은 이와 유사하게 붓다가 마하빠자빠띠 고따미에게 머리를 깎고 가사를 입는 것을 허락하는 장면을 기록한다. 한문으로 보존된 근본설일체유부의 설명에서 해당 구절은 그것 대신 흰옷이나 다른 옷에 대해 말한다.[39] 이어지는 장면에서 마하빠자빠띠 고따미가 붓다의 유행을 뒤따른 뒤 다시 청원을 거듭할 때 붓다는 허락을 하면서 그녀에게 오히려 "기운 옷(patchwork robe)"을 입도록 말한다.[40] 이것은 산스크리트어 단편으로도 보존되어 있는데, 이에 따르면 붓다는 실제로 그녀에게 머리를 깎고 승려의 겉옷, 즉 가사(saṃghāṭī)를 입도록 허락한다.

> 이와 같이 고따미여, 머리를 깎고 가사를 입고 원만하게 순수하게, 범행梵行을 닦으시오. 이것으로 능히 오래도록 안녕과 이득과 행복을 얻을 수 있을 것이오.[41]

이와 비슷한 제안, 즉 마하빠자빠띠 고따미로 하여금 정식 출가 대신에 자기 집의 안전하게 보호된 환경 속에서 금욕적인 청정한 생활을 가꾸어나가도록 하는 내용이 비구니 승가 설립 역사에 관한

---

39 T XXIV 350b16의 T 1451: 白衣; 이에 상응하는 티베트어 전승인 D 6 *da* 100b2 또는 Q 1035 *ne* 97b4 역시 "*gos dkar po*", 즉 "흰옷"이라고 말한다. 아래 p.282 각주 5 참조.

40 T XXIV 350b28의 T 1451: 條衣(기운 옷), 그리고 이에 상응하는 티베트어 전승인 D 6 *da* 101a6 또는 Q 1035 *ne* 98b1: "*sbyar ma gyon*."

41 Schmidt 1993: 242,5: 산스크리트어 문헌과 그에 관한 논의는 아래 p.282 이하의 각주 6 참조.

한문 번역으로 현존하는 다른 두 개의 전승에도 나온다.[42] 이런 허가의 의미에 관해서는 이 연구에서 반복적으로 다룰 것이다.

4. 마하빠자빠띠 고따미의 반응

상응하는 이 전승들은 붓다의 거절에 직면한 마하빠자빠띠 고따미의 집요함의 정도를 묘사하는 데에서 차이를 보인다.

법장부와 설산부(?) 전승에서 그녀는 단 한 번 요청을 한다.[43] 대중부–설출세부의 서술에서는 두 번인데, 한 번은 까삘라왓투(Kapilavastu)에서, 그리고 다른 한 번은 그녀와 그 동료들이 제따와나(Jetavana)까지 붓다를 따라온 뒤이다.[44] 설일체유부 전승에서 그녀는 세 번 요청을 한다. 까삘라왓투에서의 첫 번째 이후 그녀는 붓다가 곧 유행을 떠날 참이라는 말을 듣고 같은 장소에서 두 번째 요청을 한다. 그리고 붓다의 유행을 뒤따르고 나서 세 번째 요청을 한다.[45]

---

42 T IV 158a27의 T 196 및 T XXIV 945c1의 T 1478 (Yang 2014: 1의 이 구절 번역은 의미를 충분히 전달하지 못한다); 이 두 전승의 표현은 양면적이긴 하나 근본적으로는 허가를 나타내는 것 같다.

43 T XXII 922c9의 T 1428 및 T XXIV 803a24의 T 1463.

44 Roth 1970: 5,2 및 6,24. T XXII 922c16의 T 1428 법장부의 『사분율』, T XXIV 803a27의 T 1463 설산부의 『비니모경』, 그리고 T XXII 185c6의 T 1421 화지부의 『오분율』의 서사에서도 '제따와나(제따 숲)'는 두 번째 장소다; '제따 숲'의 표준적 언급에 대한 논의는 Anālayo 2011a: 887 각주 138 참조.

45 T I 605b11의 MĀ 116 (T I 856b69의 T 60에 해당함). MĀ 116에서 그녀가 세 번째로 탄원하는 장소는 나디까(Nādikā)다. 근본설일체유부 『비나야』의 티베트어 전승인 D 6 da 101a1 또는 Q 1035 ne 98a3에서도 마찬가지다. (한문

화지부와 상좌부 전승에도 도합 세 번의 요청이 있는데 여기서는 하나씩 차례로 이어진다. 까삘라왓투에서 첫 번째 요청을 한 이후 그녀는 바로 똑같은 요청을 두 번 더 반복한다.[46] 근본설일체유부 전승에서 이 숫자는 두 배가 되는데, 마하빠자빠띠 고따미는 까삘라왓투에서 세 번 요청을 하고, 그녀와 그 동료들이 머리를 깎고 붓다를 따라간 이후 다시 또 세 번의 요청을 한다.[47]

앞서 1장에서 언급했듯이, 어떤 요청을 세 번 거듭하는 것은 초기의 불교 문헌에서 간절한 흥미와 관심을 나타내는 표준적인 양식이다. 그러면 처음 두 경우에 붓다가 거절을 하고 마지막 세 번째에 승낙을 하거나 아니면 다른 대안을 제시하는 것이 보통의 흔한 절차이다. 세 번의 요청이 표준적인 것임에 반해,[48] 붓다가 세 번째 요청마저

전승은 장소를 분명하게 특정하지는 않는다). 그러나 AN IV 274,29의 AN 8.51 (Vin II 253,21 참조)는 마하빠자빠띠 고따미와 그 동료들이 붓다를 따라갔던 장소를 웨살리(Vesālī)의 큰 숲(Mahāvana)에 있는 중각강당(Kūṭāgārasālā)이라고 말한다.

46 T XXII 185c1의 T1421 및 AN IV 274,10의 AN 8.51 (Vin II 253,9 참조). 마하빠자빠띠 고따미가 스스로 설명하는 한 경(T III 153c9의 T156)에서는, 이 세 번의 요청을 한 번에 했는지 아니면 나누어 했는지에 대해서는 말하지 않고 다만 세 번 요청을 했다고 전한다.

47 T XXIV 350bc17 및 350c1의 T 1451, 그리고 D 6 *da* 100b3 및 101b1 또는 Q 1035 *ne* 97b5 및 98b2; 세 번의 요청을 다시 되풀이하는 사례는 산스크리트어 단편에도 보존되어 있다. Schmidt 1993: 242,10. T 196 및 T 1478에는 세 번의 요청이 세 번 연속되는데 이로 보아 도합 아홉 번의 요청이 행해지는 것을 알 수 있다; T IV 158a25, 158b4, 및 158b12의 T 196 그리고 T XXIV 945b27, 945c10 및 945c26의 T 1478.

거절하는 것은 꽤 흔치 않은 일이다. 따라서 비구니 승가 설립의 역사를 담은 경전과 율에서의 세 번의(또는 여섯 번까지의) 거절은 상당히 강력한 거부의 뉘앙스를 전달한다.

이것은 붓다가 결국에는 마하빠자빠띠 고따미의 요청을 받아들였다는 모든 전승들에서의 기록과 큰 대조를 이룬다. 이 마지막 결과에 비추어보면, 세 번 다 거절한다는 것은 애초부터 개연성이 좀 희박한 얘기고, 역시 법장부와 설산부(?)의 경우에서처럼, 초기 전승의 이야기에서는 단 한 번의 거절만이 있었던 것이 아닐까, 하는 생각을 갖게 된다. 이런 추정에 따르자면, 다른 전승들에서 요청 횟수가 차츰 증가하는 것은 비구니 승가 설립의 역사에서 수많은 형태로 분명하게 드러나는 경향, 즉 마하빠자빠띠 고따미와 그녀의 역할을 단호하게 부정적인 시각으로 표현하는 그런 경향을 반영하는 것이리라.

또 다른 주목할 만한 점은 마하빠자빠띠 고따미에게 대안적인 선택지로서 머리를 깎고 가사를 입을 것을 제안하는 붓다와 연관된 것이다. 붓다의 그런 제안을 언급하지 않는 다른 전승들도 그녀와 그 동료들이 바로 그렇게 했다는 사실은 역시 기록한다. 여기 그와 관련된 구절들을 보자.

법장부:

그때 마하빠자빠띠 고따미는 부처님께서 제따와나에 머물고 계시다

---

48 Owen 1998: 16은 AN 8.51의 표현에 대해, "세 번 요청하는 관습이 일반적이다. 따라서 빠자빠띠와 아난다가 세 번에 걸쳐 요청하는 것은 단지 관습이며, 전통에 따른 것"이라고 설명한다.

는 말을 들었다. 마하빠자빠띠 고따미는 삭꺄의 여자들과 함께 머리를 깎고 가사(kāṣāya)를 입고 사왓띠(Śrāvastī)의 제따와나로 갔다.[49]

설산부(?):

고따미와 오백 여인들은 부처님께서 제따와나로 향하셨다는 소식을 듣고, 스스로 그 몸이 불법 가운데 있지 않음을 개탄하면서 마음속에 슬픔과 괴로움을 품고, 각자 머리를 깎고 가사를 입고 부처님의 뒤를 따라갔다.[50]

대중부–설출세부:

〔마하빠자빠띠 고따미가 삭꺄의 오백 여인들에게 말했다.〕 "존경하는 여러분, 세존께서는 여인이 여래께서 선포하신 법과 율 안에 출가하여 구족계를 받아 비구니가 될 기회를 정녕코 주지 않으십니다. 존경하는 여러분, 우리 스스로 머리를 깎고 가사를 입고 끈으로 엮은 차대車臺를 갖춘 마차를 타고, 꼬살라의 여러 곳을 유행하시는 세존을 가까이 따라가는 것은 어떻습니까? 만일 세존께서 허락하시면 우리는 출가할 것이고, 세존께서 허락하지 않으셔도 우리는 세존이 계신 곳에서 지금처럼 청정범행의 삶을 살 수 있을 것입니다." 삭꺄의 여인들은 마하빠자빠띠에게 대답했다. "좋습니다. 귀인貴人이시여."[51]

---

49 T XXII 922c16-922c19의 T 1428.

50 T XXIV 803a27-803b1의 T 1463.

51 Roth 1970: 6,2-6,10.

상좌부:

그때 마하빠자빠띠 고따미는 삭발을 하고 노란색 가사를 입고 많은 삭꺄의 여인들과 함께 웨살리(Vesālī)로 갔다.[52]

당연히 마하빠자빠띠 고따미와 그 동료들은 붓다의 허락을 받은 뒤에 머리를 깎고 가사를 입는 행동을 취했을 것이다. 상좌부 전승의 다른 여러 곳에서는 그 당시 재가 신도들이 붓다의 유행遊行을 일정한 거리를 두고 뒤따르는 장면이 기록되어 있고,[53] 따라서 마하빠자빠띠 고따미와 그 동료들이 붓다의 여정을 따라가는 것은 이상한 일도 아니고, 여자가 오랫동안 집안 살림을 팽개치는 것으로 인식될 정도도 아니었을 터이다. 그런 행동은 비록 본래 허가의 한도를 넘은 것이기는 하지만 붓다가 명백하게 금지한 그런 정도의 것은 아니었을 것이다.

이와 대조적으로, 그들이 붓다에게서 그와 관련된 어떤 종류의 암시도 받은 바가 없이 자기들 스스로 머리를 깎고 가사를 입은 것으로 그려진 것은 뭔가 부적절한 묘사다. 몇몇 전승에서처럼 만일 붓다가 어떤 대안의 제시도 없이 마하빠자빠띠 고따미의 청원을 단호하게 거절한 것이라면, 자기 마음대로 삭발을 하고 가사를 입은 그녀의 결정은 일종의 공공연한 반항으로 읽힐 수도 있을 것이다.[54] 이것은

---

52 AN IV 274,30-275,1의 AN 8.51 (Vin II 253,21 참조).

53 Vin I 220,21은 서로 돌아가며 붓다에게 공양을 올리기 위해 붓다를 따라가는 한 무리의 재가 신도들을 묘사하는데, 이 무리는 너무나 커서 다른 사람들은 자기 차례가 올 때까지 오랫동안 기다려야 했다고 한다. 다른 데에서도 이런 묘사가 보인다. Vin I 238, 33.

54 예컨대, Sasson 2006: 69은 이 상좌부 전승의 에피소드가 전하는 느낌을 다음과

붓다의 스승으로서의 권위 및 이 여인들이 스스로 자신들을 그의 제자로 여기고 있었다는 사실과 분명히 상충된다.

사실 대부분의 전승들은 이 이야기가 진행되는 시점에서 매우 분명하게 마하빠자빠띠 고따미는 예류자預流者로 간주되어야 한다는 뜻을 전한다.[55] 초기 경전들의 표준적인 묘사에 따르면 예류자란 붓다에

같이 요약한다. "고따미는 패배한 것이 아니다. 반대로 그녀는 그(붓다)의 권위를 훼손했다."

55 그런 뜻은 붓다가 아난다에게 하는 대답의 한 부분을 이룬다. 즉, 마하빠자빠띠 고따미는 붓다의 가르침을 통해 큰 은혜를 입었다고 강조하는 부분이다. 이런 맥락에서 T XXII 923a21의 T 1428 법장부 전승의 『사분율』은 그녀가 바른 길에 들어섰고 그것은 그녀가 예류과를 얻었음을 나타내는 것이라고 전한다. (설산부 전승의 『비니모경』에는 그녀가 붓다를 통해 어떤 은혜를 입었는지를 전하는 부분 전체가 나와 있지 않고 따라서 그녀의 성취 정도에 관한 일체의 정보가 없다). Roth 1970: 15,13의 대중부-설출세부 전승의 『비구니율』은 그녀가 예류자의 특성인 사성제에 대한 통찰을 갖게 되었음을 언급한다. (T IV 158c11의 T 196 및 T XXIV 946b15의 T 1478도 참조). T XXII 185c13의 T 1421 화지부 전승의 『오분율』은 그녀가 삼보에 대한 믿음을 얻었다고만 언급하는데, 여기서 말하는 것이 예류자를 가리키는 것이려면 일정한 단계의 믿음, 즉 전혀 흔들림이 없는 그런 믿음이 필요할 것이다. T XXIV 350c23의 T 1451 근본설일체유부 전승의 한문 『비나야』는 명백하게 예류자로서의 그녀에 대해 말한다. (산스크리트어나 티베트어 전승에서는 그녀가 붓다로부터 입은 은혜에 관한 전 부분이 나타나지 않는다). 그녀는 사성제에 대한 의심을 버렸다고 전하는 T I 605c23의 MĀ 116 역시 예류자로서의 그녀를 암시하고 있다. (T I 856c10의 T 60도 마찬가지다). 상좌부 전승의 AN 8.51 (또는 그에 해당하는 율의 부분)에는 그녀가 붓다로부터 입은 은혜에 관한 언급은 없지만, MN III 254,2의 MN 142 (그녀가 붓다에게 옷을 보시하려는 장면)에 나타난다. 여기서도 그녀를 사성제에 대한 의심을 버린 사람, 따라서 이 경전이 유포되던 시점에 예류과를 얻은 사람으로 묘사한다.

대한 흔들림 없는 믿음과 계행戒行을 확고히 견지하는 사람이며, 더불어 몇몇 문헌들에 따르면 아무리 사소한 계율이라도 위반했을 때에는 즉시 참회하는 사람이다.[56] 붓다의 명령에 대한 제자들의 열정적인 순종의 느낌을 전달하는 이 묘사에 비추어보면, 남자든 여자든 붓다로부터 직접 지시를 받은 예류자가 그에 대한 의도적인 도전으로서 공개적으로 그 지시에 반하는 행동을 하는 식으로 그려질 가능성은 거의 없다.

이처럼 마하빠자빠띠 고따미와 그 동료들에게 머리를 깎고 가사를 입도록 하는 붓다의 허락은, 그런 허락을 명백하게 기록하지는 않으면서도 결국은 마하빠자빠띠 고따미와 그 동료들이 그 허락에 따라 행동했음을 보여주는 그런 전승들의 기록 밑바탕에도 깔려 있는 듯하다.

결국 비구니 승가의 설립 역사를 다룬 초기의 전승은 붓다의 허가와 그에 따른 마하빠자빠띠 고따미 및 그 동료들의 행동이라는 두 가지 측면을 모두 담은 것으로 보인다. 그런 이야기의 연속성은 화지부 전승에 보이는데, 여기서는 붓다가 마하빠자빠띠 고따미와 그 동료들에게 삭발을 하고 가사를 입도록 허락하는 묘사 뒤에 그들이 실제로 그러한 절차를 수행하는 장면이 그려진다.

> 고따미와 삭까의 오백 여인들은 서로 머리를 깎아주고 가사를 입고 부처님을 따라갔다.[57]

---

56 Sn 232 및 상응하는 『대사(大事, *Mahāvastu*)』의 한 부분, Semart 1882: 292,7.

57 T XXII 185c4 이하 T 1421.

붓다의 그런 허락은, 명시적이든 아니면 최소한 묵시적이든 간에, 비구니 승가의 설립 역사에 관한 초기 전승의 한 부분이었을 것으로 추정하는 것이 타당하겠다. 이런 추정은 붓다가 결국은 비구니 승가를 출발케 했음을 모든 전승들이 기록하는 것과 더불어 이야기의 일관성을 분명히 해준다. 마하빠자빠띠 고따미와 그 동료들이 일단 그런 식으로 허가를 받아 행동하면서 출가에 대한 그들의 간절함을 드러내고, 또 고대 인도의 수도자로서 유랑流浪하는 삶의 조건을 과감하게 헤쳐나가는 능력을 입증하자, 비구니로서 집 없이 떠돌아야 하는 삶의 방식과 관련된 그들에 대한 의구심은 가라앉았을 것이다.

요약

화지부 전승은 이제 막 예류자가 된 숫도다나 왕의 출가하겠다는 소원을 붓다가 거절하는 인연담으로 시작된다. 깨달음의 탐구와 출가 사이의 관계는 대중부-설출세부, 근본설일체유부, 그리고 설일체유부 전승에서도 되풀이되는데, 여기서 이 문제는 여성의 출가를 허락해 달라는 마하빠자빠띠 고따미의 탄원의 일부를 이룬다.

모든 전승의 이야기에 따르면, 붓다는 이 청원을 거절한다. 화지부, 근본설일체유부, 그리고 설일체유부 전승들은 붓다가 하나의 대안으로서 머리를 깎고 가사를 입되 자기 집의 안전하게 보호된 환경 속에서 금욕적인 삶을 가꾸어나가기를 분명하게 제시했다고 전한다. 다른 전승들은 그런 허가를 기록하지 않지만 그럼에도 불구하고 마하빠자빠띠 고따미와 그 동료들이 실제로 어떻게 머리를 깎고 가사를 입었는지를 묘사한다. 이로 미루어 붓다의 그런 제안은 비구니 승가 설립의 이야기를 구성하는 데에 애초부터 기본적 요소였음을 짐작할 수 있다.

3장 아난다의 개입

이번 장에서는 비구니 승가의 설립과 관련된 아난다의 역할을 다룬다. 여기서 아난다는 붓다를 설득하여 마침내 비구니 승가가 출발할 수 있도록 중개자의 일을 떠맡는다.

나는 1) 마하빠자빠띠 고따미와 아난다의 만남으로부터 시작하여 2) 그 다음, 거의 모든 비구니 승가 설립의 역사에는 포함되지 않지만, 역시 마하빠자빠띠 고따미의 탄원과 아난다가 그녀를 위해 개입하는 에피소드와 연관된 「보시의 분석경(*Dakkhiṇāvibhaṅga-sutta*)」 및 그에 상응하는 다른 경들에 나오는 어떤 에피소드로 옮겨간다. 3) 이어서 아난다가 어떤 이유를 들어 붓다로 하여금 비구니 승가를 세우도록 했는지를 검토하면서, 4) 특히 깨달음에 이르는 여성의 능력에 관한 주제를 다루고, 5) 마지막으로 중개자로서의 아난다의 역할과 관련된 서사적 배경을 고찰한다.

1. 마하빠자빠띠 고따미와 아난다

비구니 승가의 설립 역사는 마하빠자빠띠 고따미가 붓다의 유행을 따라가고 난 뒤, 그 다음 장면으로 그녀와 아난다의 만남을 묘사한다. 설산부(?) 전승을 제외한[1] 나머지 고전적 전승들은 마하빠자빠띠 고따미의 외관과 형편을 묘사함으로써 그녀와 아난다의 만남을 소개한다. 이 묘사들은 다음과 같다.

법장부:
〔마하빠자빠띠 고따미와 그 동료들은〕 길을 걷느라 발이 부르트고 온몸에 먼지를 뒤집어쓴 채 문밖에 서서 울고 있었다.[2]

대중부-설출세부:
〔마하빠자빠띠 고따미는〕 제따와나의 문 앞 가까이에 서서 발로 땅을 긁으며 울고 있었다.[3]

---

1 『비니모경』은 유일하게 마하빠자빠띠 고따미가 아난다에게 말할 때 그녀의 상태에 대해 언급하는데, 여기서 아난다는 창백하고 우울한 그녀(그리고 그 동료들)의 안색에 주목한다. T XXIV 803b3의 T 1463: 顔色憔悴而不悅(안색은 초췌하고 즐겁지 않았다).

2 T XXII 922c19 이하 T 1428.

3 Roth 1970: 7,11 이하; 이 전승에서 마하빠자빠띠 고따미와 그 동료들은 마차를 타고 갔다고 하고, 반면에 다른 전승들에서는 걸어갔다고 한다.

화지부:

고따미와 삭꺄의 오백 여인들은 〔제따와나의〕 입구에 서서 울고 있었다.[4]

근본설일체유부:

〔마하빠자빠띠 고따미는 부처님께서〕 허락하지 않으신 것을 알자 문밖에 서서 울고 있었다.[5]

설일체유부:

그때 마하빠자빠띠 고따미는 흙 묻은 맨발에 몸에는 먼지를 뒤집어쓰고 몹시 피로한 채 슬피 울면서 문밖에 서 있었다.[6]

상좌부:

그때 마하빠자빠띠 고따미는 발이 퉁퉁 부어올랐고, 사지는 온통 먼지투성이였으며, 슬픔과 비탄에 잠겨 눈물을 흘리고 흐느끼면서 문밖에 서 있었다.[7]

---

4 T XXII 185c6 이하 T1421.

5 T XXIV 350c2의 T 1451, 상응하는 산스크리트어 단편, Schmidt 1993: 243,7 및 D 6 *da* 101b3 또는 Q 1035 *ne* 98b6.

6 T I 605b18 이하 MĀ 116; T I 856b15의 T 60도 유사하게 표현한다. "그때 마하빠자빠띠 고따미는 문밖에 서서 침울한 낯으로 울고 있었다. 발과 몸은 씻지 않았고 온몸이 먼지로 뒤덮였다."

7 AN IV 275,2-275,4의 AN 8.51. (Vin II 253,25 참조).

위의 묘사들은 마하빠자빠띠 고따미가 사원 문 앞에 서 있었음을 보여준다. 비구가 거처하고 있는 사원에 비구니가 사전에 허락을 받지 않고 출입하는 것은 여러 율에서 모두 금지하는, 어기면 속죄해야 하는 규칙에 속한다.[8] 물론 비구니 승가 설립의 역사에서 이 규칙 자체는 지금의 이 에피소드 이후에 공포된 것으로 보아야 할 것이다. 이 규칙은 비구니 승가가 이미 존재했다는 사실을 전제하는 것이기 때문이다. 그러나 이 규칙은 고대 인도의 환경에서 어떤 것이 확실하게 올바른 예절로 간주되는지를 표현하는 것이면서, 또 그만큼 그런 예절이 이 에피소드의 근저에 자리잡고 있음을 보여주기도 한다.

앞서 마하빠지빠띠 고따미는 자기 고향인 까삘라왓투에서는 붓다에게 직접 다가가는 것으로 나타났지만, 이제는 삭발을 하고 가사를 걸친 준準-수행자가 되어 승려들이 거처하는 사원의 입구에 도착해 있다. 그런 상황에서 그녀의 존재가 아마도 안에 거처하고 있을 비구들의 눈에 띌 때까지 사원 문 앞에서 기다리는 것으로 묘사되는 것은 여성 수행자에게 올바른 예절로 간주되는, 위에서 말한 그 규칙의 연장선상에 있는 것이다.

이 장면 묘사의 몇몇 전승들은 마하빠자빠띠 고따미가 먼지로 뒤덮

---

8 이 규칙은 T XXII 1038a10의 T 1431 법장부 「사분비구니계본(*bhikṣuṇī-prātimokṣas*)」, T XXII 562c19의 T 1427 대중부 「마하승기비구니계본摩訶僧祇比丘尼戒本」, T XXII 211a18의 T 1423 화지부 「오분비구니계본五分比丘尼戒本」, T XXIII 485c22의 T 1437 설일체유부 「십송비구니바라제목차계본十誦比丘尼波羅提木叉戒本」, 그리고 Vin IV 306,23의 상좌부 『율장』에 나온다; Waldschmidt 1926: 120도 참조. 그리고 근본설일체유부와 상응하는 것은 Schopen 1996/2004: 341 이하.

였다는 것을 특히 강조한다. 고대 인도의 환경에서 맨발로 길을 걸어온 사람이 먼지를 뒤집어쓰는 건 물론 당연한 일이다. 그러나 암송자가 이 사실을 노골적으로 언급할 것인가는 다른 문제다. 실제로 다른 전승들은 그녀가 먼지를 뒤집어쓴 상황에 주목하지 않는다.[9] 따라서 법장부, 설일체유부, 그리고 상좌부 전승이 마하빠자빠띠 고따미의 지저분한 상태에 묘사의 초점을 맞추는 것은 의미심장하다. 근본설일체유부의 서술도 마찬가지다. 여기서는 그녀의 몸 상태를 더 일찍 언급하는데, 그것은 그녀가 자신의 요청을 거듭하기 위해 붓다에게 다가갔을 때이다. 여기서 그녀는 "걷느라고 몹시 지친 데다 온몸에는 먼지를 뒤집어쓴 채"라고 표현된다.[10]

먼지에 대한 언급은 붓다와 대비를 이루는데, 「브라흐마유 경(*Brahmāyu-sutta*)」 및 그에 상응하는 두 개의 한문 경전에 따르면 붓다는 피부의 성질이 너무 좋아서 그 몸에는 어떤 먼지도 달라붙지 않았다는 것이다.[11] 그중 한 한문 경전은 붓다가 전생에 닦은 청정범행

---

9 지금 이 사례는 방금 도착한 누군가에게 발 씻을 물을 차려 줄 필요가 있다는, 앞서 p.32 이하에서 논의한 것과 비슷한 것인데, 여기서는 이것을 표나게 언급한다는 사실 자체가 의미심장한 것이다.

10 T XXIV 350b22 이하 T 1451, 이에 상응하는 D 6 *da* 101a2 또는 Q 1035 *ne* 98a4 (관련 부분은 산스크리트어 단편으로는 보존되어 있지 않다).

11 MN II 136,20의 MN 91, T I 686b10의 MĀ 161, 그리고 T I 883c28의 T 76 같은 전승들은 또한 붓다는 그럼에도 불구하고 발을 씻었다고 전한다; MN II 139, 26의 MN 91, T I 687b24의 MĀ 161, 그리고 T I 884b14의 T 76. Ps III 378,2의 MN 91에 대한 주석은, 붓다는 손이나 발을 씻을 필요가 없었지만 때때로 상쾌함(refresh)을 위해서, 신도들이 공덕을 쌓을 수 있도록, 그리고 다른 사람들에게 모범을 보이기 위해서 그렇게 했다고 그 이유를 설명한다. 『대사』,

때문에 그의 피부에는 어떤 먼지도 묻지 않았다고 설명한다.[12] 『디가니까야(*Dīgha-nikāya*)』의 「삼십이상경(三十二相經, *Lakkhaṇa-sutta*)」은 더 구체적인데, 붓다가 전생에 고행자들과 바라문들을 찾아다니며 가르침을 구했던 수행 덕에 그의 현재의 몸에는 먼지가 묻지 않는다고 설명한다.[13]

먼지의 모티프는 출가에 관한 표준적인 묘사에도 규칙적으로 나오는데, 가령 속세의 집에서 사는 것은 먼지 가득한 길을 걷는 것과 같다.[14] 또 다른 경우로 예류자에 관한 통상적인 묘사에서도 그 일부를 이룬다. 이 경우에 "법(Dharma)의 눈"을 뜨는 것은 먼지가 사라지는 것으로 표현되는데,[15] 빠알리 주석서에 따르면 이것은 감각적 욕망이나 집착

Semart 1882: 168,12. 역시 이와 비슷하게, 붓다들의 발에는 먼지가 묻지 않으나 그들이 발을 씻는 것은 단지 세속의 관습에 맞추는 것일 뿐이라고 강조한다; 산스크리트어 단편으로 현존하는 설출세부 전승도 참조, Harrison 1982: 215,17 (§ 9). 그리고 설일체유부 및 대중부의 교리로서의 이 자질에 관한 논의는 Guang Xing 2005: 26 및 58 참조. 먼지 모티프와 관련된 다른 사례들은 T II 663c8의 EĀ 30,3 그리고 T II 726c5의 EĀ 38,11에서도 볼 수 있는데, 여기서는 천신들(*devas*)이 붓다의 몸에 먼지가 떨어질까 두려워 한 개 또는 여러 개의 우산으로 붓다의 몸 위를 덮는, 서로 다른 두 개의 장면이 나온다.

12 T I 687a16의 MĀ 161.

13 DN III 157,15의 DN 30.

14 이 사례의 인용은 MN I 179,12의 MN 27 및 상응하는 T I 657a5의 MĀ 146. 여기서 먼지는 감각적 대상과 연관된 욕정을 상징한다. (Sn 974도 참조). Blackstone 1999: 302은 비구니 승가 설립 역사에 관해 언급하면서 "율장 전체에 걸쳐 묘사된 이상적인 금욕의 이미지와 대조적으로 마하빠자빠띠 고따미는 더럽고, 여독旅毒에 절은 채, 문밖에서 울고 있는 모습으로 그려진다"고 지적한다.

15 예컨대, MN I 380,6의 MN 56, 그리고 이에 상응하는 T I 623c16의 MĀ 133이

(*rāga*) 같은 먼지에서 벗어남을 뜻하는 것으로 이해해야 한다.[16]

전체적으로 이 구절들은 초기의 불교 경전에 익숙한 청자들에게는 먼지로 뒤덮인 사람의 모습을 통해 그녀가 집안 살림에 갇혀 있는 사람이라는 뉘앙스를 전달한다.

마하빠자빠띠의 묘사에서 또 다른 주목할 측면은 그녀가 우는 것으로 그려진다는 점이다. 그녀의 울음은 화지부 전승에서 특히 두드러진다. 이미 세 번의 간청이 붓다로부터 거절되고 난 뒤, 마하빠자빠띠 고따미는 "몹시 흐느낀다." 그녀와 동료들은 머리를 깎고 가사를 입고 붓다를 따라가면서 다시 "운다."[17] 화지부 전승의 설명에서 마하빠자빠띠 고따미는 붓다가 거절을 한 시점부터 제따와나의 입구에 도착하기까지 전 여정에 걸쳐 거의 쉴 새 없이 눈물을 흘리는 것 같다.

말할 것도 없이, 울음은 품행 바른 수행자에게 기대되는 침착함과는 정반대되는 행동이다.[18] 비구니가 울거나 자기 자신을 때리는 행위는

그러한데, 이런 표현을 통해 (두 경의 각각 다른 지점에서 나타나는데) 우빨리(Upāli) 장자는 *virajaṃ vitamalaṃ*, 遠塵離垢, 즉 티끌 없고 때 없는 상태에서 법의 눈〔法眼〕이 생겨난 사람이라는 자격을 얻는다.

16 Ps III 92,13.

17 T XXII 185c2 및 185c5의 T 1421.

18 T XXIV 946a8의 T 1478에서 그녀의 울음은 자신을 억제하지 못한 채 혼란에 빠진 상태에서 나온다. 이미 Blackstone 1195: 231 이하가 지적했듯이, "눈물은 감정으로부터 새어나오는 육체의 유출이자, 통제의 완전한 결여를 표현한다. …… 문밖에서 무절제하게 울고 있는 마하빠자빠띠 고따미의 이미지는 명백히 모범적인 불교도의 금욕적 모습이 아니라, 그 반대의 모습이다." Stenzel 2012: 6의 다음과 같은 언급도 참조: "그녀가 도착해서 …… 제따와나의 문 앞에서 지저분한 상태로 울고 있는 모습은 결국 청정함이나 자기 통제라는 고행의

일련의 서로 다른 율에서 모두 금지하는, 어기면 속죄해야 하는 규칙에 속한다.[19] 결국 마하빠자빠띠의 지저분한 외관을 그리는 데에서 뚜렷해지는 부정적 묘사는 그녀의 우는 모습에서 완결된다. 요컨대, 그녀의 먼지로 덮인 몸의 상태와 울음은 서로 연결되어, 그녀를 출가한 수행자들 사이에 있는 사람이 아니라 집안 살림에 얽매인 여자로 보이게 하는 것이다.

이어서 이야기는 아난다가 마하빠자빠띠 고따미의 상황을 알아차리는 장면으로 계속된다. 대중부-설출세부 전승은 여기서 약간 변형된 표현을 하는데, 그녀의 상황을 알아차린 어떤 비구가 아난다에게 사실을 알려주면서 가서 그녀가 왜 울고 있는지 알아보라고 청한다.[20]

이상과는 뚜렷이 어긋나는 것이 되었다."

19 이 규칙은 T XXII 1036c24의 T 1431 법장부 「사분비구니계본(*bhikṣuṇī-prātimokṣas*)」, T XXII 562a29의 T 1427 대중부 「마하승기비구니계본摩訶僧祇比丘尼戒本」, T XXII 211b25의 T 1423 화지부 「오분비구니계본五分比丘尼戒本」, T XXIII 484c23의 T 1437 설일체유부 「십송비구니바라제목차계본十誦比丘尼波羅提木叉戒本」, 그리고 Vin IV 277,22의 상좌부 『율장』에 나온다. 그러나 울음은 오직 비구니(여성)에게만 관련되는 건 아니다. 예컨대 SN II 282,3의 SN 21,9는 비구 띠싸(Tissa)가 다른 비구들로부터 심한 말을 듣고 우는 장면을 전한다. (이에 상응하는 T II 277b7의 SĀ 1068 및 T II 375b22의 SĀ² 7은 울음에 대해서는 전혀 전하지 않지만). 잘 알려진 아난다의 울음 말고도, 다른 비구들 역시 대부분의 「대반열반경」 서사에서 붓다가 세상을 떠났을 때 울부짖고 통곡하는 모습으로 그려진다. DN II 157,21의 DN 16, Waldschmidt 1950: 47의 산스크리트어 단편 S 360 낱장 239 R6, T I 27b15의 DĀ 2, T I 172c24의 T 5, 그리고 T I 205a1의 T 7 참조.

20 Roth 1970: 7,16.

그리하여 모든 전승의 서술에 따르면, 마하빠자빠띠 고따미는 아난다에게 계戒를 받기를 원한다는 자신의 소원을 말한다. 몇몇 전승에서 아난다는 다음과 같이 말하면서 주도권을 쥔다.

법장부:

잠시 기다리십시오. 제가 부처님께 가서 대신 말씀드리고 허락을 받아오겠습니다.[21]

설산부(?):

잠깐만 기다리십시오. 세존께 말씀드려 보겠습니다.[22]

근본설일체유부:

고따미여, 여기 계십시오. 제가 여래께 여쭙겠습니다.[23]

설일체유부:

고따미여, 잠깐만 여기서 기다리십시오. 제가 부처님께 나아가 이 일을 여쭈어 보겠습니다.[24]

---

21 T XXII 922c24 이하 T 1428.

22 T XXIV 803b5의 T 1463.

23 T XXIV 350c5 이하 T 1451. 상응하는 산스크리트어 단편, Schmidt 1993: 243,17 및 D 6 *da* 101b5 또는 Q 1035 *ne* 98b8.

24 T I 605b25 이하 MĀ 116; T I 856b21의 T 60에서 아난다는 이와 비슷하게 말한다. "고따미여, 여기서 기다리십시오. 제가 세존께 가 보겠습니다. 가서 〔이 일에 대해〕 세존께 말씀드리겠습니다."

상좌부:

고따미여, 그렇다면 여기에 계십시오. 제가 세존께 여자도 집을 나와 여래가 선포하신 법과 율 안으로 출가하도록 간청을 해 보겠습니다.[25]

이 전승들에서는 아난다가 자기 스스로 개입하려는 생각을 품고 있는 데에 반해, 나머지 두 전승에서 그는 마하빠자빠띠 고따미의 제안을 받고서 그렇게 한다.

대중부-설출세부 :

〔마하빠자빠띠 고따미가 말했다.〕 "아난다 귀인이시여, 여인이 여래께서 선포하신 법과 율 안에 출가하여 구족계를 받아 비구니가 될 기회를 얻도록 청하여 주시면 감사하겠습니다."[26]

화지부 :

〔마하빠자빠띠 고따미와 그녀의 동료들이 말했다.〕 "원컨대 우리를 위하여 이 일을 말씀드려, 우리의 염원이 이루어지게 하소서."[27]

이 두 전승은 마하빠자빠띠 고따미 스스로 아난다가 중간 역할을

---

25 AN IV 275,13-275,15의 AN 8.51. (Vin II 254,7은 아난다가 그녀에게 여기서 "잠깐만" 기다려 달라고 말한다는 점에서 차이가 난다).

26 Roth 1970: 8,10-8,12.

27 T XXII 185c9의 T 1421.

할 수 있을 거라는 생각을 품고 있다는 점에서 그녀를 좀 더 주체적으로 묘사한다. 그러나 한편으로 이것은 그가 나중에 붓다로부터, 또 더 훗날의 제1차 결집(結集, *saṅgīti*)에서 비구들로부터 뭔가 잘못했다는 비난을 받을 때 그 책임을 다소 덜어주는 표현이기도 하다. 이 문제에 관해서는 다음 장에서 다시 다룬다.[28]

마하빠자빠띠 고따미와 아난다의 만남에 대한 서로 다른 묘사의 뉘앙스 말고도, 또 달리 주목할 점은 거의 모든 전승들이 고따미가 삭발을 하고 가사를 입고 있다는 사실을 아난다가 전혀 언급하지 않는 것으로 그린다는 것이다.[29] 그 대신에 그는 그저 마하빠자빠띠 고따미가 여행 끝에 슬프고 지쳐 있다는 사실만을 주목한다. 이런 묘사를 보면, 머리를 깎고 가사를 입은 그녀의 행동은 이와 관련된 붓다의 어떤 허가에 따른 것으로 간주되어야 한다는 느낌이 든다. 만일 붓다의 사전 허가나 제안이 없이 그녀와 동료들이 그렇게 했다면, 이야기는 그녀들의 이런 외관에 대해 아난다가 칭찬을 하거나 아니면 꾸짖거나 하는 식으로 진행되었을 것이 틀림없기 때문이다.

마하빠자빠띠 고따미가 아난다와 대화를 나누기 전, 제따와나에서 이미 붓다를 만났을 때의 장면에서도 이 전승들은 같은 방식을 취한

---

28 아래 p.218 이하 참조.

29 다만 T XXII 922c21의 T 1428 및 T XXIV 803b2의 T 1463 법장부 『사분율』 및 설산부 『비니모경』은 마하빠자빠띠 고따미와 그 동료들이 머리를 깎고 가사를 입었다는 사실뿐 아니라 그들이 슬프고 여행 끝에 지쳤다는 사실도 아난다가 언급한다고 전한다. 이렇게 다른 모습들을 한꺼번에 합치는 방식은, 이 묘사가 그들이 가사를 입었다고 질책하려는 뜻을 전달하려는 것이 아니라 단지 그들의 전반적인 상황을 묘사하는 형식의 일부일 뿐이라는 느낌을 준다.

다.[30] 이 가운데 대중부-설출세부의 묘사는 붓다가 이전에 어떤 허락을 했다는 사실을 기록하지 않은 전승 가운데 하나다. 그런데, 그녀가 머리를 깎고 가사를 입은 것을 일종의 반항 행위로서 자기 마음대로 그렇게 한 것으로 이해했다면, 그것은 최소한 지나가는 말로라도 지적을 받을, 아니면 붓다의 공개적인 질책을 받아 마땅할 일이었음에 틀림없다.

더 나아가, 이제 외관상 수행자와 비슷한 모습을 한 마하빠자빠띠 고따미와 그 동료들에 대해 아무런 질책이 없다는 사실로 미루어 볼 때, 붓다가 일찍이 그런 선택을 그들에게 제안했다는 이야기는 붓다의 그런 제안을 더 이상 기록하지 않는 그 전승들에서조차 승가 설립 역사의 근저에 놓인 초기부터의 기본 요소였다는 확신을 갖게 한다.

이로부터 비구니 승가 설립의 역사에 관한 뜻깊은 대안적 관점이 생긴다. 이 대안적 관점에 따라, 여성의 수계受戒에 대한 붓다의 거절은

---

30 Roth 1970: 6,22 대중부-설출세부의 『비구니율』, T XXIV 350b22의 T 1451 근본설일체유부의 『비나야』, 이에 상응하는 티베트어 전승 D 6 *da* 101a2 또는 Q 1035 *ne* 98a4, 그리고 T I 605b10의 MĀ 116(그리고 T I 856b7의 T 60)에서도 그러하다. Findly 1993: 23는 마하빠자빠띠 고따미가 머리를 깎고 가사를 입고서 붓다에게 다가가는 장면과, "도제徒弟가 되기를 원하는 생도는 입문을 청한다는 표시로 손에 불쏘시개 나무(*samadhī*)를 들고 장래의 스승에게 다가가는 베다(Vedic) 전통에서의 한 격식" 사이의 유사성을 본다. 하지만, 붓다가 그녀에게 합당한 허가를 내렸다는 몇몇 전승들에 나타나는 서사의 관점에서 보면, 그녀가 이런 식으로 묘사되는 것은 상당히 자연스럽고 굳이 베다 전통의 도제 되기와 연관 지을 필요는 없다.

자신의 승가 안에서 여성에게 어떤 역할도 주기를 단호히 부정한다는 의미가 아니라, 아마도 각자 집에서 금욕적인 수행자의 생활을 해나가도록 허가한다는 의미로 바뀐다.[31] 고대 인도의 환경에서 집을 나와 정처 없이 떠도는 삶이 여성에게 부과하는 특별한 부담을 고려하면, 이 대안적 선택의 요점은 그들이 보다 잘 보호된 집안의 환경 속에서 좀 더 나은 수행자의 삶을 살아갈 수 있도록 하는 데에 있을 것이다. 결국 서사적 결말의 맥락에서 보자면, 붓다의 거절은 불교 승가가 아직 초기 단계일 때 집 없이 떠도는 승려들의 거처할 곳이며 다른 생활 조건들의 부족함이 삭꺄의 여성들에게 너무나 힘들 것이라는 우려의 표시였을 것이다.[32]

---

31 Clarke 2014: 63는 율의 서사들은 "적어도 처음에 비구니들은 속가俗家에서 살았다"는 느낌을 준다고 말한다. 이와 다소 비교할 만한 상황이 아눌라 왕비(Queen Anulā)와 그 수행원들에 관한 묘사에 나오는데, 그들은 상가미따(Saṅgha-mittā)와 다른 비구니들이 인도로부터 스리랑카로 그녀들에게 계를 수여하러 오는 걸 기다리는 동안 집에서 가사를 입고 금욕생활을 하고 있었다고 한다; Mhv 18.10, Geiger 1958: 141,7 참조. (이에 상응하는 Dīp 15.84 이하, Oldenberg 1879: 85,6은 그들이 가사를 입었다는 말은 하지 않는다).

32 Kabilsingh 1984: 24는 다음과 같이 그 이유를 설명한다. "붓다가 승가에 여성들을 받아들이기를 주저한 까닭은 무엇보다도 그것이 단순한 여성의 입교入教 문제가 아니라는 것, 이후에 그와 연관되어 발생할 문제가 너무나 많다는 점을 잘 알고 있었기 때문이다. 당장의 장애는 마하빠자빠띠 고따미 자체였을 것이다. 왜냐하면 그녀는 …… 어떤 고생도 해 본 적이 없는데다 이집 저집 돌면서 밥을 구걸하는 왕비를 본다는 것은 거의 상상할 수 없는 일이었기 때문이다." Wijayarama 1990: 160에 따르면, 깨달음에 이를 여성의 능력이 이미 확인된 것은 "붓다의 거절이 사회적-실제적 고려에 의해 행해진 것"임을 뜻한다. Dewaraja 1999: 73은 여기에 덧붙여, 특히 "재가 신도들의 승인을 유지할" 필요가

2. 마하빠자빠띠 고따미의 옷 보시

이어서 나는 비구니 승가 설립의 역사에 관한 비교 연구를 잠시 멈추고, 마하빠자빠띠 고따미의 청원에 대해 붓다가 거절하는 모습을 보여주는 또 다른 장면을 검토하려 한다. 이 거절은 그녀가 붓다에게 옷 한 벌(또는 여러 벌)을 보시하려고 할 때 붓다가 보이는 반응 중에 나오는데, 『맛지마 니까야』의 「보시의 분석경」 및 상응하는 경들에 기록되어 있다. 이 경의 주요 전승들은 다음과 같다.

- 『맛지마 니까야』 가운데 한 경전[33]
- 고대 인도 북서부 언어인 간다라어(Gāndhārī) 단편들에 보존된 한 경전의 일부[34]
- 산스크리트어 단편으로 보존된 몇 행의 문장[35]
- 현존하는 한문 『중아함경』 가운데 한 경전[36]
- 개별 한문 번역으로 보존된 한 경전[37]

있었다고 말한다. Evans 2001: 115는 "유랑 생활의 전적인 물질적 궁핍과 위험"이 과연 삭꺄의 여인들에게 감당할 만한 생활 조건으로 여겨졌을지 의문을 제기한다.

33 MN III 253,1-257,25의 MN 142; 마하빠자빠띠 고따미의 옷 보시를 붓다가 거절하는 것에 대한 논의는 Mil 240,1에 나온다.

34 바자우르(Bajaur) 컬렉션의 카로스티(Kharoṣṭhī) 단편 1; Strauch 2007/2008: 20 이하 및 2014.

35 SHT III 979, Waldschmidt 1971: 241 이하 (Bechert와 Wille 2000: 186도 참조). 그리고 (Peter Skilling이 발견한) Schøyen 컬렉션의 아직 출간되지 않은 2379/15의 단편.

36 T I 721c21-723a6의 MĀ 180 (Tsukamoto 1985: 1093-1097에 번역됨).

- 『아비달마구사론복주서(*Abhidharmakośopāyikā-ṭīkā*)』에서 인용된 한 경전[38]
- 토카라어(Tocharian) 및 위그르어(Uighur)로 보존된 고대의 불교 연극 『미륵과의 만남(*Maitrisimit*)』에서 반복되는 이야기[39]
- 한문 번역으로 보존된 두 이야기 모음에서의 또 다른 반복되는 이야기[40]

이 이야기가 비구니 승단의 설립에 관한 연구와 관계를 맺는 것은 단지 붓다의 거절이 나란히 존재한다는 점에서뿐만 아니라, 이미 앞 장에서 짧게 언급했듯이, 마하빠자빠띠 고따미가 붓다에게 옷을

37 T I 903b23-904b22의 T 84 (Tsukamoto 1985: 1097-1100에 번역됨).

38 D 4094 *ju* 254a1-257a6 또는 Q 5595 *tu* 289a8-293a3.

39 이와 관련된 토카라어 전승은 Ji et al. 1998: 168-188에 나오고, 위그르어 전승은 Geng과 Klinkeit 1988: 192-208 및 Tekin 1980: 69 이하에 나온다. 위의 p.58 이하 각주 15도 참조.

40 T IV 434a6-434a22의 T 202 (Lamotte 1958: 781 이하에 요약됨) 그리고 T IV 470a15-470a22의 T 203 (번역은 Chavannes 1911: 46 및 Willemen 1994: 112 이하); T 202에 관해서는 예컨대 Mair 1993/1999 참조. T 203에 관해서는 Willemen 1992 참조. 이 이야기의 전승들에 관해서는 『미래불 연대기(*Anāgata-vaṃsa*)』의 주석 및 관련 문헌 Jaini 1988/2001: 460-462 참조; 이 이야기에 관한 참고 문헌은 예컨대, T IV 691b13의 T 212 한문 번역으로 보존된 『우다나(*Udāna*, 감흥어; 부처가 감흥하여 저절로 하게 된 말)』, T XXVII 894a17의 T 1545 「아비달마 대비바사론(大毘婆沙論, *Mahāvibhāṣā*)」, T XXV 225b9의 T 1509 「대지도초서품(大智度初序品, *Mahāprajñāpāramitopadeśa*)」(Lamotte 1944/1970: 1403에 번역), 그리고 T LI 861b3의 T 2085 파시엔(Fa-Shien 法顯)의 기행문 (Legge 1886/1998: 66 이하에 번역).

보시하려는 모티프가 화지부 전승의 『오분율』에서는 비구니 승가의 형성을 이끌어내는 사건들의 한 부분이라는 사실에도 있다. 이와 관련되는 부분은 숫도다나 왕이 붓다의 가르침 아래로 출가하려는 사람은 누구든지 허락하겠다고 공공연히 선언한 직후에 시작된다.

> 이때 마하빠자빠띠 고따미는 왕의 선언을 듣고 삭까의 여인 오백 명과 함께 새 옷 두 벌을 지니고 〔궁을〕 떠나 부처님 계신 곳으로 갔다.
>
> 부처님 발아래 머리를 조아려 절하고 말했다. "세존이시여, 제 손으로 이 옷을 지었나이다. 이제 세존께 이 옷을 공양 올리오니, 받아주소서." 부처님께서 말씀하셨다. "승가에 보시하면 큰 보답을 받을 것이오."
>
> 그녀는 부처님께 위와 같이 다시 말씀드렸다. 〔부처님께서 말씀하셨다.〕 "승가에 보시하시오. 나 역시 승가의 일원이기 때문이오."
>
> 그녀는 다시 위와 같이 말씀드렸다. 부처님께서 말씀하셨다. "내가 〔한 벌을〕 받을 테니 〔다른〕 한 벌은 승가에 보시하시오." 이 분부를 듣고 그녀는 〔한 벌은〕 부처님께 〔다른 한 벌은〕 승가에 보시하였다.[41]

『오분율』은 이 대목에서 여성의 수계受戒를 원하는 마하빠자빠띠 고따미의 청원으로 이어진다. 따라서 이 전승에서 옷 보시는 그녀의 수계로 이어지는 사건들의 필수불가결한 부분을 구성한다. 말할 것도 없이, 『오분율』의 서사 안에서 그녀는 이 시점에 여전히 재가在家

41 T XXII 185b19-b25의 T 1421.

신도임에 틀림없다.

그러나 「보시의 분석경」 및 상응하는 경전들에서는 재가 신도로서의 그녀의 신분이 화지부 전승의 『오분율』에서만큼 자명하지 않다. 「보시의 분석경」 및 상응하는 경전들에서는 마하빠자빠띠 고따미가 한 벌의 옷을 보시하려 할 때 붓다가 줄기차게 받기를 거부하는데, 이 모습은 우리에게 재가의 후원자와 승려 사이의 전통적인 관계를 상기시킨다. 그러나 다른 율들에는 비구가 비구니로부터 보시를 받는 것을 암묵적으로 허가하는 규정이 있는데, 그것은 그들이 서로 친척일 경우에 한해서이다.[42] 그러니까 어떤 여성이 어떤 비구에게 옷을 보시하는 것으로 묘사될 때, 특히 그 비구가 그녀의 친척일 경우, 그녀를 꼭 재가 신도로 볼 필요는 없다는 말이다.[43]

일단 붓다가 그녀의 보시를 거절하고 나서, 「보시의 분석경」 및

---

42 T XXII 1017b1의 T 1429 법장부 「사분비구계본」, T XXII 551a19의 T 1426 대중부 「마하승기율대비구계본」 (설출세부에 관해서는 Tatia 1975: 13,25 참조), T XXII 196a22의 T 1422 화지부 「오분계본」, Banerjee 1977: 25,15의 근본설일체유부 『비나야』, von Simson 2000: 185,7의 설일체유부 『십송율』 및 Pruitt와 Norman 2001: 30,2의 상좌부 『율장』 모두 비구는 자기와 관계가 없는 사람에게서 옷을 보시 받아서는 안 된다고 규정하고 있는데, 이는 만일 친척 관계라면 그런 선물을 받아도 된다는 뜻이다.

43 그녀가 이 보시를 재가 신도로서 했을 것이라는 인상은 MN III 253,8의 MN 142에서 조금 더 강하다. 이에 따르면 그 옷은 그녀가 손수 물레질하고 짠 것이다. (Vin IV 300,11에 의하면 실을 잣는 일은 비구니에게 금지된 것이다. 일반적으로 물레질은 수행자에게 적절치 않은 일로 여겨졌다). 그러나 상응하는 두 개의 경, 즉 T I 721c27의 MĀ 180과 T I 903c2의 T 84에 따르면, 그녀는 단지 옷을 "만들었다(作)." 이것은 그냥 바느질만을 가리키는 것일 수 있다.

상응하는 몇몇 경전들에서는 아난다가 마하빠자빠띠 고따미를 대신해서 개입한다. 그는 붓다의 어머니가 세상을 떠나자 그녀가 붓다의 계모로서 행했던 일들을 붓다에게 상기시킨다.[44] 「보시의 분석경」 및 상응하는 경전들은 마하빠자빠띠 고따미가 붓다의 덕으로 삼보에 귀의하고 오계五戒를 수지受持할 수 있었기 때문에 붓다는 이미 마하빠자빠띠 고따미의 은혜를 갚았음을 지적하는 것으로 이야기를 이어간다.[45]

여기서 오계 수지에 관한 언급은 다시금 재가자의 신분 문제를 불러일으킨다. 하지만, 이것은 단지 그녀가 예전에 불교 신도가 되면서 의례적으로 오계를 수지했음을 언급하는 것일 수 있다. 이 경전에서의 현재 시점까지도 그녀가 여전히 오계만 지키고 있는 상태라고 굳이 얘기할 필요는 없다는 말이다.

더욱이, 이와 비슷하게 그녀가 삼보에 귀의했음을 묘사하는 『아비달마구사론복주서』의 이와 연관되는 부분에서도 오계에 대해서는 전혀

---

44 그런 상기는 MN III 253,19의 MN 142, SHT III 979 V, Walschmidt 1971: 241, T I 722a6의 MĀ 180, 그리고 D 4094 *ju* 254a7 또는 Q 5595 *tu* 289b8에 나온다. Bajaur Kharoṣṭhī 단편 1행에서 7행까지의 보존 부분은 아난다가 명백하게 언급되지는 않지만 비슷한 개입을 전하는 것처럼 보인다. Strauch 2014: 28 참조. T I 903c11의 T 84 한문 번역으로 보존된 상응하는 다른 경은 아난다의 개입을 전하기는 하는데 붓다가 그의 계모로부터 받은 은혜에 대해 아난다가 상기시키는 대목은 없다.

45 MN III 253,19의 MN 142 (여기서는 아난다가 이 점을 지적한다), Bajaur Kharoṣṭhī 단편 1행의 8-10, Strauch 2014: 29, T I 722a9의 MĀ 180, 그리고 T I 903c16의 T 84.

언급하지 않는다.[46] 이것은 그녀가 불교 신도가 되었음을 묘사하는 초기의 경전들에 오계에 대한 언급이 전혀 없을 가능성을 열어둔다. 오계는 개종改宗 설명문 등에 규칙적으로 나오기 때문에, 구두 전승 과정 가운데 쉽사리 「보시의 분석경」 및 다른 상응하는 경전들의 한 부분이 될 수 있었을 것이다.

이어서 「보시의 분석경」 및 그에 상응하는 경전들은 보시를 받는 존재들에 대해 분석-설명하는 부분에서 비구니 승가에 대해 언급한다.[47] 이런 언급은 만일 이 경전이 유포되는 시점에 마하빠자빠띠 고따미가 여전히 재가 신도였다면 문맥상 들어맞지 않는다. 실제로 한문 번역으로 보존된 개별 경전은 마하빠자빠띠 고따미를 명백하게 비구니로 소개한다.[48]

그렇지 않으면, 이러한 분석적인 설명이 나중에 경전에 추가되었다고 볼 수도 있는데,[49] 이 경우 그 개별 한문 번역은 마하빠자빠띠 고따미를 비구니로 묘사함으로써 그러한 설명에 들어맞게끔 나중에

---

46 D 4094 *ju* 254b2 또는 Q 5595 *tu* 290a2.

47 MN III 255,33의 MN 142, Bajaur Kharoṣṭhī 단편 1행의 32-50, Strauch 2014: 38, T I 722a28의 MĀ 180, 그리고 T I 904c18의 T 84; 또한 8b2659의 낱장 Geng과 Klimkeit 1988: 200 참조.

48 T I 903c22의 T 84: 摩訶波闍波提苾芻尼. MN 142에 그런 명백한 지칭이 없는 것은 그녀를 그냥 이름으로만 언급하는 빠알리 문헌의 일반적인 경향의 연장선상에 있는 것일 터이다. 『율장』의 여러 곳에서도 어김없이 그녀를 완전한 계를 받은 비구니로 표현하는데 MN 124에서는 노골적으로 그런 자격을 부여하지 않는다.

49 이것은 Williams 2000: 170 및 Harvey 2000: 386의 제안이다. 더 자세한 논의는 Anālayo 2008a: 110 참조.

조정한 결과로 볼 수도 있다.

요약하자면, 「보시의 분석경」 및 그에 상응하는 경전들의 에피소드에서 마하빠자빠띠 고따미가 신도인지 비구니인지는 여전히 불확실하다. 그러나 마하빠자빠띠 고따미의 신분에 대한 이 경전의 마지막 결론이 무엇이든 간에, 여기서 묘사된 그 에피소드 자체는 비구니 승가 설립의 역사에서 주목할 만한 명암차明暗差를 보여준다. 즉, 비구니 승가 설립에 관한 몇몇 설명들에서 상대적으로 사소한 문제인 옷 보시와 관련해서는 아난다의 개입이 실패하는 반면에, 아난다가 제기한 비슷한 주장은 여성에게 계를 주도록 붓다를 설득하는 데에는 성공을 거둔다. 붓다의 두 가지 거절에 대한 텍스트의 설명을 나란히 놓고 읽으면, 붓다에게 옷 보시를 받도록 설득하는 것보다는 비구니 승가를 설립하도록 하는 게 더 쉬웠겠다는 느낌이 든다.

비구니 승가 설립의 역사를 담은 텍스트의 발전 과정이라는 관점에서 보면, 화지부 전승의 『오분율』에서 옷 보시는 마하빠자빠띠 고따미의 출가 청원을 이끌어내는 사건의 한 부분을 이룬다는 점에서 주목할 가치가 있다. 비록 그 자체로는 확실한 결론을 내기에 거리가 멀지만, 「보시의 분석경」 및 그에 상응하는 경전들과 함께 생각하면, 비구니 승가 설립의 역사에 관한 몇몇 전승들은 이 에피소드에 영향을 받았을 가능성이 다분하고, 그것은 구두로 전승되는 자료에는 당연히 일어나는 일이기도 하다. 이것은 마하빠자빠띠 고따미의 염원을 뒷받침하기 위해 아난다가 내세우는 주장 가운데 하나, 즉 붓다의 은혜 갚음과 관련해서 특히 뚜렷하다.

3. 아난다의 주장

대부분의 전승에서 아난다의 개입은 한 번의 요청, 그리고 이어지는 붓다와의 토론으로 구성된다. 하지만 상좌부 전승에 따르면, 아난다는 한 번 개입하면서 세 번의 요청을 한다.[50] 대중부-설출세부의 설명에서는 세 번 개입을 한다. 붓다에게 가서 첫 번째 거절을 당한 뒤, 아난다는 마하빠자빠띠 고따미에게 돌아가 실패했음을 알리고, 그녀는 다시 시도해 달라고 부탁한다. 두 번째에도 같은 일이 일어나고, 다시 마하빠자빠띠 고따미로부터 한 번 더 시도해 달라는 부탁을 받고, 아난다는 세 번째 붓다에게로 다가간다.[51] 이런 식으로 대중부-설출세부 전승은 아난다의 굳센 의지를 가장 강력하게 인상적으로 전달하는 데에서 두드러진 모습을 보인다.

여러 전승들에 나오는 아난다의 주장은 두 가지 주요 논점을 담고 있다.

1) 은혜를 갚음

2) 여자가 깨달음에 이를 가능성

「보시의 분석경」 및 그에 상응하는 경전들에서와 비슷하게, 아난다는 붓다의 어머니가 돌아가셨을 때 마하빠자빠띠 고따미가 붓다에게 자기의 젖을 먹여 키웠다는 사실을 지적한다. 이에 대한 응답으로 붓다는 자기가 이미 그녀의 은혜를 갚았다는 사실을 분명히 한다.[52]

---

50 AN IV 275,19의 AN 8.51 (Vin II 254,14 참조).

51 Roth 1970: 8,16.

이런 형태의 대화를 보여주는 사례로서 한문 번역의 근본설일체유부 전승을 소개한다.

> 아난다 존자가 다시 부처님께 여쭈었다. "마하빠자빠띠는 세존께 진실로 큰 은혜를 베풀었나이다. 부처님의 어머니께서 돌아가신 후 〔마하빠자빠띠가〕 부처님이 성장하실 때까지 그의 젖을 먹여 길렀나이다. 어찌 세존께서는 자비로 거두지 않으시나이까?"
>
> 부처님께서 아난다에게 말씀하셨다.
>
> "실로 그러하노라. 〔그러나〕 나는 그가 내게 베푼 은혜에 이미 완전히 보답하였노라. 그는 나 때문에 삼보를 알고, 불·법·승에 귀의하여 오계를 받았으며, 사제四諦의 이치에 다시는 의심과 미혹이 없이 되어,[53] 예류과를 얻어 장차 고통(*duḥkka*)을 뿌리 뽑고 〔미래의〕 태어남이 없는 경지를 얻었다. 이와 같은 은혜는 다시 갚기 어려운지라, 옷·밥 따위의 〔보시로〕 비교할 수 없느니라."[54]

대중부-설출세부 및 설일체유부 설명 역시 그녀가 고苦, 집集, 멸滅, 도道를 의심하지 않게 되었음을 언급하고 있다.[55] 그런 언급은

---

52 Engelmajer 2014: 62가 지적하듯이, Ohnuma 2006 (Ohnuma 2012: 105도 참조)의 추측과는 반대로, "전통적 관점으로는 붓다가 마하빠자빠띠 고따미에게 해야 할 효도는 그녀가 수계를 청원할 때쯤에 다 이루어진 것으로 간주된다."

53 이곳 및 다른 곳에서도 사성제(四聖諦, four truths)를 언급할 때 필수 조건인 "聖(noble)"이 탈락되어 있다; 이에 대한 보다 자세한 논의는 Anālayo 2006 참조.

54 T XXIV 350c19-350c25의 T 1451.

예류과預流果를 얻었음을 암시한다.

화지부 전승은 붓다가 다음과 같은 방식으로 은혜를 갚았음을 천명한다.

> 부처님께서 말씀하셨다. "나는 이미 고따미에게 큰 은혜를 베풀었느니라. 그는 나 때문에 부처와 법과 승가를 알게 되고 존경심과 신심을 일으키게 되었다."[56]

지금까지 검토한 전승들과는 대조적으로, 상좌부 경전은 붓다가 어떻게 은혜를 갚았는지를 분명히 밝히지 않는다. 이런 식으로 마하빠자빠띠 고따미의 은혜라는 주제는 아무 반응 없는 상태로 남는다.[57] 아난다가 끄집어낸 이 주제는 같은 상좌부 전통에 속하는 「보시의 분석경」에서도 도무지 조화를 이루기 어렵다.[58] 여기서는 붓다가 이미 그녀에게 은혜를 갚았음을 말하는 사람이 아난다 자신이기 때문이다.

근본설일체유부 전승의 경우는 같은 전통 안에서의 불일치가 발견되기도 한다. 앞서 말한 한문 번역과는 대조적으로, 산스크리트어 단편

---

55 Roth 1970: 16,5 및 T I 605c18의 MĀ 116 (그리고 T I 856c12의 T 60); 같은 내용이 T IV 158c11의 T 196 및 T XXIV 946b15의 T 1478에도 나온다.

56 T XXII 185c13 이하 T 1421. 여기서 신심의 일어남이라는 표현이 예류자를 암시하는 것일 필요는 없다; 위의 p.76 각주 55 참조.

57 AN IV 276,16의 AN 8.51 (Vin II 254,38 참조)에는, 붓다가 '여덟 가지 무거운 법'을 곧바로 선포하고 그 뒤에 아난다가 그녀의 은혜에 관한 얘기를 꺼내는 것으로 기록되어 있다.

58 MN III 253,19의 MN 142.

및 티베트어 번역에는 이 은혜 갚음과 관련된 에피소드 전체가 아예 등장하지 않는다.[59]

설산부(?) 설명도 마찬가지로 역시 이 주제를 전혀 다루지 않는다. 이런 차이와 관련해서, 대중부-설출세부 전승은 이 문제를 내놓고 다루지는 않는다는 점에서 주목할 만하다. 여기서 아난다는 일단 다른 문제들을 제기하면서 붓다가 여성들에게 계를 주도록 하는 결론에 이른다. 이런 결론을 끌어낸 다음에[60] 그는 일종의 뒷북치기(after-thought)처럼 슬쩍 은혜 얘기로 넘어간다.

「보시의 분석경」 및 그와 상응하는 경전들에서 붓다가 그의 계모로부터 옷 보시 받기를 거절하는 것과 관련하여, 「대반열반경」의 이야기는 붓다가 아무 거리낌 없이 옷 보시를 받는 것으로 그려진다는 점에서 큰 차이를 보인다.[61] 이 차이를 통해, 「보시의 분석경」 및 그와 상응하는 경전들에서의 핵심적인 논점은 붓다가 그렇게 옷을 받았다는 데 있는 게 아니라 그 옷을 계모가 주는 개인적인 선물로 받았다는 데에 있는 것임이 분명해진다. 붓다는 그 옷을 자기에게 개인적으로 주지 말고 승가 전체에 보시하라고 그녀에게 권했던 것이다.[62] 상황이 이러니만

---

59 Clarke 2015: 73가 설명한 대로, "근본설일체유부 율의 다양한 존재"가 많은 발견을 통해 밝혀졌다; Emms 2012도 참조.

60 Roth 1970: 14,8.

61 DN II 133,15의 DN 16, 산스크리트어 단편 S 360 낱장 191 R2 및 S 364 V1, Walschmidt 1950: 28 및 64, T I 19b9의 DĀ 2, T 168b24의 T 5, T I 184a12의 T 6, T I 198b14의 T 7, 그리고 T XXIV 391b25의 T 1451 근본설일체유부의 『비나야』 및 이에 상응하는 Waldschmidt 1951: 279,14 (§28,45)의 티베트어 전승.

큼, 붓다와 그녀의 개인적인 관계에 초점을 맞추면서 붓다가 그녀에게 갚아야 할 은혜를 상기시키는 것은 이야기의 맥락 속에서 실로 자연스럽다. 붓다의 옷 보시의 거부는 정확히 이런 개인적 관계와 연관되어 있을 듯하다. 이와 대조적으로 비구니 승가의 역사는 그런 자명한 주제적 연속성을 지니고 있지 않다.

설산부(?) 전승 및 근본설일체유부 전승의 산스크리트어 단편과 티베트어 번역에서는 은혜 갚음의 모티프가 전혀 발견되지 않는다는 점, 그리고 대중부-설출세부 및 상좌부 전승에서는 그 사건이 뒤로 밀려나거나 완료되지 않는다는 점을 함께 고려하면, 이 이야기 부분은 비구니 승가의 설립 역사에서 나중에 추가된 것으로 결론짓는 것이 타당해 보인다. 이 이야기의 문헌적 출처는 「보시의 분석경」에 묘사된 상황이었을 것이다. 그 이야기 안에서 붓다에게 은혜 갚음을 일깨우는 것은 계모가 주는 옷을 받아들이도록 설득하는 과정의 한 부분인 것이다.[63]

붓다의 은혜 갚음 주제 말고도, 아난다의 개입에 놓여 있는 또 다른 주제는 깨달음에 이를 수 있는 여성의 능력에 관한 것이다. 이것은 근본설일체유부 및 설일체유부의 서술에도 나오는데,[64] 여성이

---

62 Engelmajer 2014: 90에 따르면, MN 142 (및 상응하는 경전)가 암시하는 바는 "어머니들은 자기 자식과의 개인적 관계를 초월하여 그대로 전체 승가의 어머니가 되어야 한다"라는 것이다. 이로 미루어 지금 이 대목에서 은혜 갚음의 주제가 제기되는 것은 전적으로 자연스럽다.

63 Strauch 2014: 29에 따르면, "이 옷 보시 이야기는 후대에 수계受戒 서사 속에 삽입되었을 가능성"이 있다; Anālayo 2011c: 295도 참조.

64 T XXIV 350c7의 T 1451, 상응하는 산스크리트어 단편 Schmidt 1993: 243,21,

제4의 사문과沙門果, 즉 아라한과에 도달하는 능력에 관한 문제는 마하빠자빠띠 고따미의 최초의 수계 청원 중의 한 부분으로 이미 그녀 스스로 제기했던 것이다.[65]

상좌부 경전에서는 여성이 깨달음의 네 번째 단계에 이르는 능력이 있는가 하는 문제가 아난다의 주장 가운데 첫 번째이다. 이 논쟁이 전적으로 아난다의 독창성에서 나온 것이라는 사실은 이 경전에 분명하게 나타난다. 세 번 거절을 당하고 난 뒤, 아난다가 여성의 깨달음의 능력에 대한 논쟁을 제기하기 전에 이 경전은 다음과 같이 진행된다.

> 그러자 아난다 존자에게 이런 생각이 들었다. '세존께서는 여자가 집을 나와 여래가 선포하신 법과 율 안으로 출가하는 것을 허락하지 않으시는구나. 그러니 나는 다른 방법으로 여자도 집을 나와 여래가 선포하신 법과 율 안으로 출가하도록 세존께 간청을 드려야겠다.'[66]

그리고 D 6 *da* 101b6 또는 Q 1035 *ne* 99a1, 또 T I 605b28의 MĀ 116; T I 856b24의 T 60은 아난다의 질문이 (앞서 마하빠자빠띠 고따미의 질문과 똑같이) '제4(네 번째)'의 사문과에 관한 것이 아니라, '4(네 가지)' 사문과에 관한 것이라는 점에서 차이가 난다. 말할 것도 없이, 네 번째 사문과를 얻으면 다른 세 가지는 역시 얻었다는 뜻이다.

65 두 전승 모두에서 여성의 깨달음의 능력에 관한 마하빠자빠띠 고따미의 질문은 응답을 받지 못한다. 그 대신 붓다의 반응은 오직 그녀의 출가에만 관련되어 있다. 나중에 아난다가 같은 문제를 제기했을 때, 적어도 한문 번역의 근본설일체유부 『비나야』에서는, 붓다가 여성의 깨달음의 능력을 인정하는 답변을 한다; T XXIV 350c9의 T 1451 참조. 이로 보아 이 주제는 애초에 아난다와 연관되어 있었을 것인데 나중에 마하빠자빠띠 고따미도 제기한 것으로 된 듯하다.

66 AN IV 276,1-276,6의 AN 8.51 (Vin II 254,25 참조). Freedman 1977: 123은

대중부-설출세부의 서술에서는 아난다가 세 번째로 붓다에게 다가갔을 때 모든 토론이 한꺼번에 일어난다. 여기서는 비구니 승가 설립 역사에 관한 다른 고전적 전승에서는 찾아볼 수 없는 논의인 사부대중의 문제를 이 대목에서 아난다가 처음 제기한다.[67]

〔아난다 존자는 여쭈었다.〕 "세존이시여, 이전의 여래, 아라한, 정등각들께는 얼마나 많은 대중이 있었나이까?"
이 말을 듣고 세존께서는 아난다 존자에게 말씀하셨다. "이전의 여래, 아라한, 정등각들께는 사부대중, 즉 비구, 비구니, 남신도, 여신도 대중이 있었다."[68]

똑같은 논의가 대중부, 근본설일체유부, 설일체유부의 제1차 결집에 관한 서술에서 중요한 특징을 이룬다. 여기서 아난다는 모든 붓다들에게 사부대중이 있었음을 들어 여자들을 위한 중개자 역할을 한 것에 대해 쏟아지는 비난에 응답한다.[69]

"빠알리 경전의 서술이 …… 암시하는 바는 아난다가 붓다 자신의 생각을 거슬러서 여성들의 '출가'를 허락하도록 조종했다는 것"이라고 말한다. Findly 2003: 383 역시 이와 비슷하게, 상좌부 전승의 서술들은 마치 아난다가 이런 질문을 했기 때문에 "붓다가 마지못해 '그렇다'라고 대답하고, 또 할 수 없이 '비구니 승가'를 설립하는 데 동의했다"고 말하는 듯하다고 지적한다.

67 그러나 T III 153c28의 T 156에는 나온다.

68 Roth 1970: 12,4-12,8.

69 T XXII 492b11의 T 1452, T XXIV 405a3의 T 1451, D 6 *da* 307a1 또는 Q 1035 *ne* 290a8. 그리고 T XXIII 449c11의 T 1435; 아래 p.218 이하 참조.

대중부-설출세부 전승에서 아난다는 여성이 깨달음에 이를 능력과 관련된 질문을 계속하면서 여성에게 계를 주어야 할 이유로서 두 가지를 함께 제시한다.

> 세존이시여, 이전의 여래, 아라한, 정등각들께 사부대중, 〔즉〕 비구, 비구니, 남신도, 여신도 대중이 있었으므로, 그리고 홀로 살면서 부지런히 열심히 은둔하는 여인이 제4의 사문과, 즉 예류과 …… 최상의 아라한과를 실현할 수 〔있으므로,〕 세존이시여, 〔그러므로〕 여인도 여래께서 선포하신 법과 율 안에 출가하여 구족계를 받아 비구니가 될 수 있도록 해주시면 감사하겠나이다.[70]

법장부 및 화지부 전승의 표현에서는 여성이 깨달음의 네 번째 단계에 이르는 능력이 있는가 하는 문제가 아난다의 주장 가운데 맨 마지막이다.[71] 화지부 서술의 표현은 특별히 심금을 울린다. 출가하여 구족계를 받은 여성이 제4의 도와 과를 얻을 수 있음을 붓다가 확인하고 난 뒤에 아난다는 이렇게 말한다.

> 그들도 제4의 사문과를 얻을 수 있다면, 세존이시여, 어찌하여 그들에게 출가하여 구족계를 얻도록 허락하지 않으시나이까?[72]

---

70 Roth 1970: 14,1-14,8.

71 T XXII 923a22의 T 1428 및 T XXII 185c16의 T 1421.

72 T XXII 185c18 이하 T 1421.

설산부(?) 전승에서는 여성이 깨달음에 이르는 능력에 관한 문제가 아난다의 유일한 주장이다. 아난다의 처음 요청에 대해 붓다가 여성의 출가를 허락함으로써 일어날 다소의 영향을 언급하는 반응을 보인 뒤, 몇몇 다른 전승들은 상당히 긴 논의를 진행하는 데 비해, 여기서는 전체 논의가 다음과 같이 짤막한 대화로 마감된다.

> 아난다가 거듭 부처님께 아뢰었다. "여인이 불법 가운데 청정범행淸淨梵行을 닦아 4과果를 얻을 수 있습니까?"
> 부처님이 아난다에게 말씀하셨다. "여인도 청정범행을 닦아 그 뜻이 물러서지 않으면 얻을 수 있다."
> 아난다가 다시 부처님께 아뢰었다. "간절히 원하옵건대 세존이시여, 여인이 불법 가운데 있기를 허락하소서."[73]

이것이 모든 전승들과 공통되는 아난다의 유일한 주장이다. 화지부 서술의 표현에서 특별히 부각되는 이 주장은 지금 이 상황에서 가장 합리적이다. 만일 여성이 출가하여 깨달음에 이를 능력이 있다면, 붓다가 왜 그들의 출가를 허락하지 않겠는가? 이와 달리, 붓다가 자신의 계모에 대한 보은報恩의 의미로, (어쨌거나 이미 보은은 했는데) 비구니 승가를 설립케 한 것이라는 생각은 아무래도 덜 믿음직스럽다.

---

73 T XXIV 803b9-803b12의 T 1463.

4. 여자가 깨달음에 이를 가능성

비구니 승가 설립의 역사를 다룬 고전적 경전들에서 아난다의 개입에 관한 묘사가 공통적인 것 말고도, 여성이 깨달음에 이를 능력에 관한 문제도 초기 경전 어디에서나 거듭 제기된다.[74] 나는 이하에서 이 주제와 관련된 또 다른 구절들을 검토함으로써, 비구니 승가 설립 역사에서 이 에피소드가 어떤 배경을 지녔는지를 보여주고자 한다.

『상윳따 니까야(*Saṃyutta-nikāya*)』와 그에 상응하는 『잡아함경』의 한 경은, 초기 불교 문헌의 관점에서 여자도 남자와 마찬가지로 마지막 목표에 이를 수 있음을 기본 원리로 분명히 한다.[75] 같은 입장이 『맛지마 니까야』의 「왓차곳따 긴 경(*Mahāvacchagotta-sutta*)」의 바탕에도 깔려 있는데, 이 경에 따르면 오백 명이 넘는 비구니가 이미 아라한이 되었다.[76]

이러한 언급들은 빠알리 경전에서만 발견된다. 상응하는 다른 경전

---

74 아라한(*arahant* 阿羅漢; 공양받을 만한, 應供)의 여성형인 *arahantī*라는 용어의 출현이 거의 없다는 것은, 공양받을 만한 완전한 깨달음에 이른 비구니를 인정하고 싶지 않은 마음의 반영이라는 Findly 1999의 추정은 설득력이 없다; 보다 자세한 논의는 Collett와 Anālayo 2014 참조.

75 SN I 33,11의 SN 1,46 및 상응하는 T II 156a22 SĀ 587, 그리고 T II 437a24의 SĀ² 171; 번역 Anālayo 2009a: 168, 각주 1. 따라서 An 2002: 11에서 "빠알리 니까야(*Nikāyas*)는 여성은 …… 정신적으로 무능하다고 말한다"라고 한 주장은 근거가 없다.

76 MN I 490,24의 MN 73 및 상응하는 T II 246c14의 SĀ 964 및 T II 446b13의 SĀ² 198; 번역 Anālayo 2009a: 171 이하 각주 8 참조.

이 없는 『앙굿따라 니까야』의 한 경에는 천신들(*devas*)이 붓다에게 와서 어떤 비구니들이 아라한이 되었는지를 보고하고, 붓다가 이를 다시 비구들에게 알리는 장면이 묘사된다.[77] 『장로니게경』에는 비구니들이 도달한 것으로 여겨지는 불법 수행에서의 완벽한 정상의 경지에 대한 증언이 있다.[78] 높은 단계에 이른 많은 비구니들의 이야기를 모은 특징을 지닌 이 경에는 아라한도에 이른 삼십 명의 비구니들에 관한 이야기도 있다.[79]

이런 서술들과는 달리 여성의 해탈 능력에 대한 도전적인 언급도 있다. 특히 문제의 문헌들은 이 도전을 마라(Māra)에게서 비롯되는 것으로 그린다.

이에 해당하는 경전은 비구니 소마(Somā)를 주인공으로 하는 『상윳따 니까야』 및 이에 상응하는 한문 번역인 두 개의 품品으로 이루어진 『잡아함경』인데, 각각의 품은 저마다 비구니를 주인공으로 하는 열

---

77 AN IV 75,4의 AN 7,53.

78 Blackstone 1998/2000: 1은, 『장로니게경』은 "여성 저자들의 작품이며 …… 전적으로 여성들의 종교적 경험에 초점을 맞추고 있다"고 강조한다. 이 모음집의 상응하는 전승은 보존된 것 같지 않지만, T II 362c11의 SĀ 1321의 문헌 목록에는 "비구니가 말한 것(比丘尼所說)"이라는 언급이 있다. 또한 근본설일체유부의 『비나야』에도 그런 언급이 나온다. Dutt 1984: 188,9: *sthavirīgāthā* (장로니게송), 그리고 D I *ka* 303a6 또는 Q 1030 *khe* 249b1 및 다시 D I *ga* 225b1 또는 Q 1030 *nge* 214b5: *gnas brtan ma'i tshigs su bcad pa* (장로니게), (이에 상응하는 T XXIV 11b6의 T 1448 근본설일체유부의 한문 『비나야』에는 나오지 않는 언급이다). 높은 성취를 이룬 중국 비구니들에 관한 것은 TL 934a21-948a24의 T 2063의 「비구니전比丘尼傳」에 묘사되어 있다.

79 Thī (장로니게경) 120 이하.

개의 경들로 구성되어 있다.[80] 각 열 명의 비구니들은 마라의 방해와 유혹을 뿌리치는 것으로 그려진다. 이 구절들을 감상하려면 잠시 마라의 의미와 기능에 대한 탐색으로 우회할 필요가 있겠다.

몇몇 학자들은 이런 경우에 마라의 기능은 마라가 쓰러뜨리려고 하는 상대방(들) 자신의 내면적 불안이나 오염으로부터 나온 행동을 뜻한다고 추정하는데, 언제나 그런 것은 아니다.[81] 마라의 도전은, 붓다의 설법에 귀를 기울이는 비구들의 정신을 흩트리기 위해 마라 스스로 비구들의 발우가 놓인 진흙밭 가까이로 걸어가는 황소로 변신하는 등의 행동을 포함한다.[82] 과거불의 시대에 살았던 마라는 어떤 아라한의 머리를 때려서 피가 나게 했다고도 한다.[83] 이런 경우들을 내면적 오염이나 불안의 상징적 활동이라는 의미로 해석하기는 힘들 것이다.

이 문맥에서 마라의 기능에 대한 보다 나은 해석은, 마라는 외부의 방해 및 불교 공동체 바깥의 사람들에 의해 가해지는 문제들의 의인화

---

80 SN I 128,1-135,26의 SN 5,1-10, T II 325c16-329a22의 SĀ 1198-1207, 번역 Anālayo 2014d, 그리고 T II 453b28-456b20의 SĀ² 214-223, 번역 Bingenheimer 2011: 151-181.

81 그런 해석은 예컨대 Barua 1915: 203 이하, Johanson 1969: 129 이하, 그리고 Batchelor 2004: 20 이하에서 제기되었다; 더 자세한 응답은 Anālayo 2014d 참조.

82 SN I 112,15의 SN 4,16 및 이에 상응하는 T II 290a16의 SĀ 1102.

83 MN I 336,33의 MN 50에 따르면, 마라는 어떤 소년의 몸 안으로 들어가 이런 행위를 했다고 하는 반면, 상응하는 T I 622a7의 MĀ 131, T I 866a7의 T 66 및 T I 868a11의 T 67에 따르면, 마라 스스로 이런 짓을 했다고 한다.

擬人化라는 것이다. 그런 문맥에서 마라 모티프의 교훈적 기능은, 마라를 다룰 때 붓다와 그의 아라한 제자들이 했던 모범을 따라 그런 상황에 어떻게 맞설 것인가 하는 사례를 제시하는 데에 있는 듯하다. 비구니들이 등장하는 일련의 열 개씩의 경들과 관련해 보면, 마라는 수행자의 삶을 시작한 여성들에 대한 고대 인도 사회의 경멸과 조소, 심지어는 위협적이기까지 한 태도들을 의인화한 것으로 이해할 수 있을 것이다.

열 개씩의 경전 모음 가운데 마라에 의한 대부분의 도전은 성적 유혹 또는 아주 노골적인 성적 공격과 연관되어 있다. 이것은 마라와 연관된 또 다른 일련의 경전에 나오는 단 하나의 사례와 뚜렷이 대비되는데, 여기서는 마라의 딸들이 붓다를 유혹한다.[84] 이로써 초기의 불교 경전에서는 덮어놓고 여지를 마라의 덫 – 순진한 남자들을 성적 욕망으로 꼬여내는 – 으로 여기지 않는다는 것이 분명해진다. 그 대신, 지금 일련의 경전들이 꾸밈없이 보여주듯 성적 유혹과 성적 공격을 상징하는 존재는 바로 남성인 마라다. 그리고 정의定義상 오직 남성만이 마라가 될 수 있다.[85] 이와 대조적으로, 성에 무관심한 사람들은 여성들, 즉 이 경전의 각 부분들에서는 비구니들이다. 성적으로 더 나아간 것은 남성들 쪽인 경우가 훨씬 많은 이 경전들은 이런 방식으로

---

84 SN I 124,23의 SN 4,25 및 상응하는 SHT V 1441 R, Sander와 Waldschmidt 1985: 257, T II 287a1의 SĀ 1092, 그리고 T II 383c2의 SĀ² 31; 또 『*Lalitavistara*(方廣大莊嚴經)』, Lefmann 1902: 378,14, 그리고 『대사』, Senart 1897: 282,4 참조.

85 여성은 그런 지위, 그중에서도 특히 마라의 지위를 차지할 수 없다는 격언에 관해서는 아래 p.188 이하.

젠더와 성적 공격성 간의 관계에 대한 인식을 반영한다.[86]

『상윳따 니까야』 및 『잡아함경』에서 비구니들은 저마다 마라를 즉시 알아채고 곧 그를 물리치는 것으로 그려진다는 점 역시 주목할 만하다. 이와는 대조적으로 마라와 연관된 일련의 경전에서 비구들은 마라를 알아보지 못하고 그 도전을 처리하기 위해 붓다의 직접적인 개입을 필요로 하는 존재들로 기록되어 있다.[87] 비구니들이 그들의

---

86 Collett 2009a: 111 이하는, 그런 경우들에서 "여성 자신이 마라의 덫이 되는 법은 결코 없고 대신에 …… 마라는 남성 섹슈얼리티의 상징으로서 그가 접근하는 여성에게 잠재적 위험성으로서 자리 잡는다"고 설명한다. 이어서 Collett 2014b는 상좌부 『율장』에도 해당되는 똑같은 패턴을 보여준다. Rajapakse 1992: 71가 말하는 것처럼, 『장로니게경』 역시 "여자들이란 …… 정신적 분투를 하고 있는 남성 사문들을 성적으로 꼬여내는 데에 여념이 없는 존재"라는 고정관념에 맞서, 장로 비구니들이 읊은 "유혹하는 자들은 '남자들'"이라는 게송을 소개하고 있다. 남성들의 성적 위협 속에 놓인 비구니의 환경은 예컨대 수바 지와깜바와니까(Subhā Jīvakambavanikā)라는 비구니와 연관된 『장로니게경』의 한 이야기를 통해서도 알 수 있다. Rajapakse 1995: 16이하가 말하는 것처럼, 그 게송들에서 "여성들은 세속적이고 욕정적인 남자들에게 경건함과 냉정함을 분명하게 보여주고 있으며", 따라서 "그녀들을 정신적인 노력에서 벗어나게 하려는 '남자들'의 온갖 시도를 물리치고 유혹을 이겨낸 여자들의 승리인 그 게송偈頌들은 …… 대부분 충격적인 기록들이다"; 또한 Kloppenberg 1995: 160 및 Trainor 1993 참조. 성적 위협에 맞서 수바 비구니는 욕정에 눈먼 남자를 저지하기 위해 심지어 자신의 한눈을 후벼 파내는 일까지 감행했다; Thī 396 참조. Wilson 1996: 169의 추측과는 달리, 수바는 스스로 눈이 먼 것이 아니라 단지 자기의 한쪽 눈을 파냈을 뿐이다; 더 자세한 논의는 Anālayo 2014a.

87 SN I 112,15의 SN 4,16, SN I 113,14의 SN 4,17, 그리고 SN I 119,14의 SN 4,22 및 이에 상응하는 T II 290a16의 SĀ 1102, T II 290b2의 SĀ 1103, 그리고 T II 289b26의 SĀ 1100.

남성 상대방과는 달리 아라한이라는 점을 이 특정한 일련의 경전들은 반영하고 있는 것이다. 그럼에도 불구하고, 마라의 도전을 그리는 이 경전들이 분명히 비구보다는 비구니를 훨씬 우호적인 관점으로 표현하고 있다는 점은 주목할 가치가 있다.

마라의 의미와 기능에 대한 이 짧은 탐사는 소마에 대한 마라의 도전을 명료하게 아는 데 도움을 준다. 『잡아함경』에서 마라는 다음과 같이 말한다.

> 선인仙人들이 거처하는 경지는
> 성취하기 참으로 어려우니
> 〔겨우〕 손가락 두 마디만큼의 통찰지를 가진 자
> 도저히 그 경지에 이를 수 없도다.[88]

이에 대한 소마의 자신에 찬 응답은 세 개의 전승에서 모두 일치하는데, 여기서 그녀는 여성이 깨달음에 이르는 능력에 대해 어떤 의심도

---

88 T II 326b1 이하 SĀ 119 및 상응하는 SN I 129,1 이하 SN 5,2에는 이렇다. "선인들이 도달한 경지는/ 성취하기 참으로 어려우니/ 여인의 손가락 두 마디만큼의 통찰지로는/ 도저히 그것을 얻을 수 없도다." 그리고 T II 454a5 이하 SĀ² 215는 이렇다. "선인들이 얻은 바는/ 도달하기 어려우니/ 그대의 졸렬하고 지저분한 지혜로는 그런 경지를 얻지 못하리." 여인의 '손가락 두 마디만큼의 지혜'라는 표현은 여자가 하는 집안의 허드렛일을 비꼬는 통용어인 듯하다. 문맥은 다르지만 『대사』에도 같은 표현이 반복된다. Senart 1897: 391,19 및 392,13; 또 예컨대 Gokhale 1976: 104, Kloppenborg 1995: 154, Bodhi 2000: 425의 각주 336, Anālayo 2003: 3, 그리고 Collett 2009b: 99 각주 7 참조.

사진 3. 마라의 딸들[89]

있을 수 없음을 분명히 한다.

내가 아는 한, 초기 경전 가운데 여성의 깨달음의 능력을 문제 삼는 마라의 도전은 지금 이것이 유일하다.[90] 이런 방식으로 초기 경전의 관점에서 그런 편견들은 마라의 작업으로 간주된다. 결국 마라의 도전에 대한 소마의 자신감 넘치는 응대는 여성도 깨달음에 이를 수 있다는 초기 불교의 입장을 확인케 한다.[91]

---

89 인도 나가르주니콘다(Nāgārjunikoṇḍā), Wojtek Oczkowski 제공. 이 그림은 깨달음을 얻어 곧 붓다가 되려 하는 그를 마라의 딸들이 유혹하는 장면을 보여준다.

90 여성은 붓다가 될 수 없다는 격언에 관한 논의는 아래 p.188 이하 참조.

91 Speyer 1909/1970: 22,4 『찬집백연경(撰集百緣經, *Avadānaśataka*)』은 그녀의 능력에 관한 모든 편견에 맞서는 다른 사례를 전하는데, 이에 따르면 그녀는 붓다로부터 단 한 번을 듣고 곧바로 계율의 모든 조항들을 외워버리는 엄청난 위업을

여성의 해탈 능력에 대한 의심에 일격을 가할 필요성은 나중의 문헌, 즉 마하빠자빠띠 고따미의 신통神通이 압권을 이루는 장면에 보인다. 문제의 에피소드는 그녀의 장엄한 죽음과 함께 전개된다. 이 에피소드를 담은 빠알리 전승에 따르면, 붓다는 여성이 진리(Dharma)의 완전한 깨달음에 이를 수 있다는 사실에 의심을 품는 어리석은 무리들의 생각을 날려버리기 위해 특별히 그녀에게 초월적인 신통을 나투도록 요청했다.[92] 이에 상응하는 『증일아함경』도 그녀가 내보이는 비범한 초능력에 특별한 조명을 비춘다.[93] 빠알리 전승은

달성했다고 한다; 또 Skilling 2001: 146에 요약된 『백업경(百業經, *Karmaśataka*)』 참조. 소마(Somā)에 대한 연구는 Collett 2009b 참조.

92 Walters 1995: 126 번역의 『비유경(*Apadāna*)』 535,24(게송 17,79) 및 Pruitt 1998/1999: 192 번역의 『장로니게경』 145,13(게송 82)은 원전을 제대로 전달하지 못하는 듯하다. Dhirasekaera 1967: 157의 설명에 따르면, "마하빠자빠띠 고따미가 붓다에게 이별을 고하러 갔을 때, 붓다는 믿지 못하는 회의론자들을 설득하기 위해 비구니들의 종교적 성취의 증거를 보여주도록 요청한다."

93 그녀가 세상을 떠나는 장면을 묘사한 T II 821b26의 EĀ 52,1의 번역에 관해서는 Anālayo 2015e 참조. 이 글에서 나는 Walters 1994가 제기한 주장, 즉 이 장면이 그녀를 여성 붓다로 표현한 것이라는 주장도 비판적으로 검토했다. 한편 나는 같은 에피소드에 대한 Wilson 2011의 독해도 비판했는데, 그녀는 마하빠자빠띠 고따미가 붓다보다 먼저 세상을 떠나려 한 것은 남편이 죽으면 여자들이 스스로 땅에 묻히는 인도의 순장(殉葬 *satī*) 관습의 연장이라는 주장을 폈다. 내가 보기엔 어느 해석도 이 에피소드, 특히 마하빠자빠띠 고따미의 뒤를 따른 오백 명의 비구니가 그녀와 같은 행동을 했다는 사실을 제대로 해석하지 못한다. 이들을 오백 명의 여성 붓다라고 간주할 수는 없고 또는 고대의 인도 사회에서 그들의 보호자 역할을 했을 남편이나 남성 친척을 그 오백 명 모두가 한꺼번에 잃는 상황에 처했다고 생각할 수도 없기 때문이다.

붓다가 존경의 표시로 비구들과 함께 그녀의 상여 뒤를 따라 걸었다고 기록한다.[94] 근본설일체유부 전승은 그녀의 시신을 옮기는 데 붓다가 직접 참여했다고 묘사한다.[95]

여성의 해탈 능력과 관련한 위에서 언급한 초기 경전의 기록들은 비구니 승가 설립의 역사에서 이 문제가 제기된 배경으로 다른 경전들에도 공통적으로 나타나는 아난다의 주장을 제시한다. 일단 마하빠자빠띠 고따미와 그의 동료들은 고대 인도의 환경 안에서 출가자로서의 삶의 조건을 씩씩하게 헤쳐나가는 능력을 공공연히 과시하고, 따라서 집안에서 준準-수행자로 갇혀 지내야 할 필요가 전혀 없음을 입증함으로써, 붓다로 하여금 비구니 승가를 설립할 동기를 갖게 했다. 위의 묘사들은 여성들의 그런 나무랄 데 없는 능력을 확인케 한다.

5. 아난다의 역할

아난다의 개입은 서로 다른 비구니 승가 설립의 역사 서술에서도 공통되는 요소일 뿐 아니라, 다음 장에서 다룰 제1차 결집에 대한 서술에도 나오는 이야기이다.[96] 인도를 여행한 중국 순례자의 기록에

---

94 Walters 1995: 136 번역의 『비유경(*Apadāna*)』 545,12(게송 17,172) 및 Pruitt 1998/1999: 199 번역의 『장로니게경』 153,12(게송 175). Dash 2008: 160는 다음과 같이 말한다. "붓다는 아들로서의 공손함을 표하기 위해 그녀의 상여 뒤를 따라 걷기를 택했다."

95 T XXIV 249a11의 T 1451 및 상응하는 D 6 *tha* 113a6 또는 Q 1035 *de* 108b4; 더 자세한 논의는 Dhammadinnā 2016.

96 아래 p.218 이하 참조.

따르면, 5세기에서 7세기 인도에서는 비구니들이 자신들을 위해 중간에서 애써 준 아난다에게 감사의 표시로 여러 개의 탑(stupa)을 헌정하고 그 앞에서 정기적으로 공양을 올렸다고 한다.[97] 그런 기록들은 이 에피소드가 계속 영향을 끼쳤음을 보여 준다.

한편 얼핏 보기에 이 서사적 요소에는 뭔가 연대기적 문제가 있는 듯한데, 그것은 다른 문헌들에 기록된 아난다가 비구가 된 시점과 연관된 문제다. 앞서 언급한 화지부 전승의 인연담을 보면 비구니 승가의 설립은 붓다의 교화敎化 활동에서 매우 이른 시기에 속한다는 느낌을 받게 된다. 이 사건을 상당히 이른 시기로 보아야 사실에 부합할 것이, 마하빠자빠띠 고따미는 붓다의 계모였고 따라서 붓다보다 꽤 나이가 많았을 것이 틀림없기 때문이다. 초기 경전과 또 다른 율들에 비구니인 그녀와 붓다의 몇 차례 만남이 기록된 사실,[98] 그리고

97 T LI 859b24의 T 2085 및 T LI 890b16의 T 2087; 이미 Deeg 2005a: 142에서 주목했듯이, 비구니들이 아난다를 기념하여 올리는 공양은 대중부-설출세부의 『비구니율』에도 기록되어 있다. Roth 1970: 314,27. Chiu와 Heirman 2014: 246의 각주 23이 전하는 바에 따르면, 현대 중국에서도 이 이야기는 다음과 같이 지속되고 있다. "붓다에게 마하빠자빠띠를 대신해 나서준 그의 도움에 감사하는 의미로 비구니들은 매달 음력 초하루와 보름에 아난다 비구에게 공양을 올린다."

98 여러 경들 가운데 「보시의 분석경」 및 이에 상응하는 경들 외에 한 예는 앞서 p.19 이하에서 논한 「난다까의 교계경」이다; 또 다른 예는 AN IV 280,10의 AN 8.53 (그녀의 수계 이후 이런 장면이 확실하게 반복되는 Vin II 258,25도 참조) 및 이에 상응하는 Waldschmidt 1971: 255의 산스크리트어 단편 SHT III 994의 낱장 V3-R2. 여기서 그녀는 웨살리에 있는 붓다를 찾아가서 훈도를 받는다. 주석서 Mp IV 137, 27에 따르면 그녀는 이로 인해 아라한이 되었다.

그녀의 죽음을 묘사한 기록에 따라 그 당시 붓다가 아직 생존해 있었다는 사실[99] 등을 종합하면, 그녀의 출가 및 비구니 승가의 설립을 붓다의 교화 이력 가운데 상당히 이른 초기 단계에 위치 지우는 것은 실제로 자연스러워 보인다.

『장로게경』에 나오는 한 쌍의 게송에서 아난다는 "유학(有學, 아라한에 이르지 못한 성자)이었던 25년간"[100] 자기는 단 한 번도 감각적 욕망이나 성냄을 느낀 적이 없다고 선언하는데, 유학이란 적어도 예류도에는 이른 사람을 가리키는 표현이다.

『상윳따 니까야』와 그에 상응하는 『잡아함경』의 서술에 따르면, 아난다는 구족계를 받고 곧 예류과를 얻었다고 한다.[101] 한편 제1차 결집에 관한 대부분의 설명에서 아난다는 붓다가 세상을 떠난 후에야 아라한이 된 것으로 전해진다.[102] 이런 언급들을 종합하면 그는 붓다가

이 장소 및 그녀가 아라한이 되었다는 주석서의 표현으로 보아 이 훈도가 있었을 당시 그녀는 이미 비구니로 간주되었을 가능성이 꽤 높다. 실제로 붓다가 그녀에게 권한 자질의 하나는 "부양하기 쉬운(*subhara*)" 존재가 되라는 것이었는데, 이 말은 "부양하기 어려운"과 반대되는 것으로서 명백하게 재가 신도로부터 제공되는 후원과 수행자 사이의 관계를 가리키는 것이다. Edgerton 1955/1998: 60은, "부양하기 쉬운(*subhara*)"이라는 것은 "승려들에 관한 이야기"라고 말한다. 율의 문헌에 나오는 마하빠자빠띠 고따미와 붓다의 빈번한 만남에 관해서는 Anālayo 2008a: 139 각주 58 및 59 참조.

99 마하빠자빠띠 고따미의 죽음에 관한 서술들의 비교 연구는 Anālayo 2015e 및 Dhammadinnā 2015b 및 2016.

100 Th 1039 및 1040의 *paṇṇavīsati vassāni sekhabhtassa me sato* 라는 문장에 대한 Norman 1969: 95의 번역을 채택함.

101 SN III 106,3의 SN 22,83 및 상응하는 T II 66b4의 SĀ 261.

세상을 떠나기 불과 25년 전쯤에야 비구가 된 것으로 볼 수 있는데, 그러면 그것은 붓다가 교화 활동을 시작한 지 약 20년 정도가 지난 시점이다.[103] 이런 계산으로는 붓다가 깨달음을 얻고 난 뒤의 초기 몇 년 동안 일어난 일들, 가령 붓다가 처음 자기 고향을 방문했을 때 아난다가 비구의 신분이었다고 보기는 어려울 것이다.

하지만 『장로게경』을 꼼꼼히 검토하면 얘기는 달라진다. 앞서 말한 두 게송은 이와 유사하게 25년이라는 기간을 언급하는 여러 개의 다른 게송으로 이어지는데, 이것은 아난다가 붓다의 시자侍者로 기록된 기간을 말하는 것이다.[104] 이것은 앞서의 25년이라는 언급이, 정확하게 이 기간 동안 그가 수행 중이었던 혹은 "유학"이었던 사람이라고 말하려는 것이 아님을 보여준다. 그게 아니라 이 말의 요점은, 비록 수행 중인 인물이었다 하더라도, 붓다의 시중을 드는 25년 동안 그는 단 한 번도 감각적 욕망이나 성냄을 느끼지 않았다는 뜻일 것이다.[105]

---

102 붓다가 세상을 떠난 이후 아난다가 완전한 깨달음을 얻는 것에 대해서는 T XXII 967a27의 T 1428 법장부 『사분율』, T XXII 491b5의 T 1425 대중부 『마하승기율』, T XXII 190c17의 T 1421 화지부 『오분율』, T XXIV 406a16의 T 1451 근본설일체유부의 『비나야』, D 6 *da* 310a4 또는 Q 1035 *ne* 293a7. 그리고 Vin 286,14의 상좌부 『율장』.

103 Thomas 1927/2003: 123는 "아난다의 게송(『장로게경』 1039)에서 그는 25년간 유학이었다고 한다. 따라서 그는 붓다의 설법 이후 이십 년 되는 해에 비구가 되었음에 틀림없다"라고 말한다. Witanachchi 1965: 529도 이와 비슷하게 아난다는 "붓다의 깨달음 이후 이십 년 되는 해에 계를 받았다"는 결론을 내리는데, 나는 불행히도 이 결론을 따랐었다. Anālayo 2010e: 88 이하.

104 Th 1041-1043.

105 Malalasekera 1937/1995: 268는 말한다. "아난다가 말하는 25년은 비구로서의

『중아함경』에는 이 문제가 더욱 분명하게 나오는데, 사리뿟따(Śāriputra)가 아난다에게 붓다의 시자였던 25년간 아무런 감각적 욕망도 마음속에 일어나지 않았던가를 묻는 장면이 있다. 아난다는 붓다의 시자로 일하던 전체 기간 동안 어떠한 감각적 욕망의 일어남도 경험하지 않았다고 확인한다. 그는 이것을 수치심의 감각 때문이라고 설명한다.[106]

따라서, 붓다와 아난다가 까삘라왓투를 떠난 뒤 마하빠자빠띠 고따미가 붓다에게 갔을 때 아난다가 비구로 등장하는 것은 이 서사에서 어떤 연대기적 모순도 일으키지 않는다. 실제로 법장부, 화지부, 그리고 빠알리 상좌부의 율들은 붓다가 까삘라왓투를 처음 방문했을 때 아난다가 구족계를 받았다는 데에 일치한다.[107]

그런데, 이런 고찰에는 마하빠자빠띠 고따미의 탄원을 받아들이도록 요청할 그때 아난다는 아직 붓다의 시자는 아니었을 거라는 생각이

그의 전체 경력이 아니라 아마 붓다의 시자였던 기간을 말하는 것일 터이다. 이 기간에 '비록 유학이었지만 어떤 나쁜 생각도 일으키지 않았다'는 것은 붓다의 바로 옆에서 붓다를 모시는 시자로서 그런 생각을 할 여지가 전혀 없었다는 뜻이다." Nyanaponika와 Hecker 1997: 141도 같은 결론에 이른다.

106 T I 473c5, MĀ 33. (번역은 Bingenheimer et al. 2013: 265) 아난다가 붓다의 시자로 25년간 일했다는 기록은, 예컨대 T I 19c2의 DĀ 2 및 상응하는 T I 169a15의 T 5, T I 185b5의 T 6, 상응하는 T XXIV 391c1의 T 1451 근본설일체유부의 『비나야』, 그리고 이에 상응하는 Waldschmidt 1951: 357,8 (§35,4)의 티베트어 전승 등에 나타난다; 또 T XXV 68a10의 T 1509 「대지도초서품」(번역은 Lamotte 1944/1981: 94)도 참조.

107 T XXII 591b20의 T 1428, T XXII 17a8의 T 1421, 그리고 Vin II 182,27; 또 T XXIV 902c17의 T 1465 참조.

뒤따른다.[108] 이와 관련하여 대중부-설출세부에서의 비구니 승가 설립의 역사 기록은 아난다의 개입에 관한 주목할 만한 상세한 이야기를 전한다. 이 기록에 따르면, 마하빠자빠띠 고따미가 울고 있는 것을 본 어떤 비구가 아난다에게 상황을 알린다. 해당 구절은 다음과 같다.

> 어떤 비구가 마하빠자빠띠 고따미가 제따와나의 문 앞 가까이에 서서 발로 땅을 긁으며 울고 있는 것을 보았다. 그것을 보고 그는 아난다 존자에게 갔다. 그는 아난다 존자에게 말했다. "아난다 존자시여, 마하빠자빠띠 고따미가 제따와나의 문 앞 가까이에 서서 발로 땅을 긁으며 울고 있습니다. 도반道伴 아난다 존자시여, 가서 마하빠자빠띠 고따미가 왜 울고 있는지 알아봐 주십시오."[109]

대중부-설출세부 전승의 이 서술은 아난다를 굳이 붓다의 시자로 표현하지 않고도 그가 이 일에 연관되는 이유를 간단히 설명할 수 있을 것이다. 사원에 거주하고 있는 비구가 울고 있는 마하빠자빠띠 고따미를 보게 되었을 때 실제로 예상할 수 있는 행동은 그녀의 가까운 친척에게 알리고 무슨 일인지 알아보라고 요청하는 것이다. 그런 환경 아래서 아마도 최근에 구족계를 받았을 아난다가 그녀를 위해

---

108 실제로 비구니 승가 설립의 역사에 관한 고전적 전승들은 명백하게 그를 붓다의 시자라고 소개하지는 않는다. 그러나, 마하빠자빠띠 고따미 스스로가 설명하는 한 전승, T III 153c13의 T 156에서 그녀는 아난다를 틀림없이 수행원(attendant)이었음을 의미하는 "시자侍者"로 소개한다.

109 Roth 1970: 7,12-7,19.

나서는 것은 결과적으로 매우 자연스러워 보인다. 그는 바로 다름 아닌 마하빠자빠띠 고따미의 친족이기 때문이다.

대중부-설출세부에서의 이 구절이 암시하는 바를 뒷받침하는 다른 상응하는 전승들은 없지만, 아난다의 개입은 그가 이미 구족계를 받은 비구였을 때, 그러나 아직 붓다의 시자로 일하던 시기는 아니었을 때 일어났다는 관점은 다른 전승들에서도 역시 제시된다.

요약

마하빠자빠띠 고따미의 정신적, 육체적 상황에 대한 몇몇 전승들의 묘사는 여성에게 거리를 두는 서술 전략의 분명한 사례를 제공한다. 그것은 내가 1장에서 논의했던 「난다까의 교계경」에서 뚜렷하게 드러나는 것과 같은 서사 전략의 연장선에 있는 것이다.

붓다도 아난다도 그녀가 머리를 깎고 가사를 입은 것에 대해 어떤 질책도 하지 않는 묘사에서 보듯, 그녀에게 그렇게 하도록 한 붓다의 허가는 초기 비구니 승가 설립 역사의 한 기본적 요소였음을 알 수 있다.

모든 경전에서 아난다의 개입은 여성이 깨달음에 이를 능력에 관한 논의를 포함한다. 이 논의는 그 서사적 맥락에 따라 조정되고 또 여러 전승에서 서로 다른 방식으로 그 주제를 이어가기도 하는데, 붓다에게 계모의 은혜를 갚도록 상기시키는 모티프는 「보시의 분석경」에서 빌려온 것 같다.

4장 붓다의 허가

이번 장에서는 여성들이 비구니가 되기 위해 수용했던 여덟 가지 허가의 조건, 즉 붓다가 제시한 '여덟 가지 무거운 법(eight *gurudharna*)'에 관한 서술들을 검토한다.

나는 먼저 1) '여덟 가지 무거운 법'의 기능을 예시하는 비유로 시작한다. 2) 다음에 특별히 상호 소통과 관련된 '여덟 가지 무거운 법'을 검토하고, 3) 이어서 주로 공경恭敬 및 비판과 연관된 문제들을 살펴보겠다.

1. 제방堤坊의 비유

화지부 전승의 설명을 제외하면, 다른 전승들에서는 붓다가 '여덟 가지 무거운 법'을 선포할 때에 그 법의 기능을 예시하는 비유가 따라 나온다. 거의 모든 경우, 이 비유에 이어서 '여덟 가지 무거운 법'의 목록이 소개된다. 예외는 법장부 전승인데 여기서는 '여덟 가지 무거운 법'의 목록 뒤에 이 비유가 나오고, 또 상좌부 전승에서는 전체 이야기의 끝에 이 비유가 등장한다. 서로 다른 이 비유들을 보자.

법장부:

마치 어떤 사람이 큰 강에다 다리를 놓고 건너는 것과 같다.[1]

설산부(?)

마치 사람이 강을 건너고자 할 때 먼저 다리와 배를 만들어 두면 나중에 큰 홍수가 나더라도 반드시 건널 수 있는 것과 같다.[2]

대중부-설출세부

이는 마치 어떤 사람이 산의 협곡 사이에 제방堤坊을 쌓아 물이 넘치지 못하게 하는 것과 같으니라.[3]

근본설일체유부:

밭에 농사짓는 사람이 늦은 여름과 첫 가을에 강과 도랑의 제방堤坊을 단단히 보수하여 물이 새지 않게 하고 전답에 물을 대어 곳에 따라서

---

1 T XXII 923b19 이하 T 1428.

2 T XXIV 803b14 이하 T 1463.

3 Roth 1970: 16,18 이하. 이 전승에는 '무거운 법'을 선포한 이후 추가적인 예시가 덧붙여지는데, 이에 따르면 이 여덟 가지 원칙들을 어기지 말아야 하는 것은 마치 "거대한 바닷물이 해안을 〔넘어오지 못하는 것과〕 같다.": Roth 1970: 18,13. 참조.

충족하게 하는 것과 같다.[4]

설일체유부:

마치 어부나 어부의 제자가 깊은 물에 둑을 만들어 물을 막아 흘러나가지 못하게 하는 것과 같다.[5]

상좌부:

어떤 사람이 큰 호수에다 미래를 대비하여 제방을 쌓아서 물이 범람하지 못하게 〔하는 것과 같다.〕[6]

위 번역문의 대부분에 보이는 제방의 모티프는 『몸에 대한 기억경(念身經, *Kāyagatāsati-sutta*)』에 다시 나온다. 여기서 제방의 기능은 못 가장자리까지 물이 가득 차면 차는 만큼 까마귀도 마음껏 물을 먹을 수 있도록 하는 것이다. 제방의 문을 열었을 때 그 물의 위력은 몸에 대한 마음챙김(mindfulness)을 통해 발휘할 수 있는 신통력을 예시한

---

4 T XXIV 350c27-350c29의 T 1451. 상응하는 산스크리트어 및 티베트어 전승들 Schmidt 1993: 244,17 및 D 6 *da* 192a6 또는 Q 1035 *ne* 99a7, 그리고 『아비달마구사론복주서』에 나타나는 이 비유의 다른 전승, D 4094 *ju* 213a1 또는 Q 5595 *tu* 242b7 등에서는 제방의 기능이 전답의 관개灌漑를 위해 충분한 물을 모아두는 것이라는 설명은 하지 않는다.

5 T I 606a1 이하 MĀ 116; T I 856c21의 T 60에서의 비유는 다음과 같다. "마치 어부나 어부의 제자가 깊은 물에 둑을 만들어 물을 막아 흘러〔넘치지〕 못하게 하는 것과 같다." T IV 158c18의 T 196 및 T XXIV 946b23의 T 1478에서의 비유 역시, 제방의 기능은 물을 흘러넘치지 못하게 하는 것이라고 말한다.

6 AN IV 279,9-279,11의 AN 8.51 (Vin 256,28 참조).

다.[7] 계속해서 이 경전은 몸에 대한 마음챙김의 개발을 통해서 얻을 수 있는, 불만의 극복으로부터 완전한 깨달음에 이르기까지의 광범위한 능력의 획득을 묘사한다.

못 가장자리가 가득 차면 차는 만큼 까마귀가 마음껏 물을 먹을 수 있다는 비유와 똑같은 연못의 비유는 『앙굿따라 니까야』의 한 경에서 다시 반복된다.[8] 여기서 가득 찬 물의 위력은 여섯 가지 신통에 이르는 다양한 형태의 집중력으로 예시된다.

이런 예시들을 지금 문맥에 적용해 보면, 두 개의 빠알리 경전은 제방의 비유로써 '여덟 가지 무거운 법'의 기능을 정신적 능력의 축적을 가능케 하는 일종의 보호 장치로 제시한다.[9] 따라서 그런 보호 장치는

---

7 MN III 96,28의 MN 119; 이에 상응하는 MĀ 81에는 이 비유 및 다른 비유들이 나타나지 않는다. 이 두 전승 각각에서의 비유에 관한 검토는 Anālayo 2011a: 677.

8 AN III 28,6의 AN 5.28; 상응하는 Waldschmidt 1971: 252 이하 단편 SHT III 990은 AN 5.28에 해당하는 부분이 보존되어 있지 않다.

9 Wilson 1996:147은 이 상좌부 전승의 비유에 대해 이렇게 말한다. "여성의 파괴력을 전달하는 데에 한 순간에 마을 전체를 휩쓸어 버리는 거대한 물만큼 좋은 이미지가 또 있을까?" 이와 비슷하게 Blackstone 1999: 292도 이 비유는 "승가 내 여성의 현존은 '법(*dhamma*)'과 '율(*vinaya*)'에 대한 심각하고도 피할 수 없는 위협, 〔붓다가〕 그토록 세심하게 건설해 온 위대한 조직을 마치 홍수처럼 쓸어가 버릴 것만 같은 위협을 일으킨다"는 뜻이라고 해석한다. 내가 보기에 이런 해석들은 설득력이 없다. 다른 빠알리 경전들에 나타난, 위에 언급된 제방의 비유들을 보면 그것은 파괴의 느낌을 전달하지 않으며 홍수와도 아무 관련이 없다. 그 대신 두 경우 모두에서 이 비유는 뭔가 긍정적인 것, 즉 다양한 성취에 이르는 능력, 결국 깨달음에 이르는 능력을 예시한다.

추측컨대 여성이 지닌 해탈의 잠재력을 실현시키는 데에 필요한 내적 능력을 축적할 수 있도록 하는 것이다.

제방의 비유가 지닌 긍정적인 함의는 한문 번역의 근본설일체유부 전승에서도 매우 뚜렷한데, 여기서 제방의 목적은 밭에 심어진 씨앗들에 충분한 물을 대기 위한 것이다.

제방의 비유 대신에 법장부 및 설산부(?)의 설명은 강을 건너기 위한 다리(또는 배)의 비유를 사용한다. 강을 건너는 이미지는 초기 불교 문헌에서 깨달음에 이르는 과정을 설명하기 위해 반복적으로 사용되는데,[10] 그래서 이 비유가 기본적으로 암시하는 바는 제방의 비유와 유사하다고 할 수 있다.

요컨대, 붓다의 '여덟 가지 무거운 법' 선포의 기능을 예시하기 위해 사용된 서로 다른 비유들은, 비구니들이 깨달음에 이를 수 있도록 마음챙김 및 집중 같은 정신적 자질을 개발하는 것과 비슷하게, 그들로 하여금 강을 건너게 하는 수단 아니면 보호 장치로서의 제방이라는 뜻을 전달하는 것 같다.

보호 장치의 뉘앙스는 여자가 많고 남자가 적은 집의 비유에도 깔려 있는데, 이 비유는 거의 모든 승가 설립 역사에서 아난다의 개입에 붓다가 대답하는 장면의 한 부분을 이룬다. 이 비유에 대해서는 비구니 승가의 설립이 끼치는 영향을 말하는 몇몇 장면들의 한 부분으로 다음 장에서 좀 더 자세히 검토하도록 한다.

---

10 Collins 1982: 250는 "그 이미지는 너무나 통상적이어서 *pāraga*(건너감), *pāragato*(건너간 사람), *pāragū*(건넌)이라는 말은 어떤 표 나는 비유를 특별히 하지 않고도 그런 의미를 지닌 것으로 쓰이게 되었다"고 설명한다.

사진 4. 왕가王家의 남녀들[11]

2. 상호 소통에 관한 '여덟 가지 무거운 법(*gurudharma*)'

이어서 나는 모든 전승들에서 비구니 승가가 존재하게 된 근거로서의 규정인 일련의 '여덟 가지 무거운 법'을 검토하고자 한다.[12] 거의 모든 전승들이 이 여덟 가지 조건들을 빠짐없이 상세하게 설명한다. 유일한 예외는 설산부(?) 전승인데, 여기서는 붓다가 이 여덟 가지가 뜻하는 바가 무엇인지 자세히 밝히지 않으면서, 단지 여성이 출가하는 하나의 일반적 조건으로서 '여덟 가지 무거운 법'을 언급할 뿐이다. 해당 부분은

---

11 인도네시아 보로부두르(Borobodur) 사원, 암스텔담 국립 세계문화 박물관(National Museum van Wereldculturen) 제공, Coll. no. TM-10015870.

12 '무거운 법'에 대한 연구는 예컨대, Waldshmidt 1926: 118-121, Horner 1930:/1990: 118-161, Kusuma 1997/2010: 29-32, Nolot 1991: 397-405, Heirman 1997: 34-43 (Heirman 1998도 참조). Chung 1999, Hüsken 1997: 346-360 (Hüsken 2000: 46-58 및 2010도 참조), Nagata 2002: 283 이하, Cheng 2007: 83-100, Salfado 2008, Sujato 2009: 51-81, Anālayo 2010e: 82-86, Tsedroen과 Anālayo 2013 및 Anālayo 2017; 현대 대만과 중국에서의 '무거운 법'의 적용에 대해서는 Heirman과 Chiu 2012 그리고 Chiu와 Heirman 2014.

이렇다.

> 여인이 여덟 가지 공경하는 법(eight principles, 八敬法)을 행할 수 있다면 그 출가를 허락할 것이고, 만약 행할 수 없는 사람은 불법 안에 있는 것을 허락하지 않겠노라. 이런 까닭으로 여인을 위하여 팔경법을 제정하노라.[13]

법장부 및 설산부(?) 전승의 설명에 따르면 '여덟 가지 무거운 법'을 받아들임으로써 마하빠자빠띠 고따미가 이끄는 일행 전체가 구족계를 받을 수 있게 된다. 다른 전승들은 이 '여덟 가지 무거운 법'을 받아들이는 마하빠자빠띠 고따미 자체에 더 가까이 초점을 맞춘다. 이것은 화지부 및 상좌부 전승에서 뚜렷한데 '여덟 가지 무거운 법'에 관한 서술 전체가 오로지 마하빠자빠띠 고따미 한 사람하고만 연결되어 있다. 그럼에도 불구하고, 이 두 전승에서도 이 '여덟 가지 무거운 법'이 표현되는 방식은 이 법이 마하빠자빠띠 고따미에게만 적용되는 것이 아니라 비구니 전체에 적용되는 것임을 분명히 한다.[14]

---

13 T XXIV 803b12의 T 1463. 붓다는 이와 비슷하게 T III 154a1의 T 156에서 '여덟 가지 무거운 법'에 대해 자세한 설명 없이 간단히 언급한다.

14 Sujato 2009: 60는 "여러 가지 이유에서 이 '무거운 법'은 원래 마하빠자빠띠 고따미 한 사람에게만 적용되도록 만들어진 것 같다"고 하는데, 이것은 '무거운 법'의 표현 방식과 전혀 어울리지 않는다. 이미 Salagato 2013: 246의 각주 6에 지적되었듯이, "'무거운 법'이 다른 오백 명 여성이 아니라 마하빠자빠띠 고따미에게만 주어진 것이라는 …… 추정은 이 '여덟 가지 무거운 법'이 비구니 전체를 견제하기 위한 수단으로 제시되었다는 사실"을 무시하는 것이다.

'여덟 가지 무거운 법'으로 다시 돌아가면, 이 중 한 가지는 구족계 자체에 관한 것이다.[15] 아래에 그것을 번역해 놓았는데, '여덟 가지 무거운 법'의 목록에서 이것이 차지하는 저마다 다른 순서도 주목할 만하다.

법장부 (4번):
이 년 동안 계를 배운 식차마나(*śikṣamānā*, 式叉摩那: 출가하여 구족계를 받기 전에 2년 동안 여섯 가지 법을 공부하는 여자 수행자)는 비구에게 구족계를 받아야 한다.[16]

대중부-설출세부 (2번):
이 년 동안 훈도를 받고 배움을 끝낸 〔최소〕 열여덟 살의 소녀(a girl)는 이부 대중(비구와 비구니) 가운데 구족계를 구해야 한다.[17]

화지부 (4번):
이 년 동안 계를 배운 식차마나式叉摩那는 이부 대중에게 구족계를

---

15 이 '무거운 법'에 대한 비교 연구 및 이것이 근본설일체유부 전통에서 비구니 수계受戒의 부활에 끼친 영향에 관해서는 Tsedroen과 Anālayo 2013.

16 T XXII 923b68 이하 T 1428.

17 Roth 1970: 17,5 이하. T XXII 471b12의 T 1425 대중부의 한문 보존 『마하승기율』에서 이에 해당하는 '무거운 법'의 항목 역시 목록의 두 번째이다. '무거운 법'의 번역에 관해서는 Hirakawa 1982: 49-98 참조; T 1425 및 산스크리트어 단편 전승에서 이 부분의 위치에 관해서는, Roth 1970: xxix 및 de Jong 1974: 64 이하 참조.

받아야 한다.[18]

근본설일체유부 (1번):
모든 비구니는 비구를 좇아서 출가를 구하고 구족계를 받아 비구니가 되어야 한다.[19]

설일체유부 (1번):
비구니는 마땅히 비구에게서 구족계를 받아야 한다.[20]

상좌부 (6번):
이 년 동안 여섯 가지 법에 대해 배운 식차마나式叉摩那는 두 승가로부

---

18 T XXII 185c23 이하 T 1421.

19 T XXIV 351a1 이하 T 1451; 상응하는 산스크리트어 및 티베트어 전승에 관해서는 Schmidt 1993: 244,21 및 D 6 *da* 102a7 또는 Q 1035 *ne* 99b1; 『아비달마구사론복주서』의 '무거운 법'에 관해서는 D 4094 *ju* 213a2 또는 Q 5595 *tu* 243a2 (no.1도 참조). 특히 이 T 1451의 근본설일체유부 『비나야』는 구족계뿐 아니라 계를 받기 이전의 출가에 관해서도 언급한다. 출가에 관한 언급은 이 '무거운 법'을 다시 반복하는 T XXIV 464c3 이하 T 1453에는 보이지 않고 다만, "비구니는 비구를 좇아서 구족계를 받아 비구니가 되어야 한다"라고만 되어 있다. 그러나 Schmidt 1993: 269,8의 산스크리트어 단편 및 상응하는 티베트어 전승 D 6 *da* 118b7 또는 Q 1035 *ne* 114b2는 '무거운 법'을 반복할 때 역시 출가에 관해 언급한다.

20 T I 606a5의 MĀ 116 (T I 856c25, T 60 참조). 이에 해당하는 T XXIII 345c10, T 1435 설일체유부의 『십송율』은 (여기서는 2번이다) "비구니는 반드시 비구 승가로부터 구족계를 받아야 한다"고 되어 있다.

터 구족계를 받아야 한다.[21]

위에 열거된 전승들은 구족계를 비구 승가에게서 받는가 아니면 비구와 비구니 두 승가에게서 받는가 하는 점에서만 차이가 난다.[22]

몇몇 전승들은 구족계를 받을 자격을 얻기 위해 지켜야 할 '식차마나' 의 기간도 언급한다. 수습 훈련에 대한 그런 언급은 법장부, 대중부, 화지부, 그리고 상좌부 전승에만 보인다.[23] 이것은, 이 넷 가운데 세

---

21 AN IV 277,9 이하 AN 8.51 (Vin II 255,19 참조). 상좌부 『율장』의 서사적 맥락 안에서 이 항목의 표현은 매우 중요한 법적 의미를 지닌다. 이 표현이야말로 상좌부 전통 안에 비구니 승가를 다시 부활시키는 법적 효력의 근거를 제공하는 것이기 때문이다. 보다 자세한 논의는 Anālayo 2013a, 2014g 및 2015c 참조.

22 T XXIV 670c6의 T 1461 『정량부 율』의 해당 항목(여기서는 1번)에는 비구 승가만 언급되어 있는데 다음과 같다. "비구니는 반드시 비구 승가로부터 구족계를 받아야 한다." 근본설일체유부 및 설일체유부 전승과 마찬가지로 이 항목의 표현은 약간 혼란스럽다. 왜냐하면 계를 받기 원하는 여성 지원자는 "비구니" 또는 "비구니들(*bhikṣuṇī*, *dge slong ma*, 比丘尼, 苾芻尼)"로 지칭되는데, 엄격히 말하면 이 말은 구족계를 다 받은 이후에나 어울리는 것이기 때문이다.

23 이 수습 훈련의 개념은 문제가 많은 것으로 여겨져 왔다. 예컨대 von Hinüber 2008: 19는 "장래의 비구니인 사미니(沙彌尼, *sāmaṇerī*)는 열 가지 서약(vow)을 지켜야 했던 반면, 곧바로 구족계를 받는 절차를 수행하는 식차마나는 이 년 동안 이 열 가지 중 여섯 가지만 지키면 되었다. 정말로 이것은 너무나 말이 안 된다." 아무튼 여섯 가지 규칙(또는 서약)은 꾸준히 지켜졌는데, 그 점은 Vin IV 319,25에서 이 여섯 규칙의 수행에 관해 말하면서 쓰인 *avītikamma*, 즉 "어김없이"라고 꼭 집어 덧붙인 용어에서 분명하다. Shin 2000: 414에서는 이 세부 사항을 간과한 듯하다. 그녀는 "수습생은 이 여섯 계율을 엄격하게 지켜야 하는 것처럼 추측하겠지만, 율장에서 그런 요구는 찾아볼 수 없다"고 말한다. Sujato 2009: 180 및 182는 "실제로 그 규칙을 어겼을 때 어떤 결과가

율이 임신한 여성에게 구족계를 주어서는 안 된다는 것을 어기면 속죄해야 할 규칙의 하나로 정해 놓은 점과 연관해서 생각할 필요가 있다.[24]

법장부, 화지부, 그리고 상좌부의 율들에서 이 규정을 공포하게 된 뒷이야기에 따르면, 어떤 임신한 여성이 계를 받았다고 한다. 만일 처음부터 모든 비구니 지원자들이 철저한 금욕생활이 유지되는 수습 훈련을 이행했더라면 이런 일은 좀체 일어나기 어려운 것이었다. 임신한 여성이 계를 받고 그것이 재가자 사회에 미칠 영향을 생각하면 당연히 수습 훈련을 명문화할 필요성이 있고,[25] 비구니 승가가 설립되

일어나는지에 대해서 율의 기록은 언급하지 않는다"고 주장한다. 그리고는 "따라서 계율의 엄격한 준수 여부를 '사미니'에서 '식차마나'로 승급하는 명료한 기준으로 삼는 것은 이치에 맞지 않는 것 같다"는 결론을 내린다. 그러나 이 여섯 규칙을 "어김없이" 지켜야 한다고 구체화한 그 구절의 바로 몇 줄 아래 나오는 규칙에 따르면, 이 년 동안 이 여섯 규칙의 수행을 완수하지 못한 비구니는 식차마나의 계를 받는 데 있어서 '바일제(波逸提, *pācittiya*; 참회해야 하는 죄)를 범한 것이 된다. 이로 보아 구족계를 받을 자격이 되려면 이년간의 훈련 기간에 그 여섯 가지 규칙을 "어김없이" 지켜야 했다는 것, 그 용어는 열 가지 서약과는 결정적인 차이를 표시하는 것이었다고 결론 내려도 무방할 것이다.

24 T XXII 754b26의 T 1428 (그 의미에 대해서는 Heirman 2008: 117 참조), T XXII 92b3의 T 1421 및 Vin IV 317,20 (여섯 번째 '무거운 법'과의 비교는 Hüsken 1997: 252 이하 참조). Roth 1970: 247,1 『비구니율』 및 T XXII 536a15의 T 1425는 출가하기 전에 임신을 했던 어떤 수습생으로 인해 구족계를 받기 전에 수습 기간을 마쳐야 한다는 규칙이 생겨났음을 전한다. 그런 규칙은 문제의 '무거운 법'과 아무 마찰을 일으키지 않는다.

25 Hüsken 1997: 251 각주 647에 따르면, 설일체유부의 『십송율』은 노골적으로 수습생으로서의 훈련을 지원자의 임신 여부를 가려낼 필요성과 연결시킨다.

는 시기에 그 규정을 제정하는 것은 더욱 당연하다.

물론 이 규정을 엄격하게 지키지 않음으로써 이 율들에 묘사된 바와 같이 임신한 여성이 계를 받는 일이 일어났다고 생각할 수도 있다. 사실 같은 추론을 '여덟 가지 무거운 법' 전체에 대해서도 할 수 있다. 즉, 비구니가 지켜야 할 규칙의 조항 가운데 비슷한 것이 반복된다고 해서 그 자체로, 취지가 같은 '무거운 법'의 어떤 규정이 비구니 승가 설립 당시에 선포될 수 없었음을 입증하지는 않는다.[26] '여덟 가지 무거운 법'은 다만 지시일 뿐, 따르지 않을 경우에 어떤 결과를 초래하는 것은 아니다. 그에 따라 '무거운 법'의 어떤 규정을 잘 지키지 않게 되자 그에 해당하는 규칙을 공포하고 그것을 위반했을 때 장차 무엇이 따르는지를 정해 놓을 계기도 생겼을 것이다.

하지만 임신한 여성의 수계와 관련해서는, 이미 수습 훈련이 정해져 있었다면 굳이 임신한 식차마나의 수계를 금하는 조항을 만드는 것보다는, 수습 훈련을 엄격히 하고 그래서 임신이라는 결과에 이르지 않는 금욕생활을 지키게 하는 것이 훨씬 합리적인 대응이었을 것이다.

거의 모든 전승들의 '무거운 법'이 이 대목에서 수습 훈련에 대해 언급하지 않는 것으로 보아 이 언급은 나중에 추가된 것으로 결론 짓는 게 타당해 보인다. 이런 방식으로 몇몇 전승들에서의 수계에 관한 '무거운 법'의 조항은 붓다가 이미 비구니 승가의 출발 당시 정해 놓은 대로 수습 훈련에 어떤 여지를 둘 수 있도록 계속 수정되었다

T XXIII 326b17의 T 1435 참조.

26 이 점에서 나는 Anālayo 2010e: 83 이하에서의 나의 평가를 수정할 필요가 있다. 이에 관해서는 Anālayo 2015c: 416 각주 15 참조.

는 느낌을 준다.

승려의 위반 행위와 관련된 다른 두 가지 '무거운 법'의 조항은, 완전한 구족계를 받은 승려가 승가바시사(*Saṃghāvaśeṣa*, 僧伽婆尸沙; 승잔죄僧殘罪를 말함. 바라이죄波羅夷罪 다음의 무거운 죄로서 여러 스님들에게 참회하여 허락하면 구제될 수 있는 계법) 정도의 심각한 죄를 범한 경우 반드시 참회(*mānatva*)를 행하는 것과,[27] 우기雨期 안거가 끝날 때 자신의 잘못을 지적받고 참회할 기회를 갖는 자자(*prāvaraṇā*, 自恣)와 연관된 일이다.

비구니는 반드시 이부 대중, 즉 비구와 비구니 승가 앞에서 참회를 행해야 한다.[28] 자자自恣는 법장부 및 화지부 설명에 따르면, 비구 승가에 대해서만 하도록 되어 있고[29] 반면에 다른 전승들에서는 이부

---

27 상좌부 『율장』에서의 이 *garudhamma*는 고백해야 할 위반인 같은 표현의 *garudhamma*를 말한다. Nolot 1996: 135 각주 52는 이것을 다음과 같이 설명한다. "'중요한 규칙'이라는 뜻인 *garu-dhamma*는 '고백해야 할 위반'을 뜻하는 *garudahamma* 및 다른 일곱 규칙들을 모두 포함하는 총칭이다. 따라서 다섯 번째 나오는 동음이의어 *garu-dhamma* 와 혼동해서는 안 된다. …… 이것은 *garukā āpatti*와 동의어로 …… '중대한 죄', 여기서는 Saṃgha", 즉 *saṃghādisesa*(승잔죄) 같은 종류의 죄를 가리킨다. Heirman 1998, Chung 1999, 그리고 Bodhi 2012: 1803 각주 1739 참조.

28 Roth 1970: 17,16 대중부-설출세부의 『비구니율』의 표현(5번)은 참회 후 복귀할 때만 이부 대중이 필요하다는 인상을 준다. 그러나 T XXII 475a8의 T 1425 한문 번역의 대중부 『마하승기율』(5번)은 속죄를 행할 때에도 역시 이부 대중이 필요하다고 말한다. T XXII 185c26의 T 1421 화지부 『오분율』(7번) 및 T XXIV 670c10의 T 1461 『정량부 율』(4번)도 마찬가지다.

29 T XXII 923b16의 T 1428(8번) 및 T XXII 185c22의 T 1421(3번); T XXIV 670c14의

대중 앞에서 하도록 규정되어 있다.

'무거운 법'의 다른 두 조항 역시 두 승가의 관계와 연관된 것인데, 비구니는 반드시 비구가 있는 곳에서 안거를 해야 한다는 것과 보름마다 비구 승가로부터 가르침(*ovāda*)을 청해 받아야 한다는 것이다.[30]

지금까지 검토한 규칙들은 새로 수립된 비구니 승가가 이미 존재하고 있는 비구 승가와 서로 어떻게 관계를 맺을 것인지에 대한 붓다의 간단한 지시에 그 기원을 두고 있다. 당시 불교 승가의 발전 단계에서는, 이제 막 계를 받은 비구니들이 수계 절차 같은 일을 처리하는 데에 무슨 일이든 간에 이미 경험을 쌓은 비구들과 협력하도록 하는 것이 타당한 일이었을 것이다.

이와 마찬가지로, 계를 받은 지 얼마 안 되는 비구니들이 정기적인 가르침을 받을 수 있도록 보장하는 것도 당연한 일이었을 것이다. 보호의 차원에서 보면, 비구니들로 하여금 만일의 경우 도움을 받을

T 1461 『정량부 율』(8번)도 마찬가지다.

30 T XXII 475a13의 T 1425 한문 번역의 대중부 『마하승기율』(6번) 및 AN IV 276,29의 AN 8.51 (3번, Vin II 255,11 참조)에 따르면, 사소한 차이는 비구니는 포살일(布薩, *uposatha*; 한 달에 두 번 모여 경전을 읽고 참회하는 행사. 날짜가 정해져 있지 않음)이 며칠인지도 문의해야 한다는 것이다. 상좌부 『율장』인 Vin IV 313,17에서도 똑같은 요구를 바일제(波逸提, *pācittiya*) 59번 조항으로 반복하는데, 여기의 인연담에서는 비구니들이 포살 날짜에 대해 묻지 않았다고 불평하는 비구들의 모습을 전한다. 비구니는 포살 날짜를 문의해야 한다는 규정이 '무거운 법'의 3항에 명문화되어 있다는 사실만으로도, (이 시점에 막 선포되려는 참이었던 '바일제' 규칙은 차치하고라도) '바일제' 59번 조항의 인연담은 이 '무거운 법'의 존재를 전제하고 있다. 그렇지 않으면 비구들이 불평을 할 이유가 거의 없었을 것이다.

수 있는 비구 승가로부터 멀지 않은 곳에서 안거를 지내도록 하는 것 역시 권장할 만한 일일 것이다.

'무거운 법'의 이 조항들이 이제 막 생겨난 비구니 승가를 돕고 보호하려는 배려에서 기원했을 것임에 반해, 나머지 조항들은 부수되는 비유들에서 제시되는 바와 같이, 보다 분명하게 종속적인 비구니들을 향하고 있다.[31]

3. 공경과 비판에 관한 '여덟 가지 무거운 법'

'무거운 법'의 한 조항은 비구에게 공경을 표하고 공손하게 행동해야 할 필요성에 대해 다음과 같이 말한다.

> 법장부 (1번):
> 비록 〔계를 받은 지〕 백 년이 된 비구니라 하더라도 새로 계를 받은 비구를 보면 일어나서 맞이하고 예를 표하고 깨끗한 자리를 권하여 앉게 해야 한다.[32]

31 특히 '무거운 법'의 현재 모습에 대한 부정적인 평가가 이 여덟 가지 규칙을 다룬 글들에 자주 나타난다. 예컨대 Swanepole 2014: 583은 이렇게 말한다. "소위 팔중법(八重法 the Eight Weighty Rules)은 …… 기필코 비구니를 이등 시민으로 만들고 만다."

32 T XXII 923a28-923b1의 T 1428.

대중부–설출세부 (1번):

구족계를 받은 지 백 년이 된 비구니〔라도〕〔바로〕 오늘 구족계를 받은 비구에게 발에 머리를 조아려 절하고 예를 올려야 한다.[33]

화지부 (8번):

비구니는 계를 받고서 백 세가 되었더라도 새로 계를 받은 비구에게 예를 표하고 자리에서 일어나 영접해야 한다.[34]

---

33 Roth 1970: 17,1 이하. T XXII 471b1의 T 1425의 한문 번역 대중부『마하승기율』에서 이 '무거운 법의 표현(1번)은 좀 더 자세하다. "비구니가 〔계를 받은 지〕 백 년이 되었더라도 새로 계를 받은 비구에게 마땅히 일어나 맞이하고 공경하여 예를 올려야 한다. '내가 〔계를 받은 지〕 백 년이 될 때까지 기다려라. 그런 뒤에〔야〕 새로 계를 받은 비구에게 예를 올리겠노라'고 말해서는 안 된다. 모든 비구니는 마땅히 연로한 비구와 중년의 비구와 젊은 비구를 일어나 맞이하고 공경하여 예를 올려야 한다. 비구니가 비구의 사원에 들어갈 때에는 마땅히 머리 숙여 모든 비구들의 발에 낱낱이 예를 올려야 한다. 만일 늙고 병들어서 예를 올릴 수 없는 때에는 있는 힘껏 다소라도 예를 올려야 하며, 나머지 모든 이들에게는 한꺼번에 절하면서 이렇게 말해야 한다. '저 아무개 비구니가 머리 숙여 모든 비구 스님들의 발에 예를 올립니다.' 비구가 비구니의 사원에 이르렀을 때에는, **앞서 말한 대로** 모든 비구니들이 마땅히 일어나 맞이하여 비구의 발에 예를 올려야 한다. (강조는 필자). 비구니가 스스로 분별하기를 '이 비구는 계를 범하였고, 이 비구는 의술醫術을 행하고, 이 비구는 어리석고 무식하다'고 하면서 교만하게 공경하지 않고 일어나 맞이하지 않고 예를 올리지 않는다면 이 '무거운 법'을 위반한 것이다." 이와 비슷한 구절이 후대의 어느 시점에 산스크리트어로 보존된 대중부–설출세부의『비구니율』에서, 마하빠자빠띠 고따미의 간청에 대해 붓다가 제시한 이 '무거운 법'을 자세하게 설명하는 부분으로 나타난다; Roth 1970: 22,3 참조. 이 구절을 마하빠자빠띠 고따미의 저항적 행동의 반영이라고 본 Nagata 2002: 284의 해석은 옳지 않다.

근본설일체유부 (6번):
비구니가 비록 계를 받은 지 백 세가 지났더라도 새로 계를 받은 비구를 보면 마땅히 존중하여 합장 영접하고 공경하여 〔그의 발에〕 머리를 조아려 절해야 한다.[35]

설일체유부 (8번):
비구니는 구족계를 받고서 백 세가 되었더라도 처음 구족계를 받은 비구를 향해서 지극히 마음을 낮춰 머리를 조아려 예배하고, 공경하고 받들어 섬기며, 합장하고 문안하여야 한다.[36]

상좌부 (1번):
비구니가 구족계를 받은 지 백 년이 되었다 하더라도 바로 그날 구족계를 받은 비구에게 절을 올리고 자리에서 일어나 맞이하고 합장하고 경의를 표해야 한다.[37]

위 전승들은 공손한 태도를 묘사하는 데에서 약간의 사소한 차이를

---

34 T XXII 185c28 이하 T 1421.

35 T XXIV 351a1-351a18의 T 1451: 상응하는 산스크리트어 및 티베트어 전승에서 이것은 '무거운 법'의 여덟 번째 조항이다. Schmidt 1993: 246,8 및 D 6 *da* 103a3 또는 Q 1035 *ne* 100a4, 그리고 『아비달마구사론복주서』, D 4094 *ju* 213b5 또는 Q 5595 *tu* 243b6.

36 T I 606a27-606a29의 MĀ 116 (T I 857a17의 T 60 참조). T XXII 345c9의 T 1435 설일체유부 『십송율』에는 해당 항목이 첫 번째 자리를 차지하고 있다.

37 AN IV 276,22-276,25의 AN 8.51 (Vin II 255,6 참조).

보이고는 있지만,[38] 비구니가 비구의 발에 머리를 조아려 절함으로써 존경을 표시해야 한다고 구체적으로 명시하는 데에는 거의 모두 일치한다. 몇몇 전승들은 비구니가 자리에서 일어나 비구를 영접해야 한다고 명시하고, 더 나아가 법장부 전승은 비구니가 비구를 위해 깨끗한 자리를 준비하고 그 자리에 앉도록 청해야 한다고 덧붙인다.[39] 설일체유부 전승은 비구니가 "지극히 마음을 낮추어야 한다"고 명시함으로써 이 '무거운 법'의 함의를 매우 노골적으로 전달한다.

설일체유부의 설명은 이 문제에 더 깊이 연관되어 있다. 나중에 분명히 문제가 될 이 공경의 주제로 돌아가기 때문이다. 관련 구절은 다음과 같다.

---

38 T XXIV 670c7의 T 1461 『정량부 율』에서 이 항목은 두 번째인데, 역시 백 년의 우기雨期 안거를 보낸 비구니라도 새로 계를 받은 비구에게 일어나 예를 표해야 한다고 말한다.

39 T IV 159a1의 T 196 『중본기경中本起經』 및 T XXIV 946c20의 T 1478 「대애도비구니경大愛道比丘尼經」은 비구니는 비구보다 낮은 자리에 앉아야 한다는 지적도 덧붙인다. 「대애도비구니경」은 새로 계를 받은 비구에 관한 것이지만, 이어지는 T XXIV 949b27에서는 백 살이 된 장로-아라한 비구니라도 여덟 살짜리 사미沙彌에게 예를 올려야 한다는 지적이 있다. Muecke 2004: 223가 제시한 결론, 즉 문제의 '무거운 법'에 따르면 "모든 비구니는 모든 비구 "**또는 사미**"를 어른으로 대접해야 한다"(강조는 필자)는 결론은 오직 이 전승과 관련해서만 맞는 말이다. 「대애도비구니경」에서 이 구절은 여성을 독사에 비유하는 구절 뒤에 나온다. 사람들이 죽은 독사도 무서워하는 것처럼, 그와 똑같이, 여자는 출가를 해서 비구니가 된다 하더라도 여전히 남자를 홀리고 해탈을 방해할 수 있다는 것이다. 이보다 앞의 부분인 T XXIV 946a9에서는 마하빠자빠띠 고따미가 출가의 탄원이 붓다에게 거절된 뒤 스스로 반성하는 장면을 전한다. 이 반성에 따르면, 붓다는 이 세상 모든 남자는 여자들에게 홀리고 만다는 진리를 알고 있다.

그리하여 그 뒤에 어느 때, 마하빠자빠띠 고따미는 큰 비구니 대중을 이루게 되었는데 이들은 모두 뛰어난 비구니들로서, 오랫동안 청정범행을 닦아 왕에게도 잘 알려진 연로한 장로 비구니들이었다. 그녀는 이들과 함께 아난다 존자에게 나아가 머리를 조아려 절하고 물러나 한쪽에 서서 말했다.
"아난다 존자시여, 마땅히 아셔야 합니다. 이 비구니들은 다 연로한 장로로서 왕에게 잘 알려져 있으며 오랫동안 청정범행을 닦았습니다. [이에 비해] 저 비구들은 나이 젊은 신참으로서 최근에 출가하여 이 바른 법과 율 안에 들어온 지 오래지 않았습니다. 원컨대 저 비구들로 하여금 그 나이의 많고 적음에 따라 이 비구니들에게 머리를 조아려 절하고, 공경하여 받들어 섬기며, 합장하고 문안하게 하십시오."
이에 아난다 존자가 말하였다. "고따미여, 잠깐만 여기서 기다리십시오. 제가 부처님께 나아가 이 일을 여쭈어 보겠습니다." 마하빠자빠띠 고따미가 말하였다. "예, 그러십시오. 아난다 존자시여."[40]

아난다가 이 요청을 붓다에게 고하자 붓다는 대답한다.

그만두라, 그만두라. 아난다여, 그런 말을 조심하고 삼가 그런 말을 하지 말라. 아난다여, 그대가 만일 내가 알고 있는 것을 알았다면,

---

40 T I 606c24-607a5의 MĀ 116 (T I 857b19의 T 60 참조). T IV 159a17의 T 196 『중본기경』의 이와 비슷한 에피소드에는 이 사건이 훗날에 일어났으며 비구니들은 나이가 많이 들었다고 명백하게 밝히는 구절이 나온다.

> 한마디도 하지 않았겠거늘 하물며 그런 말을 하는가?[41]

그리하여 이 대답은, 다음 장에서 다루려고 하는 비구니 승가 수립의 부정적인 영향에 대한 묘사로 이어진다.

비슷한 구절이 화지부 전승에도 나오는데, 여기서는 이것이 '여덟 가지 무거운 법'을 전달받은 마하빠자빠띠 고따미의 반응의 일부를 이룬다.

> 〔마하빠자빠띠 고따미가 말했다.〕 "그 여덟 가지 무거운 법 가운데 한 가지 제가 바라는 바를 〔받아주시기〕 청하옵나이다. 비구니는 그 나이에 따라 비구에게 예를 올리도록 바라옵나이다. 어찌 〔계를 받은 지〕 백 년이 된 비구니가 새로 계를 받은 비구에게 예를 올릴 수 있겠습니까?" 아난다가 다시 부처님께 이에 관해 여쭈었다. 부처님은 아난다에게 말씀하셨다. "비구니로 하여금 그 나이에 따라 비구에게 예를 올리도록 하는 것은 불가능하다."[42]

법장부의 『사분율』은 실제로 나이 든 비구니가 젊은 비구에게 일어나 예를 표하지 않는 사건이 일어나자 붓다가 즉시 이 문제에 대한 규칙을 선포하였다는 또 다른 사건을 전한다.[43] 화지부의 『오분율』에도

---

41 T I 606a14-607a16의 MĀ 116 (T I 857c7의 T 60 참조).

42 T XXII 186a8-186a12의 T 1421.

43 T XXII 776c22의 T 1428. 백 살이 된 비구니라도 새로 계를 받은 비구에게 예를 올려야 한다는 것을 붓다가 선포했다는 말로써 이 사례에 관한 이야기를

역시 나이 든 비구니들이 연관된 그러한 서술이 있다.[44] 근본설일체유부의 『비나야』에도 같은 내용이 있는데, 여기서는 그런 사건이 비구니들이 일정한 정도의 연장자가 되었을 때 일어난 것으로 그려진다.[45] 설일체유부의 율에서는 악명 높은 비구니 스툴라난다(Sthūlanandā)가 마하깟사빠(Mahākāśyapa, 마하가섭) 존자를 보고도 일어나지 않았던 사건을 전하는데,[46] 이 또한 비구니 승가가 어느 정도 연륜이 쌓인 시점에 일어난 사건임이 분명하다.

이런 묘사들이 제시하는 바는, 비구에게 공경을 표하는 규칙을 제정할 필요성은 일부 비구니들이 실제로 나이가 많이 들었을 때 생겨난 것으로 보는 게 합리적이라는 것이다. 그럼에도 불구하고, 그 규정들은 또한 '무거운 법'의 해당 규정을 잘 지키지 않는 데 대한 대응으로 생겨난 것으로 이해할 수도 있다.

상좌부 『율장』 역시 비구와 비구니가 그 나이에 따라 서로 예를

시작하는데, 아마도 '무거운 법'에 해당하는 언급일 것이다.

44 T XXII 97c20의 T 1421. 비구니들이 비구들에게 예를 표하지 않아서 한 장로 비구니가 비판을 받고 붓다에게 보고하게 된 사건을 전한다. 또 다른 이런 사례는 같은 『오분율』 T XXII 186c12에서도 볼 수 있다. 두 사례 모두 '무거운 법'의 언급으로 돌아간다.

45 T XXIV 351c29의 T 1451에는 나이 든 비구니들, 즉 "상좌上座"들이 그런 요구를 가지고 마하빠자빠띠 고따미에게 가서 모두들 출가한 지 오래 되었다고(出家已久) 주장하는 장면이 그려져 있다; 그들은 모두 *gnas brtan*, 즉 나이 든 장로였다는 지적은 상응하는 티베트어 D 6 *da* 120b3 또는 Q 1035 *ne* 116a3에서도 유사하게 발견된다.

46 T XXIII 324c2의 T 1435; 스툴라난다(Sthūlanandā/Thullandā)에 관한 보다 상세한 연구는 Ohnuma 2013 참조.

표하게 하자는 마하빠자빠띠 고따미의 요청을 기록하고 있는데, 이것은 비구니 승가의 설립에 관한 설명 직후에 나온다. 이 에피소드에서는, 위에서 살펴본 다른 율들과는 달리, 연로한 비구니가 언급되지 않으므로 이 경우 이 요청은 아마 비구니 승가가 설립된 직후에 일어난 것으로 보아야 할 것 같다.[47] 상좌부 『율장』에서 마하빠자빠띠 고따미의 청원을 붓다가 거절한 데에는 추가적인 설명이 뒤따른다. 그 설명은 이렇다. '외도外道들과 잘못 배운 수행자들도 여자에게 예를 표하지 않는데, 붓다가 어찌 그렇게 하도록 허락할 수 있단 말인가?'[48]

비非불교 수행자에 대한 언급은 후기 자이나교(Jain) 자료에서 확인되는데, 이 자료에 따르면 자이나교의 여성 수행자들은 남성 수행자가 젊더라도 그에게 예를 표해야 했다. 이 규정은 '무거운 법'의 표현과 유사한 용어를 사용한다.[49]

---

47 Goonatilake 1997: 26는 이 상좌부 전승을 "불교 승가의 남성 우월주의에 대한 최초의 저항"의 반영으로 간주하는데, 그녀에 따르면 이것은 "불교 승가에서 2,500년 지속되어 온 남성/여성 갈등의 시작을 나타내는 것"이다. 반면 Sujato 2009: 59는 그것을 마하빠자빠띠 고따미가 "아직도 여성적 유약함을 드러내면서 마음을 바꾸어 아난다로 하여금 붓다에게 여성의 특권을 요구하도록 했다. 즉, 규칙을 무시하고 나이에 따라 예를 표하도록 하는 특권"이라는 뜻으로 읽는다. 내가 보기에 두 해석 모두 똑같이 설득력이 없다.

48 Vin II 258,2. Horner 1930/1990: 121는 이 규제가 "여성을 얌전하게 묶어두려는 조항이라기보다는 …… 오랜 세월 널리 퍼진 전통의 산물"이라고 설명한다. Tsomo 2004: 64 이하에 따르면, 실제로 "비구가 비구니의 발에 절하게 하는 것은 사회 전체가 붓다의 가르침을 거부하는 결과로 이어질 수도 있는 엄청나게 과격한 젠더 규범의 전복이었을 것이다."

49 Jaini 1991: 168는 『우빠데샤말라(*Upadeśamālā*, 교훈집)』에서의 그 내용을 이렇게

'무거운 법'의 규정에서 또 다른 주제는, 비구를 비판하는 데에 비구니는 극히 신중할 필요가 있다는 것이다. 이것은 거의 모든 전승에서 두 개의 연속되는 '무거운 법'의 규정으로 나온다. 그것들은 다음과 같다.

법장부 (2번 및 3번):
비구니는 비구를 욕하거나 책망하지 말아야 하며, '계를 범했다. 정견正見을 깨뜨렸다. 품위를 깨뜨렸다'고 악담하지 말지니 …… 비구니는 비구의 죄를 드러내거나 기억시키거나 자백시키지 못하며, 비구가 남의 죄를 찾아내거나 계를 설하거나 자자自恣하는 것을 막지 못한다. 비구니는 비구를 꾸짖지 못하고 비구는 비구니를 꾸짖을 수 있다.[50]

대중부-설출세부 (3번):
비구니는 일어난 일이든 일어나지 않은 일이든 그것을 이유로 비구를

번역한다. "여성 수행자가 백 살로 접어들었고 남성 수행자가 바로 오늘 입문했다 하더라도 그는 그녀의 예배를 받을 만하니, 경건한 인사, 경례, 그리고 머리 숙여 절하는 그런 공경의 행위를 통해 향상을 이루는 것이다." 이 문헌은 상대적으로 늦은 것이기는 하지만, 자이나교의 여성 수행자 조직은 붓다가 비구니 승가를 세웠을 때 이미 존재하고 있었을 것이다. Jacobi 1884/1968: 274 번역의 (Kabilsingh 1984: 29가 이미 주목한) 『깔빠(劫)경(*Kalpa-sūtra*)』은 마하비라(Mahāvīra)의 후계자인 파쉬바(Pārśva)의 여성 제자들을 언급한다. Thī 107에 따르면, 밧따(Bhaddā)는 불교로 전향하기 전에 자이나 교인이었다. Todeschini 2013 및 Collett 2014a 참조.

50 T XXII 923b2 이하 T 1428.

비난해서는 안 된다. 비구는 일어나지 않은 일이 아니라 일어난 일을 이유로 비구니를 비난할 수 있다.[51]

화지부 (5번 및 6번):

비구니는 비구를 욕할 수 없으며 비구가 계율이나 〔바른〕 행동이나 〔바른〕 견해를 어겼음을 속인俗人들에게 말할 수 없다.

비구니는 비구의 죄를 책망할 수 없다. 그러나 비구는 비구니를 꾸짖을 수 있다.[52]

근본설일체유부 (4번 및 5번):

비구니는 비구의 과실, 즉 계율, 〔바른〕 견해, 〔바른〕 행동, 바른 생업을 어긴 비구의 〔과실에 대해〕 추궁하거나 질책할 수 없느니라. 아난다여, 비구니는 비구의 과실, 즉 계율, 〔바른〕 견해, 〔바른〕 행동, 바른 생업을 어긴 과실을 보더라도 그 비구를 질책해서는 안 된다. 비구는 비구니의 과실이나 위반을 보면 마땅히 질책해야 한다. ……

비구니는 비구에게 욕설을 하고 성을 내고 꾸짖고 할 수 없으나 비구는 비구니에게 이것을 할 수 있노라.[53]

---

51 Roth 1970: 17,9-17,11. T XXII 474c2의 T 1425의 한문 번역 화지부 『오분율』 역시 이것을 '무거운 법'의 한 조항으로 삼는다 (3번). T XXIV 670c11의 T 1461 『정량부 율』은 이 주제를 '무거운 법'의 두 조항으로 하는 다른 전승들과 동일하다. (5번과 6번).

52 T XXII 185c24-185c26의 T 1421.

53 T XXIV 351a8-351a14의 T 1451; 상응하는 산스크리트어 및 티베트어 전승에서

설일체유부 (5번 및 6번):

만일 비구가 비구니의 물음을 허락하지 않으면 비구니는 비구에게 경經, 율律, 논(論 *Abhidharma*)에 관해 물을 수 없고, 만일 물음을 허락하면 비구니는 비구에게 경, 율, 논에 관해 물을 수 있다. …… 비구니는 비구의 허물을 말할 수 없지만, 비구는 비구니의 허물을 말할 수 있다.[54]

상좌부 (7번 및 8번):

어떤 이유로도 비구니는 비구에게 욕설을 하거나 비방을 해서는 안 된다. ……

오늘부터 비구니들이 비구들을 비판하는 것은 금지되지만 비구들이 비구니들을 비판하는 것은 금지되지 않는다.[55]

수행자들 사이의 비방, 괴롭힘, 욕설 등을 피하는 것은 너무나 당연한 일이며 비구들의 경우에도 역시 해당되는 것이다.[56] 그러나

이것은 '무거운 법'의 5번 및 6번 조항이다. Schmidt 1993: 245,12 및 D 6 *da* 102b5 또는 Q 1035 *ne* 99b6, 그리고 『아비달마구사론복주서』, D 4094 *ju* 213a7 또는 Q 5595 *tu* 243a8; 또한 Dhammadinnā 2015b: 50의 각주 59 참조.

54 T I 606a16-606a21의 MĀ 116 (T I 857a6, T 60 참조). T XXIII 345c15의 T 1435 설일체유부 『십송율』에서 여기에 해당하는 '무거운 법'의 두 조항 (여기서는 7번 및 8번) 가운데 첫 번째 것 역시 비구에게 경, 율, 논에 관해 질문하는 문제를 다루고 있다.

55 AN IV 277,12-277,17의 AN 8.51 (Vin II 255,21 참조).

56 욕설이나 비방을 금지하는 관련 규정에 대한 비교 연구는 Pachow 1955: 122 참조.

비판의 경우는 다르다. 실제로 위에 인용한 몇몇 전승들은 비구니가 비구의 잘못을 비판하거나 결점을 지적하지 못하도록 금하는 반면, 비구는 비구니에 대해 그렇게 할 수 있도록 허가한다.

비구니는 비구의 잘못된 행동을 비판해서는 안 된다는 이 규정은 율들의 어디에나 나오는 기록들, 즉 비구니로부터 비판받은 행위들을 비구들은 삼가도록 붓다가 규칙을 선포했다는 그런 기록들과 쉽게 조화를 이루지 못한다.[57]

서로 다른 율들에 비슷하게 나타나는 부정법(不定法, *aniyata*)의 두 규정에 따르면, 비구가 저지른 계율 위반은 믿을 만한 재가의 여신도로부터도 지적을 받을 수 있으며, 승가는 그에 따라 조치를 취해야 한다.[58] 재가 여신도의 비판이 허용되고 또 비구니의 비판은

---

57 하나의 예는 비구들이 함부로 비구니들의 훈도자로 나서는 것을 금하는 규칙인데, 이 규칙을 제정하게 된 인연담에 따르면, 악명 높은 여섯 비구 무리가 그런 행동을 했다는 것을 붓다가 비구니들 그리고/또는 마하빠자빠띠 고따미로부터 들은 뒤에 이 규칙이 선포되었다; T XXII 648b9의 T 1428 법장부 『사분율』, T XXII 45b10의 T 1421 화지부 『오분율』, T XXIII 794b7의 T 1442 및 D 3 *ja* 59b1 또는 Q 1032 *nye* 56b2의 근본설일체유부 『비나야』 (여기서는 다른 비구들이 비구니들과 붓다 사이의 중개자 역할을 한다), T XXIII 80c26의 T 1435 설일체유부 『십송율』, 그리고 Vin IV 50,12의 상좌부 『율장』 참조; 여섯 비구 무리에 관해서는 예컨대 Bhagvat 1939: 47 이하, Barua 1968: 49, Dharasekera 1970: 81, Sarkar 1081, Schopen 2007, Clarke 2009, Anālayo 2012a: 417 이하, 그리고 Liu 2013 참조.

58 이것들은 T XXII 1017a4의 T 1429 법장부의 「사분비구계본」, T XXII 550c24의 T 1426 대중부 「마하승기율대비구계본」(설출세부에 관해서는 Tatia 1975: 12,19 참조), T XXIII 196a4, T 1422 화지부 「오분계본」, Banerjee 1977: 23,3의 근본설일

붓다로부터 아무런 질책도 받지 않고 오히려 붓다가 비구들에 대해 신속한 조치를 취하는 것으로 율들에 기록된 이상, 비구에 대한 비구니의 어떤 비판도 원칙적으로 금지하는 '무거운 법'의 그 표현은 후대의 불안이 반영된 것으로 결론지어도 무방할 듯하다.

비구니는 비구에게 경, 율, 또는 논에 관한 질문을 해서는 안 된다는 설일체유부 경전에 쓰인 표현은 그런 불안을 특히 강렬하게 드러낸다.[59] 이것은 비구들의 경쟁심 및 그런 질문들에 대답을 못함으로써 일어날 체면 손상에 대한 두려움을 나타낸다.[60]

경쟁에 대한 두려움은 대중부-설출세부 전승에도 나오는데, 여기서는 다른 어디에도 보이지 않는 또 다른 '무거운 법'이 제시된다. 그것은 다음과 같다.

비구니는 식사, 취침 및 주거를 행함에 있어 비구보다 나중에 행해야

체유부 『비나야』, von Simson 2000: 181,4의 설일체유부 『십송율』, 그리고 Pruitt와 Norman 2001: 24,5의 상좌부 『율장』에서 발견된다; 아래 p.196도 참조.

59 아비달마에 관한 언급은 상좌부 『율장』의 용어 해설에서도 발견되는데, 여기서도 비구니가 허가를 받지 않고 비구에게 질문을 해서는 안 된다; Vin IV 344,19 참조. 차이점은 비구니가 다른 것에 관해 질문하도록 허가를 받았으면 아비달마에 관해서는 질문할 수 없다는 것, 그리고 그 역도 마찬가지라는 것이다.

60 '무거운 법'의 매우 흥미로운 형태의 변이가 T XXIV 946c12의 T 1478 「대애도비구니경」에서 발견된다. 여기서는 비구니는 비구에게 경과 율에 대해서는 물을 수 있지만 세속적인 문제들에 관해서는 함께 얘기해서는 안 된다고 하는데, 그런 중요하지 않은 문제들에 대해 얘기하는 사람들은 도에 이르지 못한 사람들, 그리고 게으른 사람들이기 때문이다. 이것은 '무거운 법'의 표현 가운데 꽤 의미있는 것이겠다.

한다.[61]

이런 일들에서 비구가 우선권을 가진다는 것을 '무거운 법'의 최종 전승에다 확실하게 못 박아 놓을 필요성, 대중부-설출세부의 표현은 그 법의 최종 전승을 책임진 사람들이 느꼈을 그런 필요성을 반영한다.

'여덟 가지 무거운 법' 전체를 읽고 주목할 만한 것은, 현재의 '무거운 법'과 관련해서 대중부와 빠알리 상좌부 전통 간의 불일치를 제외하면, 나머지 일곱 전승들은 표현이나 순서에서 약간의 변화들은 있지만 모두 비슷하다는 점이다. 하지만 설산부(?)의 비구니 승가 설립 역사는 '여덟 가지 무거운 법'을 말하지 않고 다만 여덟 가지의 그런 조건이 있다는 사실만을 언급한다. 물론 이것은 그냥 생략한 경우일 수도 있지만, 비구니 승가 역사에 관한 서로 다른 전승들을 비교해 보면 '무거운 법'이 실제로 선포되었다는 사실, 그리고 그 조항의 전체적인 숫자만은 모두 공통된다.

결국 이것은 다른 율들의 구절과 확연히 구분되는 몇몇 '무거운 법'들은 후대에 탄생한 것일 가능성을 남긴다. 실제로 몇몇 학자들은 현재 형태의 '여덟 가지 무거운 법'의 진정성(authenticity)이 의심스럽다는 점에 주목해 왔다.[62] 예를 들어, 비구니에게 비판의 목소리를 내지

---

61 Roth 1970: 17,13 (4번). T XXII 474c18의 T 1425의 한문 번역 대중부 『마하승기율』 역시 이런 규정을 네 번째 '무거운 법'으로 정해 놓는다.

62 예컨대, Gnanarama 1997: 70 이하, Hüsken 1997: 360 (또 Hüsken 2000: 64 이하 참조), Chung 1999: 87, Kieffer-Pülz 2000: 378 각주 378, Kusuma 2000: 8, Shin 2000: 420 이하, Verma 2000: 73, Chung 2006: 13, Laohavanich 2008: 80, Sujato 2009: 64, 그리고 Anālayo 2010e: 86.

못하도록 금한 그 '무거운 법'은, 아마도 비구니의 종속이 아니라 주로 두 승가 사이의 상호 소통과 관련된 의미로 제정된, 이 장의 앞부분에서 검토한 '무거운 법'의 유사한 어떤 규정을 바꾼 것일 수 있다.

일련의 '여덟 가지 무거운 법'은 애초에 비구니 승가가 막 탄생했을 때 두 승가가 서로 어떻게 협력할 것인지 그 방법을 확립하려는 목적으로 제정되었을 것이라는 관점에서 보면, 거의 모든 전승에서 '무거운 법'의 각 조항마다 이 법에 대한 올바른 태도가 어떠해야 하는지를 말하는 문장이 거듭 덧붙여지는 것은 매우 의미심장하다. 그것은 다음과 같다.[63]

법장부:
이 법을 존중하고 공경하고 찬탄하여 목숨이 다하도록 어기지 말라.[64]

대중부 – 설출세부:
이것이 여덟 가지 무거운 법의 첫 번째 (등등)이니, 비구니는 목숨이 다하도록 공경하고 …… 마치 거대한 바닷물이 해안을 〔넘어오지 못하는 것처럼〕 어기지 말아야 하느니라.[65]

---

63 지금 이 문제에 관해서는 한문 번역의 대중부 『마하승기율』, 『정량부 율』, 그리고 설일체유부 『십송율』은 아무 관계가 없다. 이들은 '무거운 법'이 선포된 당시의 원래 모습을 전하지 않기 때문이다.

64 T XXII 923b1 이하 T 1428.

65 Roth 1970: 17,2-17,4.

근본설일체유부:

이것이 첫 번째 (등등) 존경법이니, 마땅히 어기지 않고 …… 목숨이 다하도록 부지런히 닦고 배워야 하리라.[66]

설일체유부:

나는 여인을 위하여 이 제1존사법 (등등)을 세우나니, 여인은 그것을 범해서는 안 되고 목숨이 다할 때까지 받들어 지녀야 한다.[67]

상좌부:

이 법을 존경하고 존중하고 예배하고 공경하여 목숨이 붙어 있는 한 범하지 말아야 한다.[68]

설산부(?) 전승에는 이런 말이 없다. 화지부 전승은 규정 자체는 전부 제시하지만, 역시 이런 서술은 없다. 이런 차이는 또 다른 가능성, 즉 초기의 규정들에는 목숨이 다하도록 공경해야 한다는 말 같은

---

66 T XXIV 351a2 이하 T 1451; 상응하는 티베트어 전승에 관해서는 Schmidt 1993: 244,18 참조. 티베트어 전승만이 유일하게 이 여덟 가지 '무거운 법'의 목적은 여인들의 실수를 억제하기 위한 것이라고 말한다; D 6 *da* 102a6 또는 Q 1035 *ne* 99a8: *bud med mams kyi nyes pa dgag* (여자들의 실수를 제어하는 것). 그런 말은 상응하는 D 4094 *ju* 213a1 또는 Q 5595 *tu* 242b7의 『아비달마구사론복주서』에서는 발견되지 않는다. 이것은 D 6 또는 Q 1035에서 나타나는 표현이 훗날의 발전 양상, 즉 '무거운 법'이 비구니 종속의 도구로 바뀌는 일반적인 경향을 반영하고 있음을 시사한다.

67 T I 606a5-606a7의 MĀ 116 (T I 856c25의 T 60 참조).

68 AN IV 276,25 이하 AN 8.51 (Vin II 255,8 참조).

것은 덧붙여지지 않았을 가능성을 시사한다.

다시 말해, 지금 우리가 보고 있는 '여덟 가지 무거운 법'을 문헌적 발전 과정에서 보면 그 출발은 비구니 승가와 기존의 비구 승가의 관계를 어떻게 할 것인지에 대한 붓다의 간략한 지시 정도였을 것이다.[69] 고대 인도의 환경에서 비구니 승가를 창설한다는 것은 실로 숙고를 거듭하게 하는 문제, 즉 이미 존재하는 비구 승가와의 관계를 어떻게 할 것인가 뿐만 아니라, 두 승가 사이의 위치를 어떻게 할 것인지, 그리고 비구니 승가의 설립이 불교 승가에 대한 대중의 전반적인 이미지에 어떤 영향을 끼칠 것인지 등에 대해서도 깊이 생각하게 하는 문제였을 것이다.[70]

서로 다른 몇몇 율들의 어디에서나 '무거운 법'이 어기면 속죄해야 하는 규칙으로 되풀이된다는 사실은, '무거운 법'이 말 그대로의 법 규정이 아니라 일종의 실천 지침(practical directives) 정도로 여겨졌다는

---

69 Stenzel 2012: 16은 "붓다는 '무거운 법'을 훨씬 덜 구조화된 형태로 말했을 것이다. 다만 나중에" 이것들이 현재의 형태로 진화했음을 시사한다.

70 Sponberg 1992: 17은 "작은 규모의 비구와 비구니 두 승가는, 한편으로는 부적절한 행동이 일어날 가능성을 피하기 위해 서로 충분한 거리를 유지해야 했고, 다른 한편으로는, 권위 있는 남성의 직접적인 규제나 통제를 벗어난 자율적인 여성 집단이라는 것을 받아들일 수 없었던 (실은 상상할 수도 없었던) 사회적 조건도 해결해야 했다"고 말한다. Satha-Anand 2001: 286는 "비구니 승가를 비구 승가에 종속시킨 것은 우선 당시에 종교적 생존을 위해서는 결정적인 것이었던 …… 재가 신도로부터의 인정과 존경을 확보하기 위해 붓다가 취한 예방적 조치로 이해해야 한다"고 지적한다. Abhayawansa 2015: 57는 여덟 가지 '무거운 법'의 선포를 "비구에게 비구니의 안녕(wellbeing)을 보살피도록" 명령한 것으로 이해한다.

느낌을 준다.

보호의 의미를 전달하면서 상호 소통의 모델을 제공할 필요성도 염두에 두는 제방의 비유에 비추어보면, 비구니로 하여금 가르침을 줄 자격이 있는 비구가 있는 곳에서 안거를 지내도록 한 규정은 매우 타당하다. 수행 규율의 위반을 처리하는 데에도 비구들과 함께 협력하도록 한 것, 그리고 비구들로부터 정기적으로 가르침을 받도록 한 규정에 대해서도 같은 말을 할 수 있다.

그런 '무거운 법'을 사람의 "목숨이 다할 때까지" 효력을 발휘하도록 할 필요는 원래 없었고, 단지 비구니 승가를 출범시키기 위한 것일 뿐이었다. 그 문자적 표현은 화지부 전승에 여전히 보이는 표현과 유사했을 터인데, 여기에는 '무거운 법'의 세부 규정마다 덧붙여지는 "목숨이 다하도록" 같은 말은 없다.

그런 정도의 지시 사항을 제시하는 최초의 출발선으로부터 점진적인 문자적 성장이 이루어져 마침내 현재의 '여덟 가지 무거운 법'이라는 결과에 이르렀을 것인데, 한두 개의 추가적인 규정이 새로 들어와 표준적인 세트(set)의 부분을 이루기도 하고, 또 이 '무거운 법'을 평생토록 지켜야 한다는 등의 구체적인 표현이 추가되는 결과를 낳기도 했을 것이다.

말할 것도 없이, 그런 영원한 효력이란 율의 규칙이나 규정의 일반적인 경향성과 맥을 같이 하는 것으로서, 그런 것들은 다소 즉흥적으로 만들어진 지시 사항으로부터 진화하여 대체로 어떤 불변의 법칙 같은 것으로 개정되기 마련이다. 이것을 입증하는 것이, 사소한 계율은 폐지하도록 한 붓다의 권유를 따르지 않기로 했다고 전해지는 제1차

결집에서의 결정이다.[71]

거의 모든 율에서 '무거운 법'은 유능한 비구가 매달 보름마다 비구니들에게 가르쳐야 할 주제가 되어버린 상황에서 보듯이, 이 법의 영원한 효력을 거듭거듭 강조할 필요성이 인식되었던 것 같다.[72]

언급할 필요가 있는 또 다른 문제는 '무거운 법'의 선포가 율의 어디에나 기록된 규칙 제정의 표준적인 절차와 다르다는 것이다. 즉, 비구니는 아직 존재하지도 않았는데 '여덟 가지 무거운 법'이 그들의 미래의 행동에 관한 규칙으로 미리 제정되었고 따라서 비구니들은 그 법에 대해 어떤 대응도 할 수 없었다는 점에서 그렇다.[73]

---

71 보다 자세한 것은 Anālayo 2015d 참조.

72 이것은 T XXII 649a1의 T 1428 법장부 『사분율』, T XXII 45c26의 T 1421 화지부 『오분율』, T XXIV 582a8의 T 1458 및 D 4105 *nu* 209a7 또는 Q 5606 *phu* 276b8의 근본설일체유부 『비나야』, T XXIII 82a3의 T 1435 설일체유부 『십송율』, 그리고 Vin IV 52,12의 상좌부 『율장』에서도 마찬가지다. 그러나 T XXII 346a23의 T 1425 대중부의 『마하승기율』은 '무거운 법'을 언급하지 않고 단지 가르침의 주요 주제는 아비달마(論)와 율이어야 한다고만 말한다. 이 표현과 관련해서는 『마하승기율』의 "아비달마"라는 용어가 구부(九部 nine *aṅgas*) 경전들을 가리키는 총칭으로 쓰였다는 점을 명심할 필요가 있다; Roth 1970: 248,17 (§218), 이와 함께 Karishima와 von Hinüber 2012: 63,10 (§7.5)에 나오는 전체 목록 참조; 또한 Hirakawa 1980:173 이하 및 Sung 1999: 174 참조. 『정량부 율』의 경우, 가르침은 이 여덟 가지에 관한 것이어야 한다고 '무거운 법'의 가르침에 관해 명백하고도 구체적인 표현을 쓰고 있다; T XXIV 670c8의 T 1461 (3번) 참조: "매달 보름마다 비구니는 비구가 거처하는 처소로 가서 여덟 가지 공경해야 할 법에 관한 가르침을 받아야 한다." 이런 규칙이 생긴 이유는 Hüsken 1997: 476의 해석에 따르면, 비구니들이 점차 독립성을 키워나가자 그에 자극을 받은 비구들이 '무거운 법'을 통해 자신들의 지위를 확고히 하려 했기 때문이다.

여기서 내가 앞의 장들에서 논의한, 붓다가 마하빠자빠띠 고따미와 그 동료들에게 하나의 대안으로 제시한 내용은 이 문제와 깊은 관련성을 지닌다. 붓다가 그들에게 머리를 깎고 가사를 입고 아마도 잘 보호된 집 안에서 금욕적인 삶을 살아가도록 허가한 이상, 서사의 이 대목은 그들이 비록 집을 떠나 집 없이 떠도는 완전한 "출가"에는 미치지 못하더라도 일종의 준準-수행자로서의 자격을 이미 갖추었음을 암시한다.

붓다를 따라 집 없이 유랑하는 삶을 용감히 헤쳐나가는 능력을 보임으로써 마하빠자빠띠 고따미와 그의 동료들은 비구니 승가 설립 역사의 이 시점에, 말 그대로 승가의 문 앞에서 승가 안으로 완전히 들어가게 해 달라는 요청을 하며 서 있는 것이다. 서사의 전개 과정에서 보면, 이 장면은 뭔가 일이 벌어졌다는 보고를 받은 붓다가 약간의 규칙(들)을 제정함으로써 이에 대응하는, 율들의 어디에나 묘사된 규칙 제정 과정과 맥을 같이 하는 것이다.

마하빠자빠띠 고따미와 그 동료들은 재가 신도의 삶으로부터 떠났다. 그리하여 그들은 붓다가 통솔하는 승가의 영역으로 들어섰다. 그들이 (아마 애초에 집에 머물 거라고 예상했던 것과는 달리) 붓다의 유행遊行을 따라나서자, 이제 그 대응으로 붓다는 그들이 승가 공동체의 완전한 구성원이 되려면 일을 어떻게 진행해야 할지 조율하는

---

73 Sp VII 1302,20은 '무거운 법'은 상좌부 『율장』에서 발견되는 선제적先制的 형태의 규제일 뿐이라고 강조한다. Kusuma 2000: 8은 어디에서나 "율의 규칙들은 비구와 비구니에 대해 선포된다. 그러나 '무거운 법'은 마하빠자빠띠가 아직 재가 신도였을 때 선포되었다"는 점을 부각시킨다.

것이다. 어찌 보면 그들은 붓다가 일찍이 허가했던 선을 넘어버린 것인데, 그러자 붓다는 그들이 앞으로는 넘어선 안 될 일련의 규칙을 선포하는 것이다. 이렇게 생각하면 '무거운 법'의 선포는 더 이상 서사적 불일치를 야기하지 않고, 오히려 율의 어디에나 묘사된 것처럼 수행자들의 일종의 일탈 행위가 있을 때 그에 대한 대응으로서 규칙들을 제정하는 그런 일반적인 과정과 궤를 같이 하는 것이다.

요약

'무거운 법'의 기능을 예시하는 비유들은 비구니들로 하여금 강을 건널 수 있도록 보호하고 돕는다는 뉘앙스를 전달하는 것 같다. '무거운 법'의 몇몇 조항은 실제로 그런 배려에서 나온 규정들에 그 기원을 둔 것일 수 있는데, 가령 새로 설립된 비구니 승가는 상호 소통하면서 비구 승가의 지도를 받을 것이라든가 또는 비구니가 비구들의 보호로부터 멀리 떨어진 곳에서 홀로 지내는 일이 없도록 한 것 등이 그렇다.

하지만 '무거운 법'의 다른 규정들은 명백히 비구니의 종속 상태를 향하는데, 이것은 때때로 지적인 문제에서나 물질적 자원을 얻는 것과 관련하여 경쟁의 두려움을 은근히 드러내기도 한다. 심지어 비구 승가의 모델을 따라 어떻게 상호 소통을 할 것인지를 정했던 애초의 규정들이 영원히 지켜야 할 법으로 간주되자, 그에 따라 비구니를 종속시키는 도구로 바뀌면서 그 규정들은 남성 수행자들의 손에서 통제의 수단으로 변하고 말았다.

이런 식으로 '여덟 가지 무거운 법'은 문헌적 전개 과정에서, 처음 출발했을 때 그러했을 것과는 다른 마지막 결과에 이른 듯하다. 이와 유사한 또 다른 태도의 변화들이 비구니 승가 역사의 다른 이야기 안에도 뚜렷이 보인다. 다음 장에서 그것을 살펴보기로 한다.

5장 마하빠자빠띠 고따미의 수계

비구니 승가 역사에 관한 연구의 이번 장에서 나는 '무거운 법'을 받아들임으로써 비구니가 되는 마하빠자빠띠 고따미의 수계受戒에 대한 비유와 자신의 교단 안에 비구니 승가를 두는 의미에 대해 붓다가 어떻게 평가했는지를 검토한다.

나는 1) 마하빠자빠띠 고따미가 '무거운 법'을 얼마나 기쁘게 수용하는지를 말할 때 사용한 비유로 시작한다. 2) 이어서 이런저런 방식으로 비구니 승가의 설립과 연관된 문제를 드러내는 일련의 비유들로 초점을 돌린다. 3) 이후 비구니 승가가 존재함으로써 생겨난 부정적인 불안감을 전하는 몇몇 비구니 승가 역사의 구절들, 4) 그리고 초기 불교의 문헌 어디에나 나타나는 부정적인 사례들을 검토한다.

1. '여덟 가지 무거운 법'의 수용을 보여주는 비유들

아난다가 마하빠자빠띠 고따미에게 '여덟 가지 무거운 법'을 통지하자, 그녀가 비유를 빌려 그 수용受容을 표현하는 장면은 모든 전승에 나온다. 상세한 부분에서는 약간의 차이가 있지만, 이 비유는 머리에 화관花冠을 쓰는 것과 연관된다. 여러 전승들의 비유는 다음과 같이 전개된다.

법장부:

마치 어떤 깨끗하고 잘 꾸민 젊은 남자나 여자를 다른 어떤 사람이 머리를 감기고 대청으로 인도한 뒤에 연꽃 화관이나, 아희물다꽃(阿希物多, *atimuktaka*) 화관이나, 첨복꽃(瞻蔔華, campaka) 화관이나, 수마나꽃(修摩那華, *sumanā*) 화관이나, 혹은 바사꽃(婆師華, *vārṣika*) 화관을 가져다 그 젊은 남자나 여자에게 주는 것과 같습니다. 화관을 받아 그들은 자기의 머리 위에 단단히 얹습니다.[1]

설산부(?):

마치 어떤 사람이 목욕을 하고 향수를 바르고 장식을 한 뒤, 또 어떤 사람이 와서 화관으로 그의 머리를 장식하는 것과 같습니다.[2]

대중부 – 설출세부:

이는 마치 장식을 좋아하는 젊은이가 머리를 감고 새 옷으로 갈아입은

---

1 T XXII 923b27-923c1의 T1428.

2 T XXIV 803b21 이하 T 1463.

뒤, 연꽃 화관이나 첨복꽃(瞻蔔華, *campaka*) 화관이나 홍련(紅蓮, *kumuda*) 화관이나 향초 화관이나 재스민 화관을 받아 머리 위에 얹는 것과 같습니다.[3]

화지부:
마치 흠잡을 데 없이 기쁨에 넘치는 젊은 남자나 여자가 목욕을 하고 깨끗한 새 옷으로 갈아입은 뒤, 다른 어떤 사람이 그들에게 친절하게 첨복꽃(瞻蔔華, *campaka*) 화관이나, 바사꽃(婆師華, *vārṣika*) 화관이나, 연꽃 화관이나, 아희물다꽃(阿希物多, *atimuktaka*) 화관을 주면 그 〔젊은〕 사람이 기쁘게 두 손으로 그것을 받아 공손하게 머리 위에 얹는 것과 같습니다.[4]

근본설일체유부:
비유하건대 마치 네 종족(四姓)의 귀족 여인이 목욕을 하고 몸을 향으로 문지르고 머리와 손톱 발톱을 정하게 다스리고 의복도 곱고 깨끗이 차리고 있으면 그때 다른 사람이 점박가(占博迦, *campaka*)나 올발라(嗢鉢羅, 연꽃) 등의 화관을 만들어 그 여인에게 주니, 그 여인이 보고 기뻐하면서 받아서 머리 위에 얹는 것과 같습니다.[5]

---

3 Roth 1970: 21,2-21,4.

4 T XXII 186a3-186a6의 T 1421.

5 T XXIV 351b25-351b29의 T 1451; 티베트어 전승은 세 가지 형태의 화관을 언급하며 그녀가 그것을 두 손으로 받았다고 지적한다; D 6 *da* 104b2 또는 Q1035 *ne* 101b4. 네 계급의 여자 누구라도 화관을 받을 수 있다는 것은 T IV 159a11의 T 196 및 T XXIV 947a2의 T 1478.

설일체유부:

여기 깨끗하게 목욕한 뒤 몸에 향을 바르고, 환하고 깨끗한 옷을 입고, 온갖 장식으로 용모를 잘 꾸민 크샤트리아의 여자나 바라문의 〔여자나〕 바이샤의 〔여자나〕 수드라〔계급〕의 여자가 있습니다. 그런데, 그 여자를 위해 그 여자의 이익과 안녕, 행복과 평안을 추구하는 사람이 있어. 그가 푸른 연꽃 화관이나 첨복꽃(瞻蔔華) 화관, 혹은 수마나꽃(修摩那華) 화관, 혹은 바사꽃(婆師華)화관, 혹은 아제모나꽃(阿提牟多華) 화관을 가져다 그 여자에게 줍니다. 그 여자는 기뻐하며 두 손으로 그것을 받아 머리에 장식하는 것과 같습니다.[6]

상좌부:

마치 장식을 좋아하는 어리고 젊은 여자나 남자가 머리를 감은 뒤 연꽃 화환이나 재스민 화환이나 장미꽃 화환을 얻으면 두 손으로 받아서 몸의 최상인 머리에 놓는 것과 같습니다.[7]

위 전승들 사이의 작은 차이는 화관을 받는 사람과 관련된 것이다. 설산부(?) 및 대중부-설출세부 전승은 남녀를 특정하지 않고 그냥 어떤 사람 또는 젊은이로 말한다. 법장부, 화지부 및 상좌부에서는 화관을 받는 사람을 젊은 남자 또는 여자로 지칭한다. 근본설일체유부 및 설일체유부 전승에서 화관을 받는 사람은 그냥 여인 더 구체적으로는 네 계급 중 한 계급 출신의 여인이다.

---

6 T I 606c15-606c21의 MĀ 116 (T I 857b12의 T 60 참조).

7 AN IV 278,5-278,8의 AN 8.51 (Vin II 255,36).

한눈에도 이 비유는 좀 놀라운 것이, 불교 승려 또는 그렇게 되기를 열망하는 사람과 화관을 연관시키는 건 아무래도 자연스럽지 않기 때문이다.[8] 재가 신도의 경우에도 매달 보름과 초하루의 포살일에는 화관 쓰는 걸 삼가도록 되어 있다.[9] 더욱이 고대 인도에서 여성에게 화관을 씌워 주는 것은 약혼을 의미하는 것이었다.[10]

비슷한 비유는 『맛지마 니까야』의 「흠 없음 경(*Anaṅgana-sutta*)」에서도 반복되는데, 여기서의 비유는 일군의 비구들이 얼마나 기쁘게 가르침을 받아들이는지를 묘사하는 데 쓰인다. 「흠 없음 경」과 그에 상응하는 한문 『증일아함경』이 여성이나 남성을 말하는 데 반해,[11] 상응하는 『중아함경』과 개별 번역으로 보존된 또 다른 상응 경전은 단지 여성만 언급하고 추가적으로 네 계급 중 한 계급 출신의 여성으로 특정한다.[12] 이런 식으로 「흠 없음 경」과 그 상응하는 경들은, 위에 인용한 비구니 승가 역사의 몇몇 전승들과 마찬가지로, 화관을 받는 사람과 관련하여 같은 유형의 차이를 보여주고 있다.

「흠 없음 경」 및 그와 상응하는 경들에서 머리에 화관을 쓰는 비유가 일군의 비구들이 가르침을 받는 것을 묘사하는 데에도 똑같이 사용되는 것은, 비구니 승가 설립의 역사에서도 같은 유형의 비유가 사용되는

---

8 Vin II 123,26 상좌부 『율장』에는 비구가 신도로부터 꽃다발을 받게 되면 한쪽으로 밀어 놓아야 한다는 규정이 있다.

9 이것은 그런 날들에 재가 신도들이 지켜야 할 여덟 번째 규율이다; 이 규율의 목록은 Khp 1,20 참조.

10 Silk 2007.

11 MN I 32,26의 MN 5 및 T II 634a6의 EĀ 25,6.

12 T I 569c5의 MĀ 87 및 T I 842a15의 T 49.

이유를 분명히 이해할 수 있게 도와준다. 「흠 없음 경」 및 그에 상응하는 전승들로 판단하건대, 초기 경전의 청자들에게 그런 비유는 수행자가 경험하는 기쁨을 묘사하는 데에 적절치 않다는 것을 뜻하지는 않았다는 말이다.[13]

화관의 비유의 주요 의미는 단지 내적인 기쁨의 묘사일 뿐임을 이것은 시사한다. 그러니까 수행자와 화관이 부적절하다는 것은 여기서는 별 상관이 없는 것이다. 결국 이것은 비유일 뿐이지 실제로 화관을 쓰는 것은 아니기 때문이다.

화관이 약혼을 뜻한다는 것과 관련해서, 「흠 없음 경」 및 그에 상응하는 전승들의 경우 이 비유는 분명히 그것과 관계가 없다. 하지만 비구니 승가 설립 역사 서술의 경우에는 같은 말을 할 수는 있겠지만, 그런 연관성이 전적으로 터무니없는 얘기는 아닌 것 같다.

'여덟 가지 무거운 법'은 재가 여신도들이 그들의 남편이나 아들의 보호 아래 살아가는 것을 반영하여 출가한 여성들을 비구의 지도와 보호 아래 두려고 했던 것이었을 만큼,[14] 그것의 기능은 젊은 여성에게

13 머리 위에 무언가를 얹는 행위도 사원의 환경 안에서 괜찮은 행동일 수 있었으니, 어떤 율의 주석에서는 수계 절차 가운데 그것이 중요한 특징을 이루기도 하기 때문이다. 이에 따르면, 이제 막 머리를 깎은 지원자는 수계 절차가 진행되는 동안 입을 가사를 받아 우선 그것을 자기 머리 위에 얹는다; T XXIV 788b28의 T 1462 참조 (번역은 Bapat와 Hirakawa 1970: 495). 이 구절은 이미 Nolot 1991: 12 각주 23에서 주목되었다.

14 이미 한 세기도 더 전에 Oldenberg 1881/1961: 343는 이 '무거운 법'의 기능에 대해 다음과 같이 주목했다. "아내가 남편의 감독에, 어머니가 아들의 감독 아래 종속되어 있듯이 비구니는 비구에 종속되어 있다." Neumaier 2004: 84는

화관을 씌워 주는 것으로 비유될 만도 하다. 약혼의 표시로 화관을 쓴 여성은 자기 집이나 미래의 시집 남성들에게 보호받는 여성으로 분류된다.[15]

따라서 이 경우에는 그런 의미가 통하지만, 「흠 없음 경」 및 그에 상응하는 전승들, 그리고 화관을 받는 사람의 성별이 저마다 다른 비구니 승가 설립 역사의 서로 상응하는 경전들에는 그런 의미가 들어맞지 않는다. 이런 사실로 보면 화관의 비유를 약혼의 뉘앙스로 이해할 개연성은 훨씬 줄어든다.

"특별히 비구니 승가에 대해서만 정해진 많은 규칙들은 분명히 독립적인 여성들, 남성의 감독 …… 으로부터 면제된 여성들에 대한 사회적 불만을 최소화하기 위해 고안된 것이었다"는 점을 강조한다. Tsomo 2004: 48의 말에 따르면, "당시의 여성은 자기 아버지나 남편, 또는 남편이 죽으면 남편 형제의 보호 아래 종속된 존재로 분류되었다. 보호자가 누군지 알 수 없는 상태로 살아가는 여성은 의심을 받거나 거부되었다. …… 그런 환경 안에서 비구 승가는 비구니를 위한 보호 장치로 간주 되었다." Langenberg 2014: 96는 "불교 공동체 안에서 손쉽게 이해되고 잘 받아들여질 만한 비구니의 대중적 정체성을 만들어내야 할 필요성"에 초점을 맞춘다. "그러기 위해 비구니들과 율사律師들은 덕이 높은 여성에게 어울릴 행동과 규칙들을 조심스럽게 골라냈다 …… 이런 식으로 불교 공동체는 어슴푸레한 사회적 정체성의 윤곽, 즉 여성 불교 수행자라는 것을 과감하게 만들어내고자 했다."

15 약혼의 표시로 화환을 두른 여성은 보호되어야 할 여성의 긴 목록 가운데 하나이며, 이런 여성들과 음행을 하는 자는 특별히 비난받을 존재다; 예컨대 AN V 264,18의 AN 101.76 및 상응하는 T II 271b24의 SĀ 1039 참조 (다른 사례는 Anālayo 2009b: 6 각주 27 참조).

2. 여성 금욕의 영향

모든 전승들은 비구니 승가의 설립과 관련된 문제를 하나 또는 여럿의 비유를 들어 예시한다. 이 비유들은 거의 모든 전승에서 마하빠자빠띠 고따미를 위해 아난다가 개입했을 때 붓다가 대답하는 장면에 나타난다. 하나의 예외는 상좌부 전승인데, 여기서는 마하빠자빠띠 고따미가 '무거운 법'을 받아들이고 그에 따라 그녀가 구족계를 받은 뒤 붓다가 하는 말 가운데 이런 비유들이 나온다. 이하에서 나는 우선 서로 다른 전승들에서의 비유들 그 자체를 검토하고, 이어 그 서사적 맥락에서 그것들을 살펴보겠다. 여기 각각 다른 전승들이 있다.

법장부:

어떤 집에 남자가 적고 여자가 많으면 그 집은 곧 망할 것임을 알 수 있는 것과 같다. …

어떤 좋은 논밭에 서리와 우박이 내리면 즉시 파괴되는 것과 같다.[16]

설산부(?):

마치 세속의 집에 남자가 적고 여자가 많으면 가업家業이 반드시 무너지는 것과 같다.[17]

16 T XXII 923a1-923a4의 T 1428.

17 T XXIV 803b7 이하 T 1463.

대중부-설출세부:

이는 마치 잘 익은 보리밭에 '갈조병(褐條病, chaff)'이라는 병이 덮쳐[18] 그 잘 익은 보리밭이 크게 손상되는 것과 같다. ……

이는 마치 잘 익은 사탕수수 밭에 붉은 뼈처럼 되는 '적수병(赤銹病, red rust)'이라는 병이 〔덮쳐서〕 잘 익은 사탕수수 밭이 크게 손상되는 것과 같다. ……

이는 마치 ……[19]

화지부:

마치 어떤 집이 여자는 많고 남자는 적은 것과 같다. 마땅히 알지니, 이런 집은 오래지 않아 쇠퇴하고 종말에 이를 것이다.[20]

근본설일체유부:

어떤 사람의 집에 남자가 적고 여자가 많으면 그 집이 곧 사나운 도적에게 파괴되는 것과 같다. ……

밭에 곡식이 익었는데 갑자기 바람·비·서리·우박을 만나 피해를 입는 것과 같다. ……

사탕수수가 밭에서 익어갈 때 적절병(赤節病, red-joint disease)을 만나면 모조리 절단나서 남김없이 망가지는 것과 같다.[21]

---

18 Hinüber 2002: 154에 따르면, 보리밭에 대한 언급은 이 전승이 인도 서북부 지방의 환경을 반영한 것이라는 인상을 준다.

19 Roth 1970: 9,18-11,1. 세 번째 비유의 묘사는 수고手稿에서 사라지고 앞 구절만 남았다.

20 T XXII 186a15 이하 T 1421 참조.

설일체유부:

마치 사람의 집에 여자가 많고 남자가 적은 것과 같나니, 그런 집이 흥성할 수 있겠는가?

마치 벼 논이나 밀 밭에 잡초가 생기면 그 논밭을 못 쓰게 되는 것과 같으니라.[22]

상좌부:

마치 어떤 집이든 여자가 많고 남자가 적은 집은 〔작은 불빛을 이용해서 몰래 숨어 들어오는〕 강도들의 침입을 받기 쉬운 것과 같다. ……

마치 벼가 잘 익은 논에 '백반병(白斑病, bleaching)'이라는 병이 덮치면 벼가 잘 익은 그 논은 오래 가지 못하는 것과 같다. ……

마치 잘 자란 사탕수수 밭에 '적수병(赤銹病, red rust)'이라는 병이 덮치면 그 잘 자란 사탕수수 밭은 오래 가지 못하는 것과 같다.[23]

---

21 T XXIV 350c12-350c17의 T 1451; 상응하는 경에 관해서는 Schmidt 1993: 244,1 참조. D 6 *da* 102a2 또는 Q 1035 *ne* 99a4, T XXIV 946a26의 T 1478 역시 세 가지 비유가 있는데, 하나는 여자가 많은 집, 하나는 나쁜 날씨로 망가진 논, 그리고 또 하나는 병으로 망가진 곡식의 비유다.

22 T I 605a5 이하 및 605c8 이하 MĀ 116; 이와 상응하는 T I 856b29의 T 60에서의 비유는 다음과 같다. "어떤 집에 여인이 많고 남자가 적으면, 과연 생산을 많이 할 수 있겠는가? …… 만일 벼밭이나 보리밭이 잘 되었는데, 중간에 우박이 내리면 이익이 없을 것이니, 우박이 내려 그것을 못 쓰게 만들었기 때문이다." T IV 158b28의 T 196 역시 두 가지 비유가 있는데, 여자가 많은 집 그리고 나쁜 날씨로 망가진 논과 관련된 것이다.

23 AN IV 278,23-279,7의 AN 8.51 (Vin II 256,16 참조).

설산부(?)와 화지부 전승은 여자가 많은 집은 망하거나 쇠퇴한다고 하는 단 하나의 비유만을 사용한다. 이 비유는 앞 장에서 간단히 언급했듯이 모든 전승에 보인다. 단 하나의 예외는 대중부-설출세부의 서술인데 이 필사본에는 세 번째 비유의 시작 부분만이 남아있다. 앞의 두 비유는 농사와 관련된 것이다. 세 개의 비유를 하는 전승들에서 두 개만이 농사와 관련된 것이고 세 번째 것은 여자가 많은 집에 관한 것이니까, 대중부-설출세부 서술에서 사라진 비유 역시 그런 집에 관한 것이라고 추측해도 괜찮을 듯하다. 다만 여기서는 이것이 세 비유 가운데 맨 나중이었을 것이라는 점만 다를 뿐이다.

여자 많은 집의 비유는 『상윳따 니까야』 및 그에 대응하는 『잡아함경』의 서술에도 보이는데, 여기서 주안점은 *maitri*를 계발하지 못한 사람의 마음이 어떻게 비인간적 존재의 먹이가 될 수 있는지를 보여주는 것이다.[24] "친애(親愛, loving kindness)" 대신 "자애(慈愛, benevolence)"로 번역하는 게 가장 좋을 듯한 이 *maitri*의 계발은 초기 경전에서 '보호'라는 의미와 밀접한 관계를 갖고 있다.[25] 『상윳따 니까야』 및 『잡아함경』의 비유가 그런 보호의 뉘앙스를 전달한다는 관점으로 보면, 비구니 승가 설립 역사에서의 같은 비유 역시 같은 주제와 연관되어 있을 가능성이 있다.

근본설일체유부 및 상좌부 전승에서의 여자가 많은 집의 이미지는 그런 집은 강도의 공격을 받기 쉽다는 말로 이어진다. 이것은, '여덟 가지 무거운 법'의 취지는 탁발승인 비구니들의 처지가 나쁜 의도를

---

24 SN II 264,1의 SN 20,3 및 T II 344c7의 SĀ 1254.

25 보다 상세한 설명은 Schmithhausen 1997 및 Maithrimurthi 1999: 55-63 참조.

가진 남자들에 의해 이용당할 위험을 방지하기 위한, 즉 그들을 보호하기 위한 것이라는 이해와도 일치한다.[26]

강도들 때문에 일어나는 문제는 강제로 납치된 여자들을 묘사하는 『비나야』의 여기저기서 반복된다. 해당 구절은 한 마을이나 동네에 침입하여 장차 자기 마누라로 삼기 위해 여자들을 납치해가는 강도들을 묘사한다.[27] 이로 미루어, 여자가 많은 집의 비유는 출가한 여성들을 성폭행으로부터 보호할 필요성을 전하기 위한 것이라고 해석할 수 있다.

고대 인도의 환경에서 남편의 보호를 받지 못하는 여성은 실제로 안전하지 않았을 것이고, 비구니 강간도 드문 일은 아니었을 것이다.[28] 폭력 사태를 방지하기 위해 각별한 주의를 기울이는 자이나교의 전통은 여성 수행자가 문의 잠금장치가 없는 거처에 머물고 있을 때를 대비한 구체적인 지침을 제시한다. 그런 상황에서는 몸이 건장한

---

26 Sponberg 1992: 17는 상좌부 전승의 비유에 대해 다음과 같이 말한다. "여성을 비구니가 되도록 허용한다는 것은 …… 강도나 도적의 먹이가 되기 쉬운, 여자는 많고 남자는 적은 가정집과 비슷한 …… 그런 상황을 초래할 것이었다. 다시 말해, 여성은 가족과 같은 일종의 남성중심적 사회구조에 의해 보호받아야만 했고 …… 여성이 스스로 자신을 보호하고 통제한다. ……는 것은 …… 사회적으로 상상할 수 없는 일 …… 비구니는 비구의 권위에 의해, 최소한 명목상으로라도 받아들여짐으로써 폭넓은 사회적 관점에서 보다 수용 가능한 자리를 차지할 수 있었다."

27 T XXIII 686b26의 T 1442 및 D 3 *ca* 232a7 또는 Q 1032 *che* 214a3.

28 상좌부 『율장』은 몇 건의 비구니 강간 사건을 전한다; 예컨대 Vin I 89,10, Vin III 35,7, Vin IV 63,8. Vin IV 65,9, Vin IV 228,13, Vin IV 229,25 참조; 그리고 Perra 1993: 107 이하 논의 참조.

여성 수행자가 손에 몽둥이를 들고 밤중에 문 가까이에서 침입자를 쫓아낼 태세로 경비를 서야 한다.[29]

고대 인도의 환경에서 여성의 위치, 그리고 주로 재생산 기능과 남성에게 성적 만족을 주는 능력으로만 이해되는 여성 존재의 취약성이라는 관점에서 볼 때,[30] 출가한 여성들은 성폭행의 위험으로부터 일정하게 보호될 필요가 있는 존재였을 것이다.[31]

---

29 Deo 1956: 415 이하. Deo 1956: 489 역시 자이나교 문헌의 다음과 같은 내용에 주목한다. "젊은 사람들, 나쁜 무리들, 집주인들 그리고 왕들 …… 음탕한 인간들이 …… 여성 수행자들이 탁발을 하러 다니는 동안 그들을 추행하고 그들의 거처까지 따라가서 괴롭히는 숱한 사건들이 기록되어 있다. 납치 사건도 광범위하게 벌어졌다."

30 Bhattacharji 1987: 54는 "여성은 후기 베다 시대 이래 인도에서 하나의 동산動産이었다"고까지 말한다. 이런 태도를 보여주는 초기의 한 문장은 『브리하다란야까 우빠니샤드(*Bṛhadāraṇyaka Upaniṣad*)』 6,4,7, Radhakrishnan 1953/1992: 323에서 발견되는데, 여기서는 여자가 폐경기가 되면 성교를 하려 하지도 않고 (다른 선물들과 함께) 뇌물로 주려고 해도 받지를 않으니, 몽둥이나 주먹으로 두들겨 패서 눌러버려야 한다고 권유한다. 일단 그런 태도들이 용납되고 나면, 출가한 여성들의 경우 결국 다른 사람들로부터 소유권자 또는 보호자 - 아버지, 남편, 또는 아들 - 가 없는 존재로 인식되고, 어떤 남성들로부터는 쉽게 얻을 수 있는 상품으로 취급되는 위험에 처할 가능성도 충분히 있었을 것이다.

31 초기 및 중기 바라문 사회에서 비구니들이 어떻게 묘사되었는가에 대해 Falk 1989: 163는 "여성 수행자에 대한 불신은 힌두 전통에 잘 기록되어 있다"는 결론을 내린다. Olivelle 2004b: 499는, 고대 힌두의 『마누 법전(*Manusmṛti*)』에는 "성적으로 문란한 존재로 정형화된 …… 특정한 여성 그룹들이 있다"고 지적한다. Jamison 2006: 209의 요약에 따르면, "『마누 법전』, 고대 인도의 국가론인 『아르타샤스뜨라(*Arthaśāstra*)』, 그리고 고대 인도의 성애性愛에 관한 문헌인 『까마수뜨라(*Kāma Sūtra*)』 등을 종합해 보면, 여성 종교인은 이교도든 아니든 성적으로

그런 필요성은 비구니 승가 설립의 역사에 관한 몇몇 전승들의 에피소드, 즉 붓다가 마하빠자빠띠 고따미와 그 동료들에게 머리를 깎고 가사를 입고 집에 머무를 것을 허가한 이야기의 심오한 배경을 제시한다. 이 에피소드의 관점에서 보면, 모든 전승들에 묘사된 붓다의 첫 거절은 고대 인도의 환경에서 유랑하는 탁발승으로서의 삶의 조건이 마하빠자빠띠 고따미와 그 동료들에게는 너무나 큰 도전, 나아가 위험한 일이라는 걱정의 표현이었을 것이다. 그러므로 붓다의 제안은 그들이 안전한 집 안에서 성생활을 하지 않는 금욕적 삶을 살아가는 것이 더 낫다는 것이었다.

여성이 오직 하나의 상품으로 취급될 때의 문제는 비구니들이 주인 없는 상품으로 여겨지는 존재가 될 위험성에 처할 것이라는 점이다.[32]

아무 때나 접근 가능한, 혹은 다른 사람들에게 불법적인 성적 행위를 하도록 부추기는 교활한 존재로 간주되었음이 분명하다." Jyväsjärvi 2007: 80에서 인용된 『마누 법전』에 대한 한 주석은 집 없이 떠도는 유행승(*pravrajitā*)이 된 여성을 "보호자가 없는 여자로서 …… 그 색정적인 여자들은 (수행자의) 옷으로 위장하고 있다"고 규정한다. 이어서 Jyväsjärvi 2011: 82의 각주 97은 "여성의 머리를 깎는 것은 때로 간통 행위에 대한 벌칙이었음(나라다 법전Nārada-smṛti 12,91)"을 강조하는데, 그런 연관성이 머리를 깎은 불교 비구니들에게까지 확장되었을 것이다. Jyväsjärvi 2011: 35는 "도덕적으로 의심스러운 여성 고행자에 대한 표현은 〔문헌의〕 모든 장르에 걸쳐서 너무나 일관된 것이다. 따라서 그것들은 '독립적인' 여성에 관해 인도의 남성 담론이 공유하던 편견들을 가리킨다고 해도 무방할 것"이라는 결론을 내린다. Bawa 2013: 262는 "비구니와 창녀는 경멸적인 방식으로, 때로는 서로 비슷한 것들로 간주되었다"고 말한다.

32 Findly 2002: 25의 설명에 따르면, "모든 여성이 싸잡아 성적이고 비도덕적인 경향을 지닌 존재로 …… 간주되면서 여성의 섹슈얼리티는 무엇보다 결혼 제도를

그런 조건 속에서 계율 문제와 관련해서 두 승가 사이의 상호 소통을 규정하는 '여덟 가지 무거운 법'은 새로 수립된 비구니 승가를 그 남성 상대방과의 관계 속에 위치 지우는 기능을 했을 것이고, 그것은 재가의 여신도가 자신의 남성 친척들에게서 기대할 수 있는 보호를 최대한 모방한 것이었다.

새로 계를 받은 비구가 자신의 은사恩師에게 행하는 바른 행동이 이와 비슷하게 되는 것은 자연스럽다. 몇몇의 율은 이 둘의 상호관계가 가정에서 아버지와 아들이 취하는 태도를 본받아야 한다고 말하면서, 새로 계를 받은 비구가 자기 은사에게 취해야 할 행동의 유형들을 묘사한다.[33]

통해 통제될 수 있는 것이 되었다. 결혼으로 길들여지면 여성의 관능적 경향은 순치된다." Collins 2007: 268는 "남성에 의한 성적 위반은 직접적으로 어떤 여성을 향해 행해지는 것이 아니라, 그 여성을 '소유한', 혹은 다른 어떤 방식으로든 그녀에 대해 법적 책임을 가진 사람들을 향해 행해지는 것이다." Jyväsjärvi 2011: 224는 자이나교 주석서의 하나인 『브리하뜨깔빠바쉬아(*Bṛhatkalpabhāṣya*, 대겁론)』에 나오는 이야기를 주목하는데, "재가 사회에서는, 여자의 실제 의사와는 상관없이, 남자가 보기에 그녀가 스스로 몸을 내놓은 것으로(made herself available) 생각되면 그 여자를 쫓아가는 것은 비난받을 일이 아닌 것으로 간주되었다." Stenzel 2012: 15 이하는 고대 인도의 환경에서 "여자를 강제로 취한다는 -즉, 그녀의 동의 없이 성행위를 하도록 강제한다는- 생각은 그 자체 부당한 것으로 여겨지지 않았다. 그것이 부당하다거나 혹은 '불법적인 것'으로 여겨지는 경우란, 그 여자가 명백하게 다른 남자 또는 다른 남자들의 소유일 때뿐이었다."

33 새로 계를 받은 비구의 은사에 대한 태도를 아들과 아버지의 관계로서 본보기 삼는 것은 T XXII 799c4의 T 1428 법장부 『사분율』, T XXII 110c26의 T 1421 화지부 『오분율』, T XXIII 148b23의 T 1435 설일체유부 『십송율』, 그리고 Vin I 45,26의 상좌부 『율장』에서 명백하게 언급된다. (Frauwallner 1956: 71의 조사

이와 유사하게, 여성이 자신의 아버지나 오빠로부터 기대할 수 있는 보호는 최근에 계를 받은 비구니들이 기존의 비구 승가와 어떤 관계를 맺을 것인가 하는 데에 하나의 본보기를 제공했을 것이다.[34] 자이나교의 『수행지침서』에 따르면, 실제로 자이나교의 여성 수행자와 그들의 남성 및 여성 스승과의 관계는 명백하게 부모나 일가친척의 보호를 받는 세속 사회 여성의 모델을 따르는 것이었다.[35]

그런 모델은 여성의 역할에 대한 광범위한 사회적 규범 및 기대가 존재하는 상황 속에서, 깨달음을 얻기 위해 금욕생활을 추구하고자 하는 여성들의 소망에 적절한 타협책을 제공하는 것이었음에 틀림없다. 이것들은 결국 재가 신자의 후원 및 인정認定에 의해서만 지속되는 탁발 승가의 존립을 보장하기 위해 고려되어야 했던 것이다.[36]

참조) 이들과 같은 취지의 규정으로 근본설일체유부의 「빅슈까르마와끼야(比丘業說, *bhikṣukarmavākya*)」을 추가할 수 있다; Banerjee 1977: 72,16 (Cohen 2000: 15에서 이미 한 구절이 주목되었다).

34 Payutto와 Seeger 2014: 6에서 Payutto는 붓다와 관련해서 이렇게 판단한다. "붓다로서는 비구니 개인을 한 명 또는 두 명의 비구와 함께 살도록 배정하는 것은, 젊은 비구들에겐 그렇게 했지만, 불가능한 일이었다. 그는 이 환경에 걸맞는 새로운 체제 혹은 새로운 기회를 구상할 필요가 있었다. '여덟 가지 무거운 법'으로 알려진 규정〔의〕 …… 가장 있을 법한 근본적 이유는 바로 이것이다."

35 Dīparatnasāgara 2000: 441, 『위아와하라바쉬야(修行指針書, *Vyavahāra-bhāṣya*)』 1586; 이 참고 문헌에 대해서는 Mari Jvysjrvi-Stuart에게 빚을 졌다.

36 Falk 1989: 160에 따르면, "우리는 이 규칙들에 대해 성급한 결론을 삼가야 한다. 고대 인도에서 여성은 언제나 남성에게 종속되었다. 분명히 대부분의 비구니는 이 규칙들을 억압적인 것으로 받아들이지 않았다." 이 규칙들은 "이

요약하면, 비구니 승가 설립 역사의 거의 모든 서술에 나타나는 세속 가정집의 비유는 출가한 비구니가 여러 형태의 폭력의 제물이 될 수 있는 환경에서 새로 수립된 비구니 승가를 보호할 필요성이 있음을 전달하는 것으로 보인다.

승가 설립사의 몇몇 전승들에 보이는 다른 몇 가지 비유들도 원래는 비슷한 의미를 전했을 것이다. 적절한 보호가 없는 상태에서의 강간이나 그와 비슷한 폭력에 의한 트라우마적 영향은 실제로 벼, 보리,

---

여성들이 스스로 추구해야 할 가장 중요한 것으로 여겼던, 즉 해탈로 인도하는 수행의 실천에 어떤 방해도 되는 것이 아니었다." Gross 1993: 37 역시 이렇게 말한다. "이 여덟 가지 특별한 규칙들은 여성의 정신적 발전에 있어서 어떤 고유한 장애도 나타내지 않는다. 그것은 정신적 종속이 아니라 제도적 종속을 의무화한 것이다." Collett 2015: 160은 이렇게 이유를 설명한다. "결혼의 제약으로부터 벗어난 여성들, 또는 한 남자나 여러 남자들에 속하지 않은 여성이 성적으로 언제나 접근 가능한 존재로 여겨졌다면, 결국 비구니들의 사회적 정체성을 분명하고도 공공연하게 확립하는 것은 가장 중요하고도 시급한 일이었다. 성적 금욕은 비구니와 단단히 결부된 면모가 되어야 할 필요가 있었고, 이것은 비구니가 남성들의 보호 아래 있음을 보여줌으로써 가장 쉽게 달성될 수 있었다. 이것이 여덟 가지 '무거운 법'의 …… 이유였을 것 …… ['무거운 법'은] 분명히 비구니를 비구의 보호와 규율 아래 있는 존재들로 분류하는 것이다. 그와 같이, 보다 넓은 공동체로부터 어떤 남성 집단의 책임 아래 있는 존재로 간주됨으로써 비구니는 더 이상 성적으로 언제든지 접근 가능한 존재로 여겨지지 않을 것이었다." 실제로 문제는 강간만이 아니었다. Gunawardane 1988: 28 이하는 주석서의 기록을 다음과 같이 전한다. 이 기록에 따르면, "도둑들과 마을 청년들이 비구니 사원에 들어와 농산물을 훔치고, 나무를 베고, 강제로 물품을 뺏어갈 것이다. 짐작컨대, 비구들보다 더 큰 규모로 비구니들은 이런 개인들의 손쉬운 먹이로 간주되었다."

밀, 또는 사탕수수 밭이 병이나 기후 재앙에 의해 어떤 영향을 받는가 하는 것과 비교될 수 있었을 것이다. 다시 말해, 이 비유들은 처음부터 비구니 자체를 하나의 질병 또는 재앙으로 묘사할 필요가 전혀 없었다.

여기서 주목할 것은 대중부-설출세부, 근본설일체유부, 그리고 상좌부 전승들에서 사용된 산스크리트어 및 빠알리어 용어는, 곡식이 익은 밭에 병이 "덮친다"고 말한다는 점이다.[37] 이 용어는 그 비유의 의도가 외부로부터 오는 위험을 묘사하려는 것임을 느끼게 한다. 기후 재앙이 밭을 망친다는 또 다른 비유에 대해서도 같은 말을 할 수 있다. 비구니들로부터 발생하는 위협을 묘사하는 것이 핵심적인 문제였다면, 쇠망 과정이 내부로부터 시작되는 비유를 사용하는 것이 더 자연스러웠을 것이다.

그런 함의를 지니는 단 하나의 전승이 설일체유부의 서술인데, 여기서는 기후 재앙이나 병에 관해 말하지 않는다. 그 대신 곡식이 잘 익은 밭에 자라나는 잡초를 묘사한다.[38] 이것은 매우 희귀한 경우인데, 보통은 설일체유부 전승과 아주 비슷한 표현을 지닌 개별 경전의 서술도 잡초가 아니라 우박을 묘사함으로써 설일체유부와의 차이를 드러낸다.[39] 그게 아니면 아주 비슷한 이 두 전승의 유사성 및 다른 고전적 전승들에는 우박이나 서리가 자주 반복되는 데 비해 여기서는 잡초가 언급된다는 점을 함께 고려하면, 설일체유부 경전의 이 비유는

37 Roth 1970: 10,2: *upanipateya*(덮쳐서), Schmidt 1993: 244,10: *nipatet*(덮친), 그리고 AN IV 279,1의 AN 8.51: *nipatati*(덮치다) (Vin II 256,22 참조).

38 T I 605c9의 MĀ 116: 穢生(잡초).

39 T I 856c4의 T 60: 雹雨(우박).

나중의 변이의 결과일 가능성이 크다.

이 비유들의 위치와 관련해서 말하자면, 이 비유들은 비구니 승가의 설립을 주저하는 붓다의 모습을 보여주는 기능을 하는 것이니까 실제로 모든 초기 전승에 보이는 위치, 즉 붓다가 아난다의 개입에 응답하는 그 자리에 놓일 필요가 있을 것이다.

하지만 화지부 및 상좌부 전승에서 이 비유들은 마하빠자빠띠 고따미가 이미 구족계를 받은 뒤에 나타난다. 이것은 애초의 자리를 바꾼 결과일 것이다. 상좌부 전승에서 '무거운 법'의 기능을 예시하는 제방의 비유가 놓인 위치에 대해서도 같은 말을 할 수 있다. 여기서 이 비유는 맨 마지막, 그러니까 여자가 많은 집의 비유와 병으로 망가진 논이나 사탕수수밭의 비유 뒤에 나온다. 하지만 이 비유들이 드러내는 문제들은 이미 앞서 결론이 난 것이다. 아난다의 개입이 성공했고 '무거운 법'도 이미 수용되었기 때문이다.

상좌부 전승의 이 서사적 연결에서 주목할 것은, 간단히 그 위치만을 바꿈으로써 이 비유들이 어떤 부정적인 인상을 쉽게 전달한다는 점이다. 비구니들의 위험한 상황을 보여주는 게 아니라, 비유의 위치를 바꿈에 따라 메시지는 오히려 비구니 그 자체가 위험의 근원이라는 식으로 바뀌는 것 같다.

결과적으로 비구니 자체가 위험의 근원으로 인식되는 것은 사실 모든 전승들에서 이런저런 식으로 분명하다. 병이나 기후 재앙으로 쑥밭이 된 가정집이나 논밭의 비유가 그런 맥락에서 읽히는 이상, 이제 텍스트 안에서 그것들은 비구니 승가의 설립에 대한 부정적 영향을 예시하는 방식으로 기능할 것이 분명하다. 서로 다른 전승들이 이 비유 뒤에 끌어내는 결론은 다음과 같다.

법장부:

여자들이 불법에 출가하여 구족계를 받으면 불법이 오래 가지 못하리라.[40]

설산부(?):

나의 가르침 가운데 만약 여인이 있으면 반드시 정법이 무너져 오래 머무르지 않으리라.[41]

대중부-설출세부:

여인이 출가하여 구족계를 받아 비구니가 되면 승가는 큰 손상을 입고 오염될 것이다.[42]

근본설일체유부:

여인이 출가하면 정법이 망가지고 파괴되는 것도 역시 이와 같으니라.

……

여인이 출가하면 정법이 피해를 입고 파괴되는 것도 이와 같으니라.

……

여인에게 출가를 허락하면 정법이 피해를 입고 파괴되어 오래 머물지

---

40 T XXII 923a3 이하 T 1428.

41 T XXIV 803b8 이하 T 1463.

42 Roth 1970: 10,3-10,5.

못하고 곧 사라져버릴 것이 이와 같으니라.[43]

설일체유부:

만일 여인으로 하여금 이 바른 법과 율 가운데서, 지극한 믿음으로 집을 버리고 집 없이 도를 배울 수 있게 하면, 이 청정범행(*brahmacarya*)은 오래 머물지 못할 것이다.[44]

상좌부:

여자가 집을 나와 출가하는 그런 법과 율에는 청정범행이 오래 머물지 못한다.[45]

화지부의 서술에서만 유일하게 불법이 쇠퇴하리라는 예언이 가정집의 비유보다 앞서는데, 이 점에 대해서는 다음 장에서 다룰 것이다. 위에서 인용한 것들과 비교하여 화지부 전승에 가정집의 비유 이후 결론이 없다는 것은 원래 이 비유들이 그런 결론을 내린 것이 아닐 가능성을 남긴다.

---

43 T XXIV 350c13-350c19의 T 1451, 이런 식으로 각각 주어진 비유의 결론을 변화시켜 표현한다. 이에 상응하는 Schmidt 1993: 243,29 및 D 6 *da* 102a2 또는 Q 1035 *ne* 99a5는 그 대신 시종일관 정법과 율이 오래 지속하지 못한다고 말한다.

44 T I 605c7 이하 MĀ 116; 상응하는 T I 856b27의 T 60의 해당 부분은 이렇다. "만일 여인으로 하여금 이 법과 율 가운데서, 지극한 믿음으로 집을 버리고 집 없이 도를 배울 수 있게 하면, 청정범행은 오래 머물지 못할 것이다."

45 AN IV 278,26-278,28의 AN 8.51. (Vin II 256,19 참조).

이 다른 표현들을 비교할 때 주목할 만한 것은 이 대목에서 두 개의 경전만이 "청정범행"(淸淨梵行, *brahmacarya*)의 지속에 대해 말하고 있다는 점이다. 초기 경전에서 "청정범행"이라는 용어는 때로 단순히 성생활을 하지 않는 금욕생활을 뜻하기도 했지만, 또 자주 붓다의 가르침 전체를 말하는 것이기도 했다.[46]

지금 이 맥락에서 그 용어의 두 가지 뉘앙스는 다소 다른 해석을 하기에 적합하다. 금욕생활의 뉘앙스는 그 비유가 원래 새로 설립된 비구니 승가를 보호할 필요성을 제시하기 위한 것이었다는 해석을 가능하게 한다. 지신의 친족 여성을 보호하는 남성에 비견될 만한 지위를 비구니와의 관계에서 비구에게 지게 함으로써, 비구니가 다른 남성들에게 쉬운 먹잇감으로 인식되는 일 없이 청정범행의 삶을 살 수 있게 했을 것이다.

다른 뉘앙스 역시 이와 같은 해석을 낳는다. 만일 비구니들이 수시로 성적 공격에 맞닥뜨린다면 이것은 당연히 불교 전통 전체에 반영될 것이고 대중적 이미지에도 손상을 입힐 것이기 때문이다.

하지만 불교 전통의 전부를 상징하는 "청정범행"의 의미는, 보호할

---

46 점진적인 수행을 묘사할 때 *abrahmacarya*는 성적 금욕을 지키지 않는 것을 의미하고 *brahmacarya* (청정범행)은 성적 금욕 생활을 유지하는 것을 뜻한다. 예컨대 MN III 33,23의 MN 112 및 이에 상응하는 T I 733b4의 MĀ 187 참조. 이와 대조적으로 SN V 26,15의 SN 45,39 및 이에 상응하는 T II 205c22의 SĀ 800은 팔정도를 *brahmacarya*와 동일시하고 네 단계의 깨달음을 이 *brahmacarya*의 결과로 간주한다. Dhirasekera 1972: 305의 구절에서 지적된 바와 같이, "불교에서는 '청정범행 brahmacarya'이라는 용어를 이상적인 종교 생활을 말하기 위해 사용한다."

필요가 있는 비구니에서 위험의 근원인 비구니로 관점을 바꾸어 그 비유를 해석해도 들어맞을 것이다. 비구니를 위험의 근원으로 보는 그런 두려움의 관점에서 보면, "청정범행"은 이제 비구니들의 존재로 인해 위협받는 붓다의 정법 및 교단과 교환 가능한 것이 된다.

화지부, 근본설일체유부, 그리고 설일체유부 전승은 매우 뚜렷하게 그런 부정적 영향의 인식에 초점을 맞추는데, 특히 붓다가 아난다에게 비구니 승가 설립이 초래하는 일련의 문제들을 알려주는 장면에서 그러하다.

3. 두려움

화지부, 근본설일체유부, 그리고 설일체유부 전승은 붓다가 아난다에게 여성의 출가를 허락함으로써 초래되는 부정적인 결과를 자세히 설명하는 장면을 기록한다. 화지부의 설명에서는 비구니 승가가 설립되는 결론 이후 이어지는 부분에 이 묘사가 나온다. 하지만 이 세 전승의 각각에서 여성에 대한 부정적 태도는, 아난다가 마하빠자빠띠 고따미를 대신해서 붓다에게 젊은 비구가 연로한 비구니에게 예를 표하도록 허가해 달라는 청원을 한 뒤에 분출된다.[47]

화지부 전승은 비구니 승가의 존재에 대한 부정적인 감정을 다음과 같은 방식으로 표현한다.

47 위의 p.141 이하 참조.

만일 여인들이 나의 가르침 안에 출가하여 구족계를 받지 않았더라면, 내가 세상을 떠난 후에는 재가의 남녀 신도들이 네 가지 공양물을 들고 비구들의 뒤를 따르며 "존자들이시여, 저희에게 연민을 베푸시어 이 공양을 받아주소서"라고 말할 것이었느니라.
문밖을 나서다 〔비구를〕 만나면 번갈아가며 그의 팔을 끌고 인도하여 말하기를 "존자시여, 자비를 베푸시어 저희 집안에 평화가 깃들도록 잠시 들어와 앉아 주소서"라고 말할 것이었느니라.
거리에서 비구를 만나면 그들은 모두 머리를 풀어헤쳐 비구의 발을 닦게 하고 그 위로 걸을 수 있도록 펼쳤을 것이었느니라.
이제 〔여인이〕 출가를 허락받았으니 이런 일은 거의 사라질 것이니라.[48]

비슷한 내용이 설일체유부 전승에 좀 더 자세하게 나온다.

아난다여, 만일 여인으로 하여금 이 바른 법과 율 안에서 지극한 믿음으로 집을 버리어 집이 없이 도를 배우도록 하지 않았더라면, 모든 바라문과 바이샤들은 옷을 땅에 펴고 이렇게 말했으리라. "정진하는 사문께서는 이 위로 가십시오!" ……
바라문과 바이샤들은 머리털을 땅에 펴고 이렇게 말했으리라. "정진하는 사문께서는 이 위로 가십시오!" ……
바라문과 바이샤들은 사문을 보고 손에 여러 가지 음식을 받들고 길가에 서서 기다리면서 이렇게 말했으리라. "존자들이시여, 이것을

48 T XXII 180a16-186a22의 T 1421.

받아 드시고, 이것을 가지고 가서 마음대로 쓰십시오." ······
믿음이 있는 바라문[과 바이샤들]은 정진하는 사문을 보면 공경하는 마음으로 집안으로 모시고 들어가, 여러 가지 공양물을 가져다 정진하는 사문에게 보시하면서 이렇게 말했으리라. "존자들이시여, 이것을 받아 가지고 가서 마음대로 쓰십시오." ······
이 해와 달이 아무리 큰 여의족如意足이 있고, 큰 위력이 있고, 큰 복덕이 있고, 큰 위엄이 있다지만 정진하는 사문의 위엄과 덕에는 미치지 못하겠거늘, 하물며 저 앙상하고 나약한 외도야 말해 무엇하겠는가?[49]

비구니 승가의 존재 그리고 그것이 재가의 신도 사회로부터 얻을

---

49 T I 607a16-607b8의 MĀ 116. 이에 상응하는 T I 857c10의 T 60의 해당 부분은 다음과 같다. "만일 여인으로 하여금 이 법과 율 안에서 고요한 믿음으로 집을 버리어 집 없이 도를 배우도록 하지 않았더라면, 모든 바라문과 바이샤들은 옷을 땅에 펼 것이요, 옷을 땅에 펴고는 말하기를, '이 사문들은 계행이 있으니 이 위로 가십시오. 사문들의 정진精進은 참으로 장하십니다. 우리들은 오래도록 진리와 이익을 얻을 것입니다'라고 할 것이다. ······ 바라문과 바이샤들은 머리털을 땅에 펴고 이렇게 말했으리라. "정진하는 사문께서는 이 위로 가십시오!" ······ 바라문과 바이샤들은 손에 여러 가지 음식을 받들고 길가에 서서 기다리면서 이렇게 말했으리라. "존자들이시여, 이것을 받아 드시고, 이것을 가지고 가서 마음대로 쓰십시오." ······ 바라문과 바이샤들은 그 사문들의 계행을 믿고, 손을 잡고 자기 집으로 들어가, 여러 가지를 보시하면서 〔이렇게 말했으리라.〕 "존자들이시여, 이것을 받아 가지고 가서 〔마음대로〕 쓰십시오. ······ 저 해와 달은 극히 위신이 있고 능력이 있지만, 저 계행을 지키는 사문의 위엄과 능력은 그보다 더하겠거늘, 하물며 저 나쁜 외도들이 따를 바이겠는가."

후원과 존경에 끼칠 악영향, 그런 것들에 대한 두려움이 이 구절들에 아주 생생하게 드러난다. 비구니 승가가 탄생하지 않았다면 비구의 삶은 정말 파라다이스였을 것이다. 걸식을 하러 애쓰고 다니지 않아도 비구들은 길가에서 음식과 음료를 준비하고 그들을 기다리고 있는 사람들을 얼마든지 만날 수 있었을 것이다.

그뿐 아니라, 사람들은 비구들에게 자기 집에서 무엇이든 가져가라고 청하고, 공양을 받아주기를 간청하면서 네 가지 필수품을 들고 비구들을 뒤따라 올 것이었다. 비구들은 또 이 사람들의 집에 초대되어 자리에 앉는 것만으로도 그 주민들에게 평화를 얻게 할 수 있을 것이었다.

이것만으로는 아직 충분치 않다는 듯, 사람들은 그들의 옷 심지어는 머리털을 밟고 가도록 청하거나 자신의 머리털로 비구의 발을 닦도록 했을 것이었다. 몸의 상체 부분을 하체보다 더 귀하게 여겼던 고대 인도의 관습에서 보면, 이런 표현은 말할 것도 없이 극도의 존경심을 공공연히 내보이는 것이다.

옷과 머리털을 땅바닥에 펴고 비구들로 하여금 밟고 가게 하거나, 음료와 음식을 바치기 위해 길가에 서 있거나, 집안에 들어와 갖가지 귀중품들을 가져가도록 청하는 속세의 사람들에 대한 설일체유부 경전의 묘사는 같은 『중아함경』의 다른 경에서도 반복되고, 또 그에 상응하는 전승들 대부분에도 역시 비슷한 묘사들이 있다.[50]

---

50 T I 621c1의 M 131; 이와 비교할 만한 묘사들이 Waldschmidt 1976: 143 이하 상응하는 현존 산스크리트어 단편, 그리고 한문 번역으로 보존된 두 개의 상응하는 T I 865b28의 T 66 및 T I 867c11의 T67에서 발견된다. MN I 336,9의 MN

문제의 이 묘사는 어떤 과거불過去佛의 시대에 있었던 사건을 설명하는 형태를 취하고 있다. 여기서 재가 신도가 존경을 표하는 행위는 그들이 마라(Māra)에게 홀렸기 때문인데 마라는 비구들을 자기 통제 아래 두려고 그런 일을 벌인 것이다. 다시 말해, 비구들이 밟고 지나가도록 머리털을 땅에 펼 정도로 과도한 존경을 표한다든가 넘치도록 공양물을 바친다든가 하는 것은 이 문맥에서는 비구들이 실제로 기대할 수 있는 것이라기보다는 모두 마라의 책략에 속하는 것이다. 이런 과도한 존경 행위를 유머러스하게 묘사한 듯한 『중아함경』 (그리고 그에 상응하는) 서술에서의 그런 일들이, 같은 『중아함경』의 비구니 승가 설립 역사의 서술에서는 만일 비구니 승가가 존재하지 않았더라면 실제로 일어났을 수도 있는 그런 일이 된 것이다.

이 상응하는 경들을 비교해 볼 때 주목할 점은, 화지부 서술에서는 그런 부정적 감정이 분출되고 난 뒤 아난다가 여성들을 위해 개입한 것은 마라의 영향 때문이었다는 붓다의 설명이 이어진다는 것이다.[51] 부정성의 분출과 그토록 가깝게 인접해 있는 마라의 영향, 이 모티프의 반복은 그것이 과거불에 관한 이야기에서 차용된 문자적 잔여물일 것이라는 느낌을 준다. 신도들의 그런 과도한 존경의 묘사는 현재의 관점에서보다는 역시 과거불의 이야기에서 훨씬 자연스러웠을 것이기 때문이다.

존경을 받고 공양물을 쉽게 얻을 수 있는 문제 말고는, 설일체유부의

50 빠알리 전승의 묘사는 비교적 짧고 그런 행동에 대한 자세한 묘사는 없이 일반적인 공경 행위만을 언급한다.

51 T XXII 186a24의 T 1421.

경에 따르면, 고대 인도에서 다른 종교 단체와 경쟁까지 벌여야 할 일은 전혀 없었고, 화지부 전승에서는 아무 문제가 안 된다. 근본설일체유부 서술에도 비슷한 표현이 보이는데, 여기서는 해와 달에 비교하는 구절이 있다.[52] 이 구절은 재가 신도들이 옷과 머리털을 땅에 펴서 비구가 밟고 지나가도록 한다든가 공양을 바친다든가 하는 묘사 뒤에 나온다. 이것 역시 화지부 및 설일체유부 전승에서 보이는 것과 같은 주제를 언급한다. 간단히 말해, 이 전승들에 따르면 비구니 승가의 탄생이란 비구들로부터 그런 파라다이스 같은 생활을 빼앗아가는 것으로 비난받아 마땅한 일이다.

이런 묘사들은 명백히 비구니에 대한 남성 수행자들의 부정적 태도를 담은 불안감을 나타낸다. 다른 전승들에는 그런 묘사들이 보이지 않는다는 사실에 비추어 그것들은 후대에 추가된 것으로 결론을 내려도 무방할 것이다.

화지부 및 설일체유부에서의 부정적 태도의 분출은 여기서 그치지 않는다. 위에 인용한 구절에 덧붙여 이 두 전승은 남자와 달리 여자는, 화지부의 용어에 따르면, 다섯 "장애"를 가지고 있다는 점을 힘주어 강조한다.

일반적으로 다섯 가지 "불가능"으로 알려진 이것은, 여성은 천상의

---

52 T XXIV 352a19의 T 1451 및 D 6 *da* 121a5 또는 Q 1035 *ne* 116b5. T IV 159a26의 T 196 및 T XXIV 949a26의 T 1478 역시 다음 문제들을 전부 다룬다. 땅 위에 옷을 펴서 밟고 지나가기, 땅 위에 머리털을 펴서 밟고 지나가기, 네 가지 필수품의 무상 제공, 마치 사람들이 해와 달을 공경하듯이 공경함으로써 외도를 능가하기.

지배자인 제석천왕(帝釋天王, Śakra), 마라(魔羅, Māra), 범천(梵天, Brahmā), 그리고 인간계의 지배자인 전륜성왕轉輪聖王 혹은 붓다가 될 수 없다는 것인데, 화지부 전승에서는 마지막의 "붓다"가 "삼계三界의 법왕法王"으로 표현된다.[53]

이 불가능의 목록은 「여러 종류의 요소 경(*Bahudhātuka-sutta*)」 및 그에 상응하는 경들에서도 반복되는데, 이것들을 자세히 검토하면 이 목록이 후대에 추가된 것임을 알 수 있다.[54]

사진 5. 전륜성왕 웃빨라완나(Utpalavarṇā) 비구니[55]

---

53 T I 607b10의 MĀ 116 (이에 상응하는 T I 858a1의 T 60), 그리고 T XXII 186a12의 T 1421. 다섯 가지 불가능은 T IV 159b11의 T 196 및 T XXIV 949b16의 T 1478에도 보인다. T 1421에서의 다섯 장애의 목록이 여덟 가지 '무거운 법'과 직접적으로 관련된다는 느낌을 주는 Ku 1991: 113의 주장은 옳지 않다.

54 자세한 연구는 Anālayo 2009a.

이 목록의 요점은 여성이 다음 생에 이것들 가운데 어느 역할도 맡을 수 없다는 뜻이 아니다. 그게 아니라, 요점은 여성이 현재로서는 이 지도적 역할의 어떤 것도 차지할 수 없다는 의미일 뿐이다. 그렇게 되려면 적어도 고대 인도와 같은 가부장 사회에서는 우선 남성이어야 했다.[56] 다시 말해, 이 목록은 사회적 위계질서에 관한 고대 인도의 개념을 반영한 것일 뿐이다.[57]

같은 말을 고대 인도의 환경에서 인류의 스승으로서의 붓다의 역할에 대해서도 할 수 있다. 만일 붓다가 여성이라면, 마치 하층 계급 출신이기라도 한 것처럼, 그 가르침이 받아들여지기는 정말 어려울

---

55 아잔타(Ajaṇṭā) 석굴 벽화, John Griffith 복제, 뮌헨 인도-티베트학 연구소 아카이브 제공. 이 그림은 삼십삼천에 머물다 돌아오는 붓다를 기다리고 있는 군중 앞으로 나아갈 수 있도록 비구니 웃빨라완나가 스스로 전륜성왕으로 변신하는 장면을 보여준다. 이 그림은 전륜성왕(*cakravartin*)인 그녀가 의심할 여지 없이 여자의 몸을 지녔음을 확실하게 보여주기 위한 갖가지 도구들을 갖추고 있다. 이 그림은 여자는 전륜성왕이 될 수 없다는 다섯 불가능성의 하나에 어긋나는 이야기를 제시한다. 간다라 예술에서의 웃빨라완나에 대한 최근의 연구는, 더 진전된 출판물에 대한 언급과 함께 Bopearachchi 2011 참조.

56 Barnes 1987: 114는 이 불가능의 배후에는 "여성들을 지도자에서 배제하는" 태도가 자리 잡고 있다고 요약한다.

57 Singh 2010: 149는 "여자의 한계로 인식되는 것, 가령 지배자가 될 수 없다든가 하는 것은 …… 불교에 대한 문화적 영향의 결과로 보인다"고 강조한다. 그러나 Kamens 1993: 394는 "'다섯 장애' 같은 그런 생각을 여성에게 씌우는 것은 그들이 남자들을 목적지에서 벗어나 헤매게 만들기 때문에 남자에게는 큰 위협이라는 관념에 뿌리를 두고 있다"고 주장한다. 이런 생각은 실제로 여러 다른 불교 문헌들에서 발견되긴 하지만, 나는 여성을 요부妖婦로 보는 관념과 이 다섯 불가능성이 어떻게 자명한 관계를 갖고 있는지는 이해하지 못하겠다.

것이다.[58] 여기서 또 염두에 두어야 할 것은, 성불(成佛, Buddhahood)에 관한 열망은 후대에 나타난 것이며 비구니 승가가 설립되거나 「여러 종류의 요소 경」 및 그에 상응하는 경들이 형성되는 시기에는 별 의미가 없는 개념이었을 것이라는 점이다.[59]

그런데, 화지부 전승의 비구니 승가 설립의 역사에서 마하빠자빠띠 고따미의 청원은 여성이 제4의 사문과沙門果, 즉 아라한과에 도달할 수 있다는 가능성에 근거를 두고 있다. 화지부의 서술에서 붓다는 여성이 제4의 사문과를 얻을 수 있느냐는 아난다의 질문에 답변하면서 고따미의 출가를 허가한다. 이로써 화지부 및 설일체유부에 묘사된 다섯 장애의 어떤 것도, 비구니 승가를 설립함으로써 여성의 완전한 깨달음을 촉진시키고자 하는 그 이야기의 배경과는 아무 관련이 없다는 것을 알 수 있다. (마라가 될 수 없다는 문제는 별 주의를 끌지

58 Wawrytko 1994: 286은 "일반적인 사회적 조건은 붓다의 화신化身을 상층 계급(caste)에서 찾도록 촉진했다. …… 아마도 고대 인도 사회에서 붓다의 화신을 여성으로 할 수 없었던 데에는 똑같은 현실적 고려가 작용했을 것"이라고 말한다.

59 Kaljiyama 1982: 64는 "여성은 붓다가 될 수 없다는 격언이 …… 직접적으로 가리켰던 대상은 없었다"고 설명한다. 왜냐하면 당시에는 "어떤 누구도, 어떤 남자도 어떤 여자도 '붓다됨(Buddhahood)'을 소망하지 않았기 때문이다." Romberg 2002: 164가 지적한 바와 같이, 상황이 바뀌자 "목표가 더 이상 아라한이 되는 게 아니라 붓다가 되는 것으로 변했다. …… 이 변화는 실제로 여성의 상황을 악화시켰다. 깨달은 자가 되기 위해서는 그 전에 성별이 반드시 바뀌어야 하는 것으로 기본 교리가 정해졌기 때문이다"; Tsai 1981: 2도 참조. 실제로 「보살십지(菩薩十地, *Bodhisattvabhūmi*)」에서는 높은 단계의 보살은 여성성을 영원히 버린다고 말한다; Wogihara 1930/1936: 94,4 참조. 보살 사상의 전개에 대해서는 Anālayo 2010b 참조.

못했을 것으로 보아도 무방하다.)[60] 결국 비구니 승가 설립 역사의 이 두 전승에 나오는 다섯 장애란 후대에 추가된 것이라는 인상을 갖게 된다.

사실 다섯 가지 불가능의 목록은 나머지 전승들의 어떤 것과도 의미 있는 관련을 갖지 못하며, 따라서 그것이 여기에 자리 잡은 것은 그저 여성 일반에 대한, 특히 비구니에 대한 부정적 감정의 통상적인 경향에 잘 들어맞았기 때문이었을 것이다. 그건 별로 놀라운 일도 아닌 것이, 비구니 승가 설립에 관한 서술은 그런 감정들을 발설하기에 썩 자연스런 장소였을 것이기 때문이다.

4. 다른 부정적 장면들

비구니 승가의 설립 역사가 여성 일반에 대한, 특히 비구니에 대한 부정적 태도를 발설하기에 적절한 장소이긴 하지만, 비슷한 구절들은 그밖에 어디에서나 보인다.

『앙굿따라 니까야』의 경 안에 그런 경우들이 더러 나타난다. 이 중 한 경에 따르면, 여성은 결코 성교와 출산에 싫증을 내는 법이 없다.[61] 『앙굿따라 니까야』의 또 다른 경은 여자들은 화를 잘 내고, 질투를 잘하고, 인색하고, 어리석다고 단호하게 선언한다.[62] 더 나아가

---

60 Sharma 1978: 7는 "마라가 될 수 없다는 것은 그다지 난처한 일이 되지 않는다"고 강조한다.

61 AN I 78,4의 AN 2.6.10에서는 여자들은 성교와 출산에 질리지도 않은 채 세상을 떠난다고 주장한다.

『앙굿따라 니까야』의 또 다른 경은 여자들은 불결하고, 냄새가 나고, 친구를 배신한다면서 여자를 검은 뱀에 비유한다.[63] 바로 이어지는 경 역시, 여자들은 대체로 정욕이 강하고, 남을 비방하고, 친구를 배신하고, 간통을 저지른다고 주장하는 등 뱀의 이미지로 된 동일한 비유를 바탕으로 삼는다.[64]

이 경들에 상응하는 다른 경은 한문 『아함경』이든 다른 어떤 것이든 현존하는 다른 부파들에는 없다.[65] 상응하는 경이 없다는 것 말고도, 그런 표현들은 내가 나중에 논하려고 하는 비구니들에 대한 긍정적인 이미지와의 직접적인 차이를 뚜렷이 드러낸다.[66] 더 나아가 여자들이란 항상 성행위에 집착하고 남을 비방하고 속여먹는 존재라고 생각하는 교조주의적 관점으로는 완전한 깨달음을 얻은 비구니들의 경우를 도저히 인정할 수 없었던 것이다.

이런 표현들은 (만일 그렇게 부를 수 있다면) 불교의 진화론적 신화神話의 바탕에 깔린 태도와 전혀 어울리지 않는데, 그 신화에

---

62 AN II 82,34의 AN 4.80.

63 AN III 260,25의 AN 5.229.

64 AN III 261,5의 AN 5.230. AN 5.229 및 AN 5.230은 여자들에게서 보이는 다섯 가지 "위험"이라는 표현을 사용한다.

65 한편, 여성의 성품에 대해 이와 비교할 만한 평가는 『마누 법전』 9.13, Olivelle 2004a: 156에 보인다. "그들은 외모에 신경 쓰지 않고, 나이를 상관하지 않고, 그가 잘 생겼든 못 생겼든 '그는 남자다!'라는 한마음으로 그를 사랑한다. 음탕함, 변덕스런 마음, 비정함은 그들의 속성이다. …… 따라서 태어날 때부터 만들어진 그들의 이런 속성을 인식하고 …… 남자는 그들을 지키는 데 최선의 노력을 다해야 할 것이다."

66 아래 p.207 참조.

따르면 인간은 이전에 무성적無性的 존재의 단계로부터 점차 진화하여 남성과 여성으로 구분된 것이다.[67] 이 묘사는 여성에 대한 남성의 고유한 우월성을 전제하지 않고 오히려 같은 형태로부터 파생된 두 존재로 간주한다.[68]

그런데 여자들은 화를 잘 내고, 질투를 잘하고, 인색하고, 어리석다는 이 표현은 고대 인도 사회에서 여자는 회의에 참여하지 못하고, 사업을 하지 못하고, 깜보자(Kamboja; 인도 서북부 지방)로 재물을 모으러 가지 못하는 이유로도 연결된다.[69] 그러나 여자가 회의에 참가하거

---

67 DN III 88,24의 DN 27, T I 38a3의 DĀ 5, T I 219a10의 T 10, T I 675a24의 MĀ 154, T II 737a18의 EĀ 40.1 (이 경에서는 成女人이라고만 말한다. 그러나 이어서 그들의 상호 즐김, 共生娛樂을 말한다. 이로써 초기의 언급들은 여성 '및' 남성을 말하는 것으로 이해해야 할 것임이 분명해진다), D 4094 *ju* 194a6 및 Q 5595 *tu* 221b5; Senart 1882: 342,9의 『대사』도 참조. 그러나 Paul 1979/1985: 4에서는 "『세기경(世紀經, *Aggañña-suttanta*)』은 …… 여성을 인류의 타락 원인으로 묘사한다"고 주장한다. (이런 평가에 대한 더 이상의 확증은 없다). Lang 1982: 96에 따르면, "이 신화를 분석할 때, 이 텍스트에서 '땅'을 나타내는 단어가 성별상 여성(*pathavī*)이라는 점은 매우 중요하다 …… 이 존재들의 '땅'에 대한 욕망 및 그에 대한 쾌락이 성적 구별을 초래했다. …… 땅, 즉 여성을 맛봄으로써 인류는 타락이라는 상태에 이르렀다." 이것은 옳지 않다. 성적 구별은 존재들이 "쌀"을 뜻하는 남성 명사 "*sāli*"를 맛본 이후에 생겨난 것이다; DN III 88,13의 DN 27 참조. 그뿐 아니라, 여기서 사용된 용어의 성별, 즉 *pathavī*, *sāli*는 그 자체로 어떤 형태의 성적 차별을 뜻하지는 않는다.

68 이와 대조적으로 Pintchman 1998에 따르면, 고대 힌두의 연대기인 『뿌라나(*Purāṇa*)』의 창조론에서는 여성에 대한 남성의 우월성이 어느 정도 암시되어 있다,

69 AN II 83,2의 AN 4.80.

나, 사업을 벌이거나, 깜보자로 가는 것을 못하게 한 책임은 붓다에게 있는 것도 아니고 그 제자들에게 있는 것도 아니므로, 이런 표현은 불교적 관점에서 만들어진 가치 평가라기보다는 고대 인도 사회에서 그런 회의 등을 구성하는 권력을 지녔던 사람들 사이에 널리 퍼져 있던 여성에 대한 인식을 보여주는 것일 터이다.

여성의 다섯 가지 나쁜 성질을 뱀에 비유하는 장면은 토카라어 및 위그르어로 보존된 텍스트인 『미륵과의 만남(*Maitrisimit*)』에서도 반복된다. 여기서 주목할 만한 차이는 여자에 대한 그런 말들이 타락한 삭꺄의 청년들에게서 발설된다는 점이다. 그런 얘기는 모두 붓다에게서 배웠다고 주장하는 삭꺄의 청년들을 만난 뒤, 여자들은 붓다를 찾아간다. 붓다는 오히려 여자의 다섯 가지 덕목에 대해 말하고, 이어서 설법을 하여 그들 모두를 예류도預流道로 인도한다.[70]

뱀의 비유와 관련된 이본異本은 티베트어로 번역된 근본설일체유부의 『비나야』에서 찾을 수 있다. 여기서 뱀의 비유는 "어떤 여자들"에게만 해당된다. 다시 말해 이 문맥에서 이 비유는 모든 여자들에게 도매금으로(a blanket statement) 적용되는 게 아니다.[71]

모든 여자들은 화를 잘 내고 질투를 잘하고 인색하고 어리석다는 가정은, 화를 내지 않거나 질투하지 않고 사문과 바라문에게 후하게 보시하는 여자들을 묘사하는 『앙굿따라 니까야』의 바로 같은 부분에서의 또 다른 경과 날카로운 대조를 이룬다.[72]

---

70 Geng 및 Klimkeit 1988: 178 이하, 그리고 Ji 1998: 152 이하.

71 D 6 *da* 134b3 또는 Q 1035 *ne* 129b3, *bud me kha cig la*, 즉 "몇몇 여자들"로 해석한다. 이 구절의 번역 및 논의는 Finnegan 2009:302 이하 참조.

역시 『앙굿따라 니까야』에서 발견되는 여자의 어리석음에 대한 주장은, 높은 깨달음의 단계에 이른 여성 신도들을 묘사하는 다른 경전들 및 비구니들의 지혜에 주목하는 같은 『앙굿따라 니까야』에서의 뛰어난 제자들의 명단과 바로 대비된다.[73]

만일 정말로 모든 여자들이 예외 없이 남을 비방하고 속여먹는 인간들로 간주되었다면[74] 상이한 율들에서 비슷하게 발견되는 부정법(不定法, *aniyata*)의 두 규정은 존재하기 어려웠을 것이다.[75] 이 규정들에 따르면, 비구의 행동에 심각한 계율 위반의 혐의가 있을 때 믿을 만한 여성 신도의 증언은 그 문제를 조사할 충분한 근거가 된다.

---

72 AN II 204,14+19의 AN 4.197에서는 화를 내지 않는 여성(*akodhano*)과 질투하지 않는 여성(*na issati*)에 대해 말하고, 그에 비해 AN 4.80에서는 같은 용어를 사용해서 화를 잘 내는 여성(*kodhano*)과 질투하는 여성(*issukī*)에 대해 말한다. 이 차이는 이미 Pitzer-Reyl 1984: 74에서 주목되었다.

73 MN I 491,18의 MN 73 및 상응하는 T II 246c23의 SĀ 964, 그리고 T II 446b21의 SĀ² 198은 여러 높은 단계의 깨달음에 이른 상당한 숫자의 재가 여신도들에 관해 전하는데, 이들이 이룬 성취는 어떤 식으로든 여성을 어리석다고 하는 근거 없는 주장에 대한 당연한 반박이 된다. 뛰어난 제자들의 명단은 케마(Khema) 비구니에게 '지혜 제일'의 순위를 부여한다. AN I 25,19의 AN 1.14.5 및 T II 558c22의 EĀ 5.1; 번역은 Anālayo 2014h: 100.

74 여자는 남을 잘 속일 거라는, 그래서 비구는 그것을 경계해야 한다는 관념은 다른 곳에서도 보이는데, 예컨대 자이나교의 『수야가다(*Sūyagaḍa*)』 1.4.1.24, Bollée 1988: 22,9. 번역은 Bollée 1988: 161; 영어 번역에 대해서는 Schubring 1926/2004: 171 참조.

75 위의 p.150 참조. Horner 1938/1982: xxxiii는 "부정법不定法의 두 규정은 당시 여성들에게 바쳐진 공경과 존중을 보여준다. 여성들의 말은 할 일 없는 잡담이나 경망스런 수다 같은 것으로 깔보이거나 무시되지 않고 심각하게 받아들여졌다."

회의에 참석하거나 사업을 시작하거나 깜보자로 여행하는 것에 관한 구절들 역시 뱀의 비유와 마찬가지로, 여성에 대한 경멸적인 언사 혹은 더 나아가 여성혐오적 발언들이 다른 사람들의 의견이라는 형태로 그것들을 기록하는 과정에서 생겨났을 가능성을 말해준다. 특히 붓다가 세상을 떠난 뒤 그의 제자들이 교단의 생존을 위해 분투하고 있을 때를 감안하면, 고대의 인도 사회에 널리 퍼져 있던 편견들이 경전의 구전 과정에 쉽사리 자리 잡을 수 있었음을 상상하기는 어렵지 않다.[76]

상응하는 경전이 알려진 바 없는 또 다른 『앙굿따라 니까야』의 한 경은, 여자들은 전적으로 "마라의 덫"이라고 선언한다.[77] 이 선언을 제대로 이해하려면 이에 앞선 이야기, 즉 어떤 어머니와 아들이 계를 받고 나서 서로 성행위를 한 사건을 고려해야 한다.[78] 그러니까 이 선언은 다소 특별한 사건에 대한 반응이며[79] 그것과 관련해서 해석될

---

76 Harris 1999: 51는 아마도 "광범위한 사회적 편견에 굴복한 제자들에 의해 추가되었을 것"이라는 의견을 제시한다. 여성혐오적 관념들의 침투는 빠알리 『본생담(*Jātaka*)』에서 특히 두드러진다. Appleton 2010: 106은 이곳에서의 "이 많은 여성 혐오는 대중적 비非불교 설화인 『본생담』들에서 유래한 것으로 설명할 수 있을 것이며, 특히 여성 혐오적인 인도의 바라문적 설화꾸러미(story-pot)에서 왔을 것"이라고 말한다; 『본생담』의 여성 혐오에 대해서는, 예컨대 Foucher 1955: 155, Behm 1971: 311, Gilmore 2001: 80 이하, 그리고 Shaw 2000: xiv도 참조.

77 AN III 68,28의 AN 5.55.

78 이 사건에 관해서는 Silk 2009: 126 이하도 참조.

79 Wilson 1996: 36은 AN 5.55의 묘사를, 모든 여성들에게 마라의 딸의 역할을 뒤집어 씌우는 증거로 본다. 그러나 Collett 2006: 82가 지적하듯이, "Wilson은

필요가 있고, 특히 이 상황에서는 근친상간을 막았어야 할 책임이 있는 부모, 즉 그 어머니에 대한 비판으로 이해해야 한다. 만일 아버지와 딸이 계를 받고 나서 서로 성행위를 한 경우였다면, 비판은 역시 그 부모, 이 경우에는 그 아버지로 향할 것임을 예상할 수 있다.

여성을 "마라의 덫"에 비유하는 사례는 수없이 많은데, 대부분 화려하게 꾸미고 성적으로 유혹적인 여성들로 언급한다.[80] 이것 역시 모든 여성의 성품을 통째로 싸잡아 말하는 것이 아니라, 그 서사의 맥락 안에서 특별한 경우를 말하는 것으로 이해할 필요가 있다.

요약하자면, 여성의 다섯 가지 불가능에 대한 선언이 「여러 종류의 요소 경」 및 비구니 승가 설립의 역사 안에 훗날 추가되었을 것과 마찬가지로, 여성에 대한 부정적 태도를 발설하는 몇몇 구절들 역시 비슷하게 나중에, 혹은 적어도 문맥상의 필요에 의해 덧붙여졌을

그녀가 본 여성에 대한 부정적인 묘사를 다소 과장하고, 근본적으로는 그 자료들로부터 초기 및 중기 불교의 전반을 아우르는 여성관을 추론해 내는데 그것은 일방적이고 불균형적이다."

80 여성을 마라의 덫으로 보는 모티프는 예컨대 Lang 1986에서 검토되었다; Sarao 1989: 56의 다음과 같은 언급도 참고. "고대 인도의 불교에서는 모든 여성이 마라의 딸이었다." Collett 2015: 120는 이렇게 설명한다. "Lang이 간과한 것은 …… 이 비구들이 육체를 마라의 덫으로 표현한 모든 경우에, 단 한 사례만 제외하면, 유혹적인 것으로 개념화된 것은 아무 장식도 하지 않은 여성의 모습이 아니라 화려하게 꾸민 여성이라는 점이다." Collett 2015: 135는 다음과 같이 밝힌다. "여기서 '마라의 덫'으로 개념화된 것은 여성 그 자체가 아니다. 그것은 욕망을 불러일으키는 -꾸미고 장식을 한- 특정한 종류의 육체다. 고로(ergo), 문제는 여자 자체가 아니다. 진짜 문제는 욕망, 화려하게 꾸미고 섹스할 준비가 갖춰진 육체로부터 이끌려 나오는, 물론 교리적으로도 인증된 그 욕망인 것이다."

것이다. 동시에 이들의 존재는 오늘날 우리에게 전해진 형태의 문헌들의 틀을 만들고 전하는 책임을 졌던 사람들 사이에 만연해 있던, 여성 일반에 대한 특히 비구니에 대한 부정적 태도를 증언하고 있다.

요약

'여덟 가지 무거운 법'을 받아들이는 마하빠자빠띠 고따미의 모습을 머리에 화관을 쓰는 것으로 묘사하는 비유는 즐거움에 가득 찬 수용의 태도를 보여준다.

비구니 승가 설립의 영향은 여자가 많은 집의 이미지로 그려진다. 이 비유는 고대 인도의 환경에서 모든 것을 포기하고 금욕생활을 하는 여성들이 매우 취약한 존재라는 것, 그러니까 그들을 보호해야 할 필요성이 있다는 데에 그 주안점이 있을 것이다. 단지 몇몇 전승들에서만 발견되는 또 다른 비유들은 날씨나 질병 때문에 망가진 논밭을 묘사한다. 이것들도 비슷한 의미를 내포하고 있긴 하지만, 이 비유들이 보존된 방식에 따라 그 서사적 맥락에서 읽어보면 이들의 주안점은 비구니 승가의 설립을 부정적인 시각으로 바라보는 것임이 분명하다.

어떤 전승들은 더 나아가 비구니의 존재가 일으키는 해로운 영향들을 아주 자세히 묘사하는데, 재가 신도들로부터 쉽게 얻을 수 있는 물질적 후원이나 깊은 존경심을 잃어버리는 결과를 낳고, 또 불교 외의 다른 종교 그룹과의 경쟁에서 어려움을 초래한다는 것이다. 그리하여 일곱 가운데 두 개의 전승은 여성으로서는 불가능한 것 다섯 가지를 꼽는 데에까지 이른다.

서로 다른 전승들의 비교를 통해, 여자가 많은 가정집을 묘사한 최초 비유의 문헌적 성장 과정을 짐작할 수 있다. 이 성장 과정에서 초기 및 후대 불교 문헌의 어디에나 그 사례가 발견되는, 여성 일반에 대한 특히 비구니에 대한 부정적 태도의 다양하면서도 점점 단호해지는 표현들이 흡수되었을 것이다.

다음 장에서 나는 또 다른 특별히 두드러지는 그런 태도를 검토할 것인데, 이것은 모든 전승에 다 나오는 것으로서 비구니 승가의 존재가 불교 교단의 수명을 반으로 단축시킬 것이라는 예언이다.

6장 쇠퇴

이 마지막 장에서 나는 비구니 승가의 탄생이 불교 교단의 쇠퇴를 초래한다는 관념에 대해 검토할 것이다.

나는 1) 쇠퇴의 예언으로부터 시작해서 2) 뛰어난 비구니에 대해 언급하는 다른 구절들을 이 예언과 비교하고 3) 불교 교단의 필수불가결한 요소인 사부대중과도 비교한다. 4) 이 장의 마지막 부분에서는 비구니들을 위해 개입했다는 이유로 제1차 결집(結集 *saṅgīti*)에서 아난다에게 제기된 비난을 검토할 것인데, 이것은 쇠퇴의 예언을 비구니 승가 설립의 역사 안에서 고찰하는 것이다.

1. 쇠퇴의 예언

비구니 승가 설립의 부정적 영향은 쇠퇴를 예언하는 형태로 모든 전승들에 표현되는데, 그에 따르면 붓다의 교단은 천 년을 지속하는 대신 겨우 오백 년만 유지될 것이다.

법장부 전승에서 쇠퇴의 예언은 세 번 나타난다. 여기서 붓다는 마하빠자빠띠 고따미가 청원을 했을 때 처음 쇠퇴가 임박했음을 고하고, 아난다에게 응답하면서 다시 이렇게 말한다.

> 여자들이 불법에 출가하여 구족계를 받으면 불법이 오래 가지 못하리라.[1]

이 예언 전체는 마하빠자빠띠 고따미와 그 동료들이 구족계를 받은 뒤에 나온다.

> 〔더 나아가〕 부처님께서는 아난다에게 말씀하셨다. "만일 여자들이 불법 안에 출가하지 않았다면, 불법이 오백 년은 더 오래 지속될 것이었으리라."[2]

근본설일체유부 전승에서 쇠퇴의 예언은 두 번 나오는데, 한 번은 아난다가 붓다에게 청원을 했을 때이고 다른 한 번은 여성들이 구족계를 받고 난 뒤이다. 첫 번째 경우는 이렇다.

> 만일 여인에게 출가를 허락하면 불법이 오래 머물지 못할 것이다.[3]

---

1 T XXII 922c29-923a1의 T 1428; 첫째 예언에 관해서는 위의 p.67 참조.

2 T XXII 923c9-923c11의 T 1428; 아래 p.255 각주 4도 참조.

3 T XXIV 350c10-350c12의 T 1451. 상응하는 Schmidt 1993: 243,25의 산스크리트어

법장부 서술에 나오는 예언의 첫 두 사례처럼 근본설일체유부 전승의 이 대목에서도 붓다의 가르침의 기간은 특정되지 않고, 다만 오래 지속되지 못할 것이라는 점만 강조된다. 본래 천 년이라는 지속 기간의 상실과 연관된 언급은 근본설일체유부의 설명에서는 나중에, 즉 앞 장에서 논의한 부정성의 분출 마지막 장면에 나타난다. 해당 구절은 지속 기간의 상실 대신에 순수성의 상실에 대해 말한다.

> 만일 여인이 출가하지 않았다면 내가 가르친 법은 천 년간 완전히 순수하고 어떤 흠도 없을 것이었다.[4]

설일체유부 전승에도 두 개의 예언이 있다. 첫 번째 것은 다음과 같다.

> 만일 여인으로 하여금 이 바른 법과 율 가운데서, 지극한 믿음으로 집을 버리고 집이 없이 도를 배울 수 있게 하면, 이 청정범행은 오래 머물지 못할 것이다.[5]

단편 및 D 6 *da* 102a1 또는 Q 1035 *ne* 99a3.

4 T XXIV 352a23의 T 1451. 상응하는 티베트어 전승 D 6 *da* 121a6 또는 Q 1035 *ne* 116b5는 불법이 그럼에도 불구하고 쇠퇴하지 않고 오백 년을 지속할 것이라는, T 1451에서는 위 번역된 구절 바로 뒤에 나오는 내용을 분명하게는 언급하지 않는다.

5 T I 605c3 이하 MĀ 116; 이에 해당하는 T I 856b27의 T 60에서의 구절은 다음과 같다. "만일 여인으로 하여금 이 법과 율 가운데서 지극한 믿음으로 집을 버리고 집 없이 도를 배울 수 있게 하면, 청정범행은 오래 머물지 못할 것이다."

기간을 특정하는 설일체유부의 두 번째 예언은 한참 뒤에 나온다. 그 사이에 비구니들은 구족계를 받았을 뿐만 아니라 연로한 상태에 이르렀다. 그때 아난다가 붓다에게 가서 그녀들의 청원, 즉 나이에 따라 예를 표하게 해 달라는 청원을 전한다. 그에 대한 응답을 붓다는 이렇게 표현한다.

> 만일 여인으로 하여금 이 바른 법과 율 안에서 지극한 믿음으로 집을 버리어 집이 없이 도를 배우도록 하지 않았더라면, 이 바른 법은 천 년은 더 계속되었을 것이다. 그러나, 이제 오백 년을 잃었으니, 남은 것은 오백 년뿐이다.[6]

설산부(?)의 설명에는 단 한 번의 선언만이 있는데, '여덟 가지 무거운 법'의 선포 이후 붓다가 비구니들의 구족계를 위해 설정한 그 조건들을 아난다가 그녀들에게 전하기 전에 나온다.

> 부처님께서 아난다에게 말씀하셨다. "그대가 이제 여인을 위해 출가를 허락받았으니 정법〔의 지속〕이 오백 년 줄어들 것이다."[7]

---

6 T I 607b8-607b10의 MĀ 116; 이에 해당하는 T I 857c28의 T 60은 이런 식으로 진행된다. "만일 여인으로 하여금 이 법과 율 가운데서, 지극한 믿음으로 집을 버리고 집 없이 도를 배울 수 있게 하지 않았더라면, 나의 법은 천 년 동안 전해질 것이었다. 이제 그것은 오백 년이 줄어들어 〔겨우〕 오백 년이 남았다."

7 T XXIV 803b16 이하 T 1463.

상좌부의 서술 역시 단 한 번의 쇠퇴 선언이 있는데, 마하빠자빠띠 고따미가 '여덟 가지 무거운 법'을 받아들이고 난 뒤에 나온다.

> 만일 여자가 집을 나와 여래가 선포하신 법과 율 안으로 출가하지 않으면 청정범행은 오래 머물 것이고 정법은 천 년을 머물게 될 것이다.
> 아난다여, 그러나 여자도 집을 나와 여래가 선포하신 법과 율 안으로 출가하게 되었으므로 이제 청정범행은 오래 머물지 못할 것이고 정법은 오백 년 〔밖에〕 머물지 못할 것이다.[8]

화지부 전승에서도 이 예언은 마하빠자빠띠 고따미와 그 동료들이 구족계를 받은 이후에 나오는데, 여기에는 왜 아난다가 그렇게 해로운 일을 고집했는지를 설명하는 말이 덧붙여져 있다.

> 〔부처님께서 말씀하셨다.〕 "만일 여인들이 불법 안에 출가하여 구족계를 얻도록 허가받지 않았더라면, 나의 바른 가르침은 이 세상에 천 년 동안 머무를 것이었느니라. 이제 그들이 출가를 허락받았으니, 〔그 지속이〕 오백 년으로 줄어들었다. ……
> 이 말씀을 듣고 아난다는 괴로워하며 눈물을 흘렸다. 아난다가 부처님께 여쭈었다. "세존이시여, 저는 일찍이 이런 법을 듣거나 알지 못했나이다. 여인이 출가하여 구족계를 받을 수 있도록 청하기 전에 이것을 알았다면, 제가 어찌 세 번이나 그것을 청했겠나이까?"

---

8 AN IV 278,16-278,23의 AN 8.51 (Vin II 256,9 참조).

부처님께서 아난다에게 말씀하셨다. "울지 마라. 마라가 그대의 마음을 흐렸을 뿐이니라."[9]

이 구절에 따르면, 아난다는 마라에게 홀려서 비구니 승가를 설립해 줄 것을 붓다에게 끈질기게 요청했던 것이다. 이런 설명의 시도는 비구니 승가 설립의 역사에 관한 모든 서술들에 이런저런 방식으로 영향을 끼친 의문, 즉 "왜 부처님은 그런 해로운 일에 발을 디디셨을까?"라는 의문이 풀기 쉽지 않은 문제임을 말해준다. 화지부 설명이 암시하는 바에 따르면, 비구니 승가의 설립은 '악마'의 책략 때문이다. 그에 따라 아마도 「대반열반경」 및 그에 상응하는 경에서 차용했을 모티프인, 아난다가 마라에게 굴복했다는 설명은[10] 아난다뿐 아니라 붓다 역시 마라의 사악한 계획을 막지 못했다는 의미로 바뀐다.

붓다가 처음부터 그런 엄청난 결과가 일어날 줄 알고 있었다면 왜 그대로 내버려 두었을까, 하는 의문은 대중부-설출세부의 서술에서 노골적으로 제기된다. 이 전승은 아난다가 세 번째 청원을 하고 난 뒤의 붓다의 반응을 다음과 같이 전한다.

---

9 T XXII 186a13-186a25의 T 1421.

10 DN II 103,14의 DN 16 (이 설명에 관한 논의는 An 2000 참조) 및 상응하는 Waldschmidt 1950: 53의 산스크리트어 단편 TM 361 낱장 165 V2, T I 15b25의 DĀ 2, T I 165a12의 T 5, T I 180b20의 T 6, T I 191b22의 T 7, 근본설일체유부 『비나야』, T XXIV 387c16의 T 1451, 그리고 이에 상응하는 Waldschmidt 1951: 207,14 (§15.15)의 티베트어 전승 참조; Cowell 및 Neil 1886: 201,21의 『신성한 비유담(*Divyāvadāna*)』도 참조.

만일 세 번째에도 고따마의 아들 아난다의 청을 거절하면 그에게 불선不善한 마음이 일어나 그동안 들어온 가르침에 혼란이 일어나리라. 나의 정법은 천 년을 갈 것이나 설령 오백 년〔만〕을 간다 하더라도, 고따미의 아들 아난다에게 불선한 마음이 일어나게 해서는 안 되며, 그동안 들어온 가르침에 혼란이 일어나게 해서도 안 되리라.[11]

여기서 붓다는 오로지 아난다의 혼란을 피하기 위해 불법의 지속 기간이 반으로 줄어드는 사태를 허용하기로 의식적인 결정을 내린다. (그 결정은 제1차 결집에서 경전의 암송자로서의 역할을 할 아난다를 위험에 빠뜨릴 것이었다). 위 인용문의 표현은 비구니 승가의 설립은 마라의 책략이었다는 설명보다 훨씬 성공적이지 못한 것으로 보인다. 결국 두 설명 모두 쇠퇴의 예언이 초래한 모순을 해결하지 못한다. 이 두 가지 해결 노력이 뜻하는 바는, 상좌부 및 대중부 전통 모두 비구니 승가 설립의 역사 안에 담긴 비일관성을 명백하게 인식하고 있었고, 또 그것을 설명하기 위한 어떤 장치의 필요성을 느끼고 있었다는 것이다.

2. 뛰어난 비구니들

교단의 수명에 그토록 해로운 일을 붓다가 알면서도 행했다는 것은 실로 풀기 어려운 문제이기 때문에 위에서 말한 어떤 전승도 설득력

---

11 Roth 1970: 16,11-16,17. 처음에는 "고따마의 아들(*gautamasya purasya*)"이라고 했다가 다시 "고따미의 아들(*gautamī-purasya*)"이라고 말한다.

있게 그 해결책을 제시하지 못하는데 그것은 놀라운 일이 아니다.[12] 비구니 승가의 설립이 엄청나게 해로운 영향을 끼치리라는 생각은 비구니 승가 설립의 역사에 관한 일곱 고전적 전승들이 공유하는 유산임이 분명하지만, 그것은 또한 비구니들의 적극적인 공헌과 능력을 부각하는 경전의 수많은 다른 구절들과 직접적으로 대비되는 것이기도 하다.

비구니들의 능력은 '큰스님들'의 이름을 나열하는 『앙굿따라 니까야』 및 그에 상응하는 『증일아함경』에서 특히 강조된다. 마하빠자빠띠 고따미와 다른 비구니들을 거론하는 이 두 명단에는 각자가 지닌 특별한 능력이나 행동 방식 또는 그들이 이룬 성취의 사례들과 함께 그 이름이 명료하게 제시되어 있다.[13]

---

12 Horner 1930/1990: 109의 언급에 따르면, "좀 더 설명이 필요할 듯싶은 상황은 고따마가 여성을 승가에 들어오도록 허락했다는 게 아니라, 그가 그것을 주저하는 것처럼 보인다는 사실이다. 이런 모습은 아마도 이 문헌들을 편집하던 비구의 손에 의해 만들어졌을 것이다." Foucher 1949; 265에 따르면 "당연히 여성들은 수행의 제약이든 특권이든 거부할 이유가 전혀 없었다." Gross 1993: 33 이하는 "붓다가 여성에게 계를 주기를 주저하는 것은 …… 불교의 기본 메시지에 정반대되는 것으로 보인다"는 점을 강조한다. 쇠퇴의 예언에 내재한 부정적 태도와 그것의 진정성에 대한 의문은 이미 여러 학자들에 의해 주목되었다; 예컨대 Falk 1974: 106, Church 1975: 54, Basham 1980: 23 각주 2, Bancroft 1987: 82, Sumala 1991: 116, Wilson 1995: 49, Williams 2002, 그리고 Anālayo 2010e: 78-82.

13 Anālayo 2014h. 이미 Skilling 2000: 55에서 주목되었듯이, 『앙굿따라 니까야』(AN) I.14.5의 명단에는 13명의 비구니가 거론되는가 하면 『증일아함경』(EĀ) 5.1에는 51명이 나온다. 또 다른 명단인 T II 833c8의 T 126에는 15명의 뛰어난 비구니가

마하빠자빠띠 고따미는 이 명단의 제일 앞자리를 차지한다. 『앙굿따라 니까야』는 그녀를 오랫동안 가장 중요한 위치에 있었던 인물로 강조하며, 『증일아함경』은 여기에 덧붙여 그녀는 나라의 왕으로부터도 존경을 받는 중요한 인물이었다는 사실을 강조한다.[14] 불교 최초의 비구니라는 빼어난 지위는 이미 비구니 승가 설립 역사에서 빼놓을 수 없는 면모일 뿐더러, 『증일아함경』이 여기에 추가하는 또 다른 차원에 따르면, 그녀는 비구니 세계의 지도자일 뿐 아니라 세속 사회의 정상에 있는 왕으로부터도 존경을 받는 중요 인사인 것이다.

뛰어난 비구니들의 명단은 그들의 능력 및 행동 방식을 총체적으로 배열하는 가운데 어떤 비구니가 특히 중요한 인물인지를 언급하는 방식으로 제시된다. 이런 방식의 명단을 충분히 이해하려면 여기서 언급되는 각각의 자질이나 능력이 단지 어떤 한 사람의 비구니에 대한 묘사가 아니라는 점을 염두에 두어야 한다. 그보다는 오히려, 비슷한 자질이나 비교할 만한 행동을 한 비구니들이 동시에 여럿 있을 때 그중 한 사람이 어떤 측면에서 가장 뛰어난지를 밝히는 것일 뿐이다. 그러니까 이런 관점에서 보면, 뛰어난 비구니들의 명단은 초기 불교의 비구니들 사이에 어느 정도 공유되고 있었던 훌륭한 자질과 행동 양식의 개요槪要인 것이다.[15] 『앙굿따라 니까야』 및 『증일

있고, von Gabain 1954: 55의 위그르어 단편에도 같은 숫자가 나온다.

14 AN I 25,18의 AN 1.14.5 및 T II 558c21의 EĀ 5.1

15 그러므로 Sarao 1992: 152가 다음과 같이 말한 것은 결정적으로 틀렸다. "실제로 초기 불교가 여성들을 파괴적이고, 종잡을 수 없고, 이해할 수 없고, 믿을 수 없고, 관능적이고, 짐승보다 더 나을 것도 없는 존재로 본 것은 의심할 여지가

아함경』에 공통되는 이런 묘사들은, 비구니 승가의 탄생이 붓다의 가르침을 쇠퇴로 이끌고 말 것이라는 관념과 실로 조화되기 어렵다.

『증일아함경』의 한 경은 뛰어난 비구니들의 명단에 덧붙여 자신의 여러 전생前生의 삶을 다른 비구니들에게 알려 주는 한 비구니의 모습을 전한다.[16] 그녀의 말에 따르면, 어떤 전생에서 남성으로서 큰 공덕을 쌓은 뒤, 그(녀)는 여성으로 다시 태어날 것을 열망하고 그 이후 여성으로 다시 태어나기 위한 공덕을 줄곧 쌓았다.[17] 이 이야기 속에서 여성으로 태어나는 것은 명백히 그런 재생을 향한 의도적 열망과 공덕이 결합된 결과다. 실제로 여성으로 태어나는 것이 나쁜 업(karma)의 결과라는 믿음은 초기 경전들 및 율에는 나타나지 않고, 단지 주석서에만 나타날 뿐이다.[18]

없다. 여자와 연관된 것은 치명적인 것이며 오염된 것이다. 여자는 종교, 문화 그리고 전체 사회에 대한 위협으로 여겨진다. 그러므로 여자는 남자가 억누르고, 통제하고, 정복해야 한다."

16 상좌부 주석서가 전하는 바에 따르면, 여기의 비구니 밧따 까삘라니(Bhaddā Kapilānī)는 마하빠자빠띠 고따미의 문하로 출가했다; Pruitt 1998/1999: 91의 번역 Thī-a 66,35 참조.

17 T II 823b18-825b15의 EĀ 52.2. 번역 Anālayo 2014c.

18 Appleton 2011: 47의 말에 따르면, "여자로 태어나는 것이 업 때문이라는 것은 주로 주석서의 선입견이다"; 더 자세한 논의는 Anālayo 2014e 참조. 더 나아가 Engemajer 2014: 110이 지적했듯이, "이 문헌들이 여성으로 다시 태어나는 것을 남성으로 다시 태어나는 것보다 열등한 것으로 묘사할 때, 그것은 규범적인 것을 그리는 것이 아니라 사회적 현실을 묘사하는 것이다."

사진 6. 뛰어난 비구니들[19]

비구니들의 능력과 그 성취에 관한 것은 몇몇 초기 불교 경전에 특히 부각되어 있다. 두 편의 빠알리어 경전은 케마(Khemā)와 웃빨라완나를 다른 비구니들이 본받아야 할 표본으로 묘사한다.[20] 이에 상응하는 『증일아함경』 및 『대사』도 이 묘사와 일치하고,[21] 한편 산스크리트어 단편은 마하빠자빠띠 고따미를 역시 웃빨라완나와 함께 다른 비구니들의 모범으로 묘사한다.[22] 따라서 서로 다른 명단이 일치하여

---

19 미얀마 바간 술라마니 사원(Sulamani gu hpaya, Pagan), Lilian Handlin 제공. 이 그림은 『앙굿따라 니까야』 1.14.5의 명단에 나오는 몇 명의 뛰어난 비구니들을 보여준다.

20 SN II 236,15의 SN 17.24 및 AN I 88,16의 AN 2.12.2.

21 T II 562b19의 『증일아함경』 9.2; Senart 1882: 251,21의 『대사』 역시 케마와 웃빨라완나를 붓다의 두 상수 제자로 거명한다.

22 Tripāṭhī 1995: 198 (28,Z2). 법장부의 『사분율』 및 화지부의 『오분율』의 관점에서 보면 이런 표현은 본받아야 할 모델로서 스승과 제자를 함께 표현하는 방식과 연관되어 있을 터인데, 그 표현들에 따르면 웃빨라완나는 마하빠자빠띠 고따미의 문하로 출가했기 때문이다. T XXII 606a24의 T 1428에서의 묘사에 따르면, 붓다는 아난다에게 출가를 원하는 웃빨라완나가 마하빠자빠띠 고따미에게서 계를 받도록 데려다 주라고 말하고, 아난다는 절차에 맞추어 그것을 시행한다.

웃빨라완나를 특별히 비추는 것인데, 그녀는 여러 뛰어난 비구니들 가운데 특히 비범한 신통력으로 찬사를 받는 인물이다.[23]

『상윳따 니까야』의 또 다른 경 및 그에 상응하는 『잡아함경』, 그리고 대중부-설출세부의 「비구니율」의 한 구절에 따르면, 슈끌라(Śuklā)라는 비구니는 야차夜叉마저 거리를 돌아다니면서 그녀의 설법을 들으러 오지 않는 사람들을 꾸짖을 정도로 뛰어난 비구니였다.[24] 이런 구절들은 뛰어난 비구니들의 명단에서 이미 분명한 사실, 즉 불법이 쇠퇴하리라는 예언은 비구니들이 불교 교단에 어떤 공헌을 하는가를 그리는 다른 구절들과 서로 어긋난다는 사실을 보여 준다.

3. 사부대중四部大衆

비구니들의 능력과 빼어남을 강조하는 이런 구절들 외에도, 비구니

T XXII 25b23의 T 1421에서 붓다는 스스로 마하빠자빠띠 고따미에게 웃빨라완나의 계를 주라고 말한다.

23 AN I 25,20의 AN 1.14.5 및 T II 558c23의 EĀ 5.1

24 SN I 212,27의 SN 10.9 (Thī 54도 참조), T II 365b1의 SĀ 1327, 그리고 Roth 1970: 112,22. Barua 1997: 75는 "불교의 급격한 팽창은 비구니들의 설법에 의해 이루어졌다"고까지 말한다. 비구니들의 박식함 역시 많이 나타나는데, 예컨대, Lüdders 1973: 8 및 94의 비문碑文 38 및 925에 따르면 붓다미뜨라(Buddhamitrā) 비구니는 "삼장三藏법사(*trēpiṭikā*)"였다. Cowell 및 Neil 1886: 493,8의 『신성한 비유담(*Divyāvadāna*)』 역시 "삼장(*tripiṭaka*)"의 암송을 행하던 비구니들에 대해 언급한다. Skilling 1994: 50도 참조. 『도사(島史, *Dīpavaṃsa*)』는 스리랑카의 비구니들 역시 "삼장"을 외웠다고 전한다. Dīp 18.13, Oldenberg 1879: 97,6 및 Skilling 2000: 64 참조.

승가 설립의 역사에 나오는 쇠퇴의 예언에 대한 올바른 이해와 또한 관련 있는 것은 사부대중 – 비구, 비구니, 재가 남신도, 그리고 재가 여신도 – 을 불교 교단의 필수적인 부분으로 간주하는 구절들이다. 「대반열반경」 및 그에 상응하는 경들이 전하는 바에 따르면, 붓다는 깨달음을 얻은 직후 비구니 승가를 세우겠다는 그의 계획을 명백하게 선언했다. 이 선언은 마라를 대면했을 때 붓다가 하는 다짐의 한 부분으로 나온다.[25] 이 다짐에 따르면, 붓다는 비구, 비구니, 재가 남신도, 재가 여신도의 사부대중을 바르게 세울 때까지는 세상을 떠나지 않을 것이었다.[26]

「정신경(淨身經, *Pāsādika-sutta*)」 및 그에 상응하는 『장아함경(長阿含經, *Dīrgha-āgama*)』의 한 경은 붓다가 설한 청정범행은 사부대중 제자들이 이룬 성취에 의해서 완성되는 것임을 강조한다.[27] 이는 물론 비구니 대중의 존재를 필요로 하는 것이며 그것 없이 청정범행은 완성에 이를 수 없다.

---

25 마라의 기능에 대해서는 앞의 p.111 이하 참조.

26 DN II 105,8의 DN 16 (SN V 261,18의 SN 51.10, AN IV 310,32의 AN 8.70, 그리고 Ud 63,32의 Ud 6.1도 참조), 산스크리트어 단편 361 낱장 165 R2 이하, Waldschmidt 1950: 53; T I 15c2의 DĀ 2, T I 165a19의 T 5 (여기서는 네 부류의 제자들에 대해 말함으로써 비구니를 모호하게 언급한다), T I 180b26의 T 6, T I 191b28의 T 7, T XXIV 387c27의 T 1451 근본설일체유부의 『비나야』, 그리고 Waldschmidt 1951: 209,23 (§16,8)의 상응하는 티베트어 전승; Cowell 및 Neil 1886: 202,10의 『신성한 비유담』 및 T XII 1010c29의 T 383도 참조.

27 DN III 125,18의 DN 29 및 상응하는 T I 73c23의 DĀ 17; T I 31a1의 DĀ 3도 참조. 여기서는 모든 사람들을 능가하는 붓다의 우월성으로 그가 사부대중을 가졌음(물론 비구니 대중을 포함해서)을 특히 강조한다.

심지어 『디가 니까야』의 「삼십이상경」은 붓다가 사부대중의 제자들을 갖는 것을 그의 신체상의 서른두 가지 초월적 특징으로까지 연결짓는데, 이 전통에 따르면 그 특징들은 붓다의 덕의 구현이며 그가 출가하면 틀림없이 완전한 깨달음을 이루어 만인의 스승이 될 것임을 알리는 전조前兆인 것이다. 「삼십이상경」에 따르면, 붓다의 발바닥에 있는 바퀴(輪)살 표시는 사부대중의 수많은 수행원들을 거느릴 그의 운명의 조짐이다.[28]

「왓차곳따 긴 경」 및 그에 상응하는 『잡아함경』의 두 경은 붓다의 가르침의 완벽함은 완전한 깨달음에 이른 비구와 비구니들의 엄청난 수효, 그리고 저마다 다른 단계의 깨달음에 이른 남녀 재가 신도들의 수효 역시 그와 비슷하게 많다는 사실에서 명백히 드러난다는 것을 강조한다.[29] 여기서도 역시 비구니들의 존재는 완전함이라는 주제에 기본 전제로 요구되는 것이다.

『앙굿따라 니까야』 및 상응하는 『중아함경』의 한 경에 따르면, 가장 불운한 일의 하나는 비구니를 포함한 사부대중이 없는 변방에 다시 태어나는 것이다.[30]

『잡아함경』의 다른 두 경 및 『증일아함경』은 사부대중의 하나인

---

28 DN III 148,18의 DN 30. 상응하는 MĀ 59에서는 붓다의 몸에 나타난 특정한 표시들과 그의 성취 사이의 관계에 대한 언급은 하지 않고, 다만 서른두 가지 특징만을 열거한다. 그래서 T I 493c20의 MĀ 59에서는 붓다의 발바닥에 있는 바퀴살 표시만을 언급한다.

29 MN 1490,13의 MN 73, T II 246c8의 SĀ 964 및 T II 446b6의 SĀ² 198.

30 AN IV 226,8의 AN 8.29 (DN III 264,12의 DN 33도 참조) 그리고 T I 613b11의 MĀ 124; 『경집론(經集論, *Sūtrasamuccaya*)』, Pāsādika 1989: 6,15도 참조.

비구니가 비구 또는 한 나라의 왕에게 실로 얼마나 큰 영감의 근원이 될 수 있는지를 저마다 보여준다.[31]

의심의 여지없이 이 경전들은, 깨달은 비구니들의 존재를 붓다가 가르친 청정범행을 완성하는 데에 반드시 필요한 것으로서 매우 긍정적인 관점으로 그린다. 사부대중에 관한 그런 일반적인 서술 외에, 또 다른 구절들은 사부대중의 하나인 비구니에게 특별히 기대되는 역할이 무엇인지를 알려준다.

『앙굿따라 니까야』의 한 게송 및 『잡아함경』과 『증일아함경』의 상응하는 구절들은 사부대중 각각이 불교 승가에 어떻게 공헌할 수 있는가를 지적한다. 이 세 전승은, 비구가 그의 덕성으로 특별히 승가에 공헌한다면 비구니는 그의 풍부한 학식으로 승가에 공헌함을 강조한다.[32] 이것은 『앙굿따라 니까야』의 또 다른 경에서 명백히 드러나듯, 비구니가 그 덕성으로는 승가를 빛내지 못한다는 뜻이 아니다.[33] 오히려 학식이 많은 비구니들의 공헌은 특별히 따로 언급할 만한 가치를 지닌 탁월함으로 여겨졌던 것이 분명하다.

비구니의 긍정적 역할은 불법의 지속과 관련된 몇몇 빠알리 경전에도 나온다. 『상윳따 니까야』의 한 경은 불법의 오랜 지속과 불멸을

---

31 T II 283a6의 SĀ 1080에서 붓다는 만일 길을 걷다가 다른 비구, 비구니 혹은 재가의 남신도, 여신도를 만나게 되면 마땅히 스스로를 단속하는 기회로 삼아야 한다고 한 비구에게 말한다. T II 61b15의 EĀ 23.1은 붓다의 제자인 비구, 비구니, 그리고 재가의 남녀 신도들을 만날 때 얻는 기쁨과 영감을 표현하는 빠세나디(Prasenajit) 왕에 대해 기록한다.

32 AN II 8,22의 AN 4.7, T II 220c11의 SĀ 873, 그리고 T II 645c29의 EĀ 27.7.

33 AN II 226,1의 AN 4.211.

보장하기 위해서는 비구니를 포함한 모든 사부대중이 그들의 스승, 가르침, 승가, 공부, 그리고 수행의 진전에 대한 존경심을 지녀야 한다고 지적한다.[34] 이 구절은 존경할 만한 비구니들의 존재가 불교 교단의 지속을 보장한다고 여기는 것이다.

존경의 주제는 『앙굿따라 니까야』의 한 경에서도 반복되는데, 이에 따르면 비구니를 포함한 사부대중은 그들의 스승인 붓다와 그 가르침, 승가, 공부, 그리고 서로에 대한 존경심을 지녀야 한다. 이 경과 그 외 『앙굿따라 니까야』의 다른 경들에 따르면, 붓다가 세상을 떠난 후에도 불법을 지속케 하는 것은 이러한 조건들이다.[35]

이 모든 구절들과 뚜렷하게 대비된다는 점 말고도, 불교 교단이 붕괴할 것이라는 예언을 받아들이는 전통적 관점이 초래하는 또 다른 문제는 그 예언에 명시된 오백 년이 지난 뒤에도 예언은 실현되지 않았다는 사실이다.[36] 이 사실은 그 예언이 좀 더 긴 수명, 예를

34 SN II 225,8의 SN 16.13. 상응하는 T II 226c15의 SĀ 906은 특이하게도 비구만을 언급한다; 다른 상응하는 경전 T II 419c6의 SĀ² 121은 주체를 특정하지 않고 존경의 문제를 언급한다. Collett와 Anālayo 2014에서 논의된 바, 이런 변형들은 일반적인 패턴을 따른 것으로서 꼭 의도적으로 의미의 차이를 담은 것은 아니다. 왜냐하면, SĀ 906의 사례에서 보듯, "비구"라는 용어는 꼭 구족계를 받은 남성만을 지칭하는 것이 아니라, 어떤 단계의 계를 받았든 남녀 수행자 모두를 가리키는 통칭通稱으로 쓰일 수 있었기 때문이다.

35 AN III 247,20의 AN 5.201; AN III 340,13의 AN 6.40 및 AN IV 84,22의 AN 7.56도 참조. Suvimalee 2005: 225의 요약에 따르면, "불교 사회의 사부대중은 불법을 사회에 확립시키는 데 있어서 모두 동등한 가치와 책임을 지니는 것으로 언급된다."

36 Willis 1985: 77에 따르면, "승가에 여자들을 받아들임으로써 법(Doctrine)은

들어 오천 년을 의미한다는 식의 재해석을 낳았다.[37] 그러나 이런 해석은 본래의 표현, 즉 정법 그리고/또는 청정범행이 불과 오백 년밖에 지속되지 못할 것이라는 그 예언의 명료한 표현과 확실하게 어긋난다.[38]

쇠퇴의 예언은 제1차 결집(結集, *saṅgīti*)에 관한 서술에서 다시 반복되는데, 붓다의 화장火葬이 끝난 직후에 라자가하(Rājagṛha, 王舍城)에서 열린 이 결집의 합송(合誦, *saṅgīti*)을 통해 상이한 율들에 따라 붓다의 가르침을 이어가기로 확정된 것이다.

인도에서 오래 가지 못할 것이라는 붓다의 예언과는 달리, 적어도 몇몇 사례에서 여성의 후원은 할 수 있는 만큼 오래 인도 아亞대륙에서의 불교 전통의 번영에 책임을 다했음을 역사는 보여준다."; Willis 1992도 참조. Kern 1896: 31은 쇠퇴의 예언이 "일련의 사건들로 인해 사실로 입증되었다. 즉 여성들은 고따미마저도 때때로 조바심을 치고 …… 어떤 비구니들은 추잡스런 행동으로 대중의 공분을 샀다"고 말하는데, 이것은 오해에 기인한 듯하다. Kern이 인용한, "법이 오백 년밖에 머물지 못할 것"이라는 예언은 불법의 전면적인 쇠퇴를 말하는 것이지, 상이한 율들에 때때로 나타나는 비구 및 비구니들의 잘못된 행동들을 가리키는 것이 아니다.

37 Mp I 87,3에 따르면, 각각 천년의 기간이 다섯 번 계속되는 동안 지계持戒와 삼장三藏과 사찰의 외형적 표시들과 유물들이 사라지고 이어서 도와 과果를 얻는 능력 등이 사라질 것이다; Endo 2004 및 아래 p.224의 주석 54도 참조. Nattier 2004: 21의 설명에 따르면, "그러나 서력 기원 첫 천년의 이른 시기에 불교 승가는 이 오백 년이라는 초기의 햇수가 이미 지났음을 깨달았고, 이 한계를 넘어 불법의 수명을 확장하는 새로운 전통이 일어나기 시작했다." 불법의 쇠퇴와 관련된 시간 범위에 대한 연구는 Nattier 1991: 27-64 참조.

38 이것은 T III 153c25의 T 156, T IV 159b8의 T 196 및 T XXIV 949b12의 T 1478에서도 견지된다.

4. 제1차 결집/합송(*saṅgīti*)

비구니들을 위한 아난다의 개입을 비판하는 장면은 제1차 결집의 진행에 관한 서술의 한 부분으로 나타난다. 비구니 승가 설립의 역사에 대한 총체적인 이해는 이 서술도 염두에 두어야 하는데, 그러기 위해 앞서 검토했던 승가 설립사에서의 암송 전통 가운데 나타난 이 비판의 여러 전승들을 지금부터 살펴보도록 하겠다.[39]

아난다에게 제기된 비판은 제1차 결집에 관한 서술의 서로 다른 대목들에 나타난다. 법장부 및 근본설일체유부 전승에서 이 에피소드는 실제 암송, 즉 합송(*saṅgīti*) 전에 나오고 설산부(?), 대중부, 화지부, 설일체유부, 그리고 상좌부의 서술에서는 경이 암송된 이후에 나온다.

대중부 전승에서는 우빨리(Upāli)가 비판을 제기하는 인물로 나타난다. 그는 아난다가 경을 암송하고 난 뒤, 자신의 율 암송을 마치고 이어서 비판을 제기한다. 상좌부 서술에서는 특정되지 않은 일군의 비구들이 비판의 목소리를 낸다. 다른 전승들에서는 마하깟사빠(마하가섭)에 의해 비판이 제기되는데, 모든 서술들에서 그는 이 1차 결집의

---

39 이하에서의 나의 의도는 아난다에게 제기된 비판을 총체적으로 검토하려는 것이 아니며, 또 제1차 결집에 관한 모든 서술을 비교 연구하려는 것도 결코 아니다. 이 사건에 관한 상이한 전승들의 다양한 번역을 곁들인 연구는 Przyluski 1926에서 찾을 수 있다; 여러 율들의 영어 번역에 관해서는 Anuruddha 외 2008 참조; 근본설일체유부 『비나야』의 티베트어 요약/번역에 대해서는 Rockhill 1883/1907: 146-161; 비교 연구 역시 예를 들면 Suzuki 1904, Bareau 1955a: 1-30, 및 de La Vallée Poussin 1976: 2-29 참조; 또한 아난다에게 제기된 비판에 관한 검토는 Tsukamoto 1963: 820.

주재자로서의 역할을 한다. 실제로 대중부의 설명에서 그는 아난다에게 제기된 비판에 적극적으로 참여하기까지 한다. 우빨리가 조목조목 아난다에 대한 비판을 마치자, 마하깟사빠는 그 비판을 지지한다는 물리적인 표시로 지팡이를 땅에 던진다.[40]

이 비판에서 제기되는 문제들의 전반적인 숫자는 꽤 많이 다르다. 설산부(?) 전승에서는 단 하나의 문제만 다루어지고, 상좌부 서술에는 다섯 가지 비판이 제기되고, 화지부와 설일체유부 전승에서는 아난다에 대한 다섯 가지 비판이 나오고, 법장부 및 대중부 서술에서는 일곱 가지의 추궁이 이루어지고, 근본설일체유부 전승에서는 여덟 가지 견책의 사례가 기록되어 있다.

설산부(?) 서술에서 다루어지는 단 하나의 문제는 다른 모든 전승들에서 반복되는데 그것은 바로 아난다가 비구니 승가의 설립을 촉진시켰다는 것이다.

다른 전승들에 나오는 비판의 몇몇 사례들은 「대반열반경」의 서술에서의 에피소드와 관련되어 있는데, 이를테면 붓다에게 좀 더 오래 사시라고 권하지 않았다든가, 붓다가 유행 중 목이 말랐을 때 물을 갖다 드리지 않거나 아니면 흙탕물을 갖다 드렸다든가, 붓다가 세상을 떠난 뒤 폐지해도 좋은 사소한 계율들이 무엇인지 확실하게 밝혀주시도록 붓다에게 여쭈어보지 않았다는 것 등이다.[41]

---

40 마하깟사빠가 처음 지팡이를 집어 던지자 삼천대천세계(三千大千世界, trichiliocosm)가, 아마도 그에 대한 동의의 표시로 진동했다고 한다. T XXII 492a23의 T 1425 참조.

41 「대반열반경」에 나오는 이 사건들에 관한 비교 연구는 Waldschmidt 1944:

또 다른 비판의 한 사례는 아난다가 붓다의 가사를 깁거나, 접거나, 또는 세탁할 때 붓다의 가사를 발로 밟았다는 것이다.[42] 몇몇 전승에 따르면, 그는 도와주는 사람이 아무도 없어서 옷을 제대로 다루려면 자기 발을 쓸 수밖에 없었다고 설명한다.

이 구절의 밑바탕에 놓여있는 결벽증은 다른 사례에서 더욱 강화된다. 아난다는 여자들이 막 세상을 떠난 붓다를 경배하도록 허용하거나 막지 않음으로써 결과적으로 붓다의 시신을 여자들의 눈물로 오염시켰다는 것이다. 좀 더 구체적으로 법장부의 서술에 따르면, 아난다는 여자들이 붓다의 발을 더럽히는 걸 막지 않았다.[43] 대중부 전승은 여자들의 눈물이 붓다의 발에 떨어지는 걸 막지 않았다는 말로 같은 문제를 언급한다.[44] 근본설일체유부의 서술은 붓다의 시신이 여자들에

---

96 이하 (오래 삶), 1944: 148 이하 (목마름), 그리고 1948: 243 이하 (사소한 계율들) 참조; 또한 Franke 1908: 12-16도 참조. 사소한 계율과 관련된 문제에서 T XXII 492b4의 T 1425 대중부 『마하승기율』은, 붓다가 아난다에게 자기가 세상을 떠나기 전 직접 사소한 계율을 폐지할 수 있도록 상기시켜 달라고 했다는 점에서 차이가 난다. 결국 제1차 결집에서 아난다는 붓다에게 이것을 일러드리지 않았다는 이유로 비판을 받는다. 사소한 계율에 관한 보다 자세한 논의는 Anālayo 2015d.

42 T XXII 967c7의 T 1428 법장부 『사분율』, T XXII 492a29의 T 1425 대중부 『마하승기율』, T XXII 191b10의 T 1421 화지부 『오분율』, 그리고 Vin II 289,6의 상좌부 『율장』에서 아난다는 바느질을 하고 있다. 한편 T XXIV 405a22의 T1451 한문 번역 근본설일체유부 『비나야』에서 그는 옷을 빨고 있으며 (D 6 *da* 307b3 또는 Q 1035 *ne* 291a1는 그냥 옷을 밟았다고만 기록한다), T XXIII 449b29의 T 1435 설일체유부 『십송율』에서는 바람이 세게 불어오자 옷을 접고 있다.

43 T XXII 967c27의 T 1428, 이것이 일곱 가지 비판 주제 가운데 맨 마지막 것이다.

게 보여지고 결국 그들의 눈물로 오염되었다고 말한다.[45] 화지부 및 상좌부 전승에 따르면, 여자들이 제일 먼저 붓다의 시신에 경배하도록 허락한 것이 문제이며, 상좌부에서는 붓다의 시신이 여자들의 눈물로 얼룩지는 결과를 낳았다는 서술로 이어진다.[46] 이 두 전승에서 아난다는 날이 어두워지기 전에 여자들이 안전하게 집으로 돌아갈 수 있도록 그리 한 것이라고 설명한다.

대중부 전승은 이와 연관된 다른 비판을 보여주는데, 이에 따르면 아난다는 붓다의 은밀한 부분을 비구니들에게 노출시켰다는 것이다.[47] 근본설일체유부 서술에 따르면, 그는 일반 여성들에게도 똑같이 했다.[48] 설일체유부 전승에도 역시 같은 비판의 소리가 나온다.[49]

아난다에 대한 혐의들은 계율의 위반에 근거한 것이 아니라 오히려 청결이나 예의범절에 대한 바라문적 관념에 바탕을 둔 것이며 또한 여성에 대한 분명한 부정적 태도의 표현이기도 하다. 비구니 승가의

---

44 T XXII 492b9의 T 1425, 이것이 일곱 가지 비판 주제 가운데 맨 마지막 것이다.

45 T XXIV 405c1의 T 1451 및 상응하는 D *da* 308b4 또는 Q 1035 *ne* 292a2, 이것이 여덟 가지 비판 주제 가운데 맨 마지막 것이다.

46 T XXII 191c1의 T 1421, 이것이 여섯 가지 비판 주제 가운데 맨 마지막 것이며, Vin II 289,10에서는 다섯 가지 비판 주제 가운데 세 번째 것이다.

47 T XXII 492b7의 T 1425, 이것은 여섯 번째 비판인데, 따라서 여자들의 눈물이 붓다의 발에 떨어졌다는 비판의 앞의 것이다.

48 T XXIV 405b25의 T 1451 및 상응하는 D *da* 308b2 또는 Q 1035 *ne* 291b7, 이것은 일곱 번째 비판인데, 따라서 여자들이 붓다의 시신을 오염시켰다는 비판의 앞의 것이다.

49 T XXIII 449c13의 T 1435, 이것은 여섯 가지 비판 주제의 맨 마지막인데, 여자들이 붓다의 시신을 더럽혔다는 문제는 이 전승에는 나오지 않는다.

설립을 적극적으로 후원한 아난다에 대한 비판은 이런 배경과 대비할 때 가장 잘 이해될 수 있다. 아래 번역문은 서로 다른 율들에서의 이와 관련된 부분이다.

법장부:

마하깟사빠가 아난다에게 말했다. "일찍이 그대는 여인들이 집을 버리고 부처님의 가르침 안으로 들어오게 했다. 그대는 돌길라죄(突吉羅罪 *duṣkṛta*)를 범했다. 마땅히 이제 참회해야 한다."

아난다가 말했다. "존자시여, 저는 의도적으로 그리하지 않았습니다. 마하빠자빠띠 고따미는 부처님께 큰 은혜를 베풀었습니다. 부처님의 어머님께서 세상을 떠나셨을 때 세존을 기르셨습니다. 마하깟사빠 존자시여, 이제 제 스스로는 죄를 알지 못하겠나이다. 그러하오나 저는 존자님(들)을 믿으므로 이제 마땅히 참회하옵니다."[50]

설산부(?):

아난다가 여인들을 출가하게 하였으므로, 〔마하깟사빠 존자는〕 아난다를 열 가지 방식으로 책망했다.[51]

1) 만일 여인들이 출가하지 않았더라면, 재가의 신도들이 항상 각자 음식이 가득 든 그릇을 들고 사문들이 받아가기를 기다리며 길가에 무릎을 꿇고 있을 것이었다.

---

50 T XXII 967b27-967c2의 T 1428.

51 "열 가지"를 언급하는 한 이본異本을 채택함. '아홉 가지'만을 말하는 원본은 열 가지 책망을 보여주는 실제 사실과 맞지 않는다.

2) 만일 여인들이 출가하지 않았더라면, 재가의 신도들이 항상 의복과 침구를 들고 그것을 받아가 사용할 사문들을 만나기 위해 길에서 기다리고 있을 것이었다.
3) 만일 여인들이 출가하지 않았더라면, 코끼리나 말이 끄는 마차를 탄 재가의 신도들이 항상 마차를 길가에 대놓고 오체투지五體投地한 채 사문들이 지나갈 때 그들을 밟고 가기를 청원할 것이었다.
4) 만일 여인들이 출가하지 않았더라면, 재가 신도의 무리들이 항상 그들의 머리털을 땅 위에 펴고 사문들이 지나갈 때 그 위를 밟고 가도록 청원할 것이었다.
5) 만일 여인들이 출가하지 않았더라면, 재가 신도의 무리들이 항상 공경심으로 사문들이 그들의 집에 들어와 공양을 받아주기를 청원할 것이었다.
6) 만일 여인들이 출가하지 않았더라면, 재가 신도의 무리들이 사문을 보면 항상 공경심으로 그들의 옷을 벗어 땅을 깨끗이 쓸고 땅 위에 펴서 사문들이 그 위에 앉도록 할 것이었다.
7) 만일 여인들이 출가하지 않았더라면, 재가 신도의 무리들이 항상 그들의 옷을 벗어 비구들의 발에 묻은 먼지를 닦을 것이었다.[52]
8) 만일 여인들이 출가하지 않았더라면, 재가 신도의 무리들이 항상 그들의 머리를 풀어 비구들의 발에 묻은 먼지를 닦을 것이었다.
9) 만일 여인들이 출가하지 않았더라면, 사문들의 위대한 덕은 해와 달(마저도)을 능가할 것이었다. 하물며 어찌 외도의 수행자들이 사문

---

52 특이하게도, 목록의 이 항목과 다음 항목에서 앞의 "사문(沙門, recluses)"이라는 표현이 "비구(比丘, monks)"라는 말로 바뀐다.

들과 맞설 수 있겠는가?

10) 만일 여인들이 출가하지 않았더라면, 부처님의 정법은 천 년을 머물 것이었다. 이제 그것은 오백 년으로 줄어들었다.[53] 백 년 동안 사람은 해탈의 정수(essence)를 얻을 수 있을 것이다. 〔다음〕 백 년 동안 사람은 선정禪定의 정수를 얻을 수 있을 것이다. 〔다음〕 백 년 동안 사람은 지계持戒의 정수를 얻을 수 있을 것이다. 〔다음〕 백 년 동안 사람은 배움(多聞)의 정수를 얻을 수 있을 것이다. 〔다음〕 백 년 동안 사람은 보시의 정수를 얻을 수 있을 것이다.[54]

대중부:

〔우빨리가 말했다.〕 "세존께서는 여인이 집을 떠나 출가하는 것을

---

53 한 이본에 따르면, "줄어들었다(減)"가 아니라 "소멸했다(滅)."

54 T XXIV 818b17-818c9의 T 1463. 이 문장 뒤에 점차적인 쇠퇴를 묘사하는 다음과 같은 시가 뒤따른다. "첫 백 년간 해탈과 가르침의 정수가 〔아직〕 존재하리라. 그 안에 평화롭게 바로 설 때 그 뜻을 온전히 깨달을 수 있으리. 두 번째 백 년간 선정의 정수 여전히 존재하리. 세 번째 백 년간 지계持戒는 아직 무너지지 않았으니, 네 번째 백 년간 유학有學이 될 가능성 〔아직〕 남았도다. 다섯 번째 백 년간 보시의 가능성 아직 남았노라. 이후로 여래의 가르침 시시각각 차차로 쇠퇴하리라. 이는 마치 구르던 마차 바퀴가 어느 땐가 멈추는 것과 같도다. 정법은 숨어 버릴 것이니, 이는 길들일 수 있는 존재인 여자의 출가를 위해 〔최고의〕 지도를 간청하는 잘못을 아난다가 저질렀기 때문이로다. 정법은 이 세상에 꽉 찬 천 년간 남아 있었으리라. 이제는 오백 년으로 줄어들었노라. 남은 것은 모두 앞서 〔말한 바와〕 같다. 이로 인해 〔오직〕 오백 년 간 다섯 〔가지〕 가르침만이 세상에 퍼지리라. 해탈, 선정, 지계持戒, 배움, 보시가 그것이다." 위의 p.217 각주 37 참조.

세 번이나 허락지 않으셨으나, 그대는 세 번에 걸쳐 그것을 청했다. 이것은 율을 어긴 것이다." ……
〔아난다가 말했다.〕 "존자시여, 과거의 부처님들에게는 모두 사부대중이 있었습니다. 그래서 저는 비구니의 출가를 세 번씩 청했던 것입니다."[55]

화지부:
마하깟사빠는 다시 아난다를 꾸짖었다: "그대는 여인들이 출가하여 세존의 가르침 안으로 들어오기를 허락해 달라고 세존께 세 번이나 청했다. 그대는 죄를 범했다. 마땅히 그대의 죄를 알고 참회해야 한다."
아난다가 말했다. "저는 가르침을 무시하지 않았나이다. 다만 마하빠자빠띠 고따미는 세존께서 출가하실 때까지 세존을 보살피고 세존께서 완전한 깨달음을 성취하도록 하셨습니다. 이 공덕은 마땅히 보답을 받아야 하며, 따라서 저는 세 번에 걸쳐 세존께 청을 올렸나이다. 이에 대해서도 저는 역시 그 죄상을 알지 못하나이다. 〔하오나〕 존자님(들)을 믿고 존경하므로 이제 참회하옵니다."[56]

---

55 T XXII 492a22-492b12의 T 1425 (아난다는 모든 비판이 제기되고 난 이후에야 대답한다). Senart 1882: 70,4의 『대사』는 제1차 결집을 십지(十地, ten *bhūmis*)를 설명하는 실마리로 짧게 언급하고 있다. 즉 이 짧은 언급에서는 아난다에게 제기된 비판들을 전하지 않고 있다는 말이다.

56 T XXII 191b14-191b19의 T 1421.

근본설일체유부:

〔마하깟사빠가 아난다에게 말했다.〕 "그대는 성품이 본디 교만하고 아양이나 부리는 여인들의 출가를 세존께서 허락지 않으셨음을 알고 있었다. 부처님께서는 이렇게 말씀하셨다. '아난다여, 여인들이 출가하여 구족계를 받도록 청하지 말라. 왜 그러한가? 여인들이 불법에 출가하여 구족계를 받으면 불법이 오래 가지 못하리라. 어떤 좋은 논밭에 서리와 우박이 내리면 곧 파괴되어 마침내 아무 곡식도 열지 못하는 것과 같으니라. 아난다여, 이와 마찬가지로 여인들이 출가하면 정법은 파괴되고 수명이 감소되어 오래 가지 못하리라.'[57] 그대가 부처님께 여인들의 출가를 청한 것이 어찌 잘못이 아니겠는가?"

아난다가 말했다. "존자시여, 잠시 멈추시고 부디 용서해 주십시오. 저는 오직 마하빠자빠띠 고따미가 부처님의 이모님이시기 때문에 여인의 출가를 청원했을 뿐입니다. 마야(Māyā) 부인께서 부처님을 낳으시고 칠일 만에 세상을 떠나셨을 〔때〕 마하빠자빠띠 고따미는 친히 자신의 젖으로 세존을 기르셨습니다. 그 은혜가 이처럼 깊거늘 어찌 보답하지 않을 수 있겠습니까?

더욱이 저는 과거의 부처님들에게는 사부대중이 있었다고 들었습니다. 저는 부처님도 그분들과 같기를 바랐나이다.

첫째는 그 은혜에 보답하기 위함이었고 둘째는 우리가 친족간임을 상기하기 위함이었습니다. 하여 부처님께 여인의 출가를 여쭈었사오니 이 과오를 용서해 주십시오."

마하깟사빠가 말했다: "아난다여, 이것은 은혜에 보답하는 〔방법이〕

57 한 이본에 따르면, "감소(減)"될 것이 아니라 "소멸(滅)"될 것이다.

아니다. 이야말로 정법을 멸하고 파괴하고 사라지게 하는 것이다. 이것은 부처님의 밭에 엄청난 서리와 우박을 내리는 것이다. 정법은 이 세상에 꽉 찬 천 년을 머물 수 있었다. 이제 그대 때문에 잠시〔만〕 존재하게 되었다.

또 친족을 상기하기 위함이란 어떠한가? 이 역시 터무니없는 말이다. 출가자는 영원히 가족애를 버린 사람들이다.

또 〔그대의 말은〕 어떠한가? '저는 과거의 부처님들에게는 사부대중이 있었다고 들었습니다. 저는 부처님도 그분들과 같기를 바랐나이다'라고 그대는 말한다. 옛사람들은 욕망, 욕정, 분노, 미혹이 거의 없었고 번뇌도 엷어서 모두 평온한 마음으로 출가하였다. 그러나 지금은 그렇지 않다. 세존께서는 〔여인의 출가를〕 하락하지 않으셨다. 그대가 부처님의 허락을 구함으로써 〔초래된〕 어려움을 보라. 이것이 그대의 첫 번째 죄다."[58]

설일체유부:

마하깟사빠가 다시 아난다에게 말했다. "부처님께서는 여인의 출가를 허락하지 않으셨다. 그대는 세 번이나 청원하여 여인을 출가하게 하였다. 이로 인해 그대는 돌길라突吉羅죄를 범하였다. 법에 따라 참회하라!"

아난다가 답했다. "저는 계율을 가벼이 여기지 않았고(不輕) 부처님께

58 T XXIV 404c23-405a12의 T 1451, 상응하는 티베트어 전승의 D 6 *da* 306b4 또는 Q 1035 *ne* 290a4와 더불어 비교 가능한 표현은 T XLIX 5c25의 T 2027 참조.

불경不敬하지 않았나이다. 다만 과거의 모든 부처님들께는 사부대중이 있었나이다. 어찌 이제 우리 세존께만 사부대중이 없을 수 있나이까? 이런 까닭으로 저는 세존께 세 번 청원하였나이다."[59]

상좌부:

〔장로들이 아난다에게 말했다.〕 "도반 아난다여, 그대가 여래가 선포하신 법과 율 안으로 여인이 출가하도록 애쓴 것은 돌길라죄를 범한 것이오. 이 죄에 대해 참회하시오."

〔아난다가 답했다.〕 "존자들이시여, '마하빠자빠띠 고따미는 세존의 이모님이시며 양모이시며 계모이시다'라고 저는 (생각했습니다). 그분은 세존의 어머님께서 세상을 떠나셨을 때, 세존께 젖을 먹이셨습니다. 〔그러므로〕 저는 여래가 선포하신 법과 율 안으로 여인들이 출가하도록 애썼습니다. 저는 이것이 죄를 범한 것이라고 보지 않습니다. 하오나 존자님들에 대한 믿음으로 저의 죄를 참회합니다."[60]

설산부(?)의 서술만 제외하고 다른 전승들은 모두 아난다의 개입을 죄로 간주하는 데에 일치하며, 더러는 돌길라죄(突吉羅罪, *duṣkṛta*)를 범한 것으로 규정한다. 이것이 나타나는 문헌의 양식으로 보아 여기에 율의 용어가 쓰이고 있음은 놀라운 일이 아니다. 그러나 실제로 제기된

59 T XXIII 449c8-449c12의 T 1435; 이와 비교 가능한 표현은 Lamotte 1944/1981 번역의 T XXV 68a14의 T 1509에서 찾을 수 있다. 여기에는 마하깟사빠가 오백 년 기간을 언급하고 아난다가 마하빠자빠띠 고따미에 대한 동정심을 언급한다는 차이가 있다.

60 Vin II 289,25-289,33.

여러 비판들을 평가해 보면, 그것 모두 율의 규칙이나 행동 규범의 위반으로 보기는 어렵다.[61] 위에서 보다시피, 더 이른 시기에 보존된 듯한 설산부(?)의 서술에서는 아난다의 행위가 율의 위반으로 간주되지도 않고, 그에게 참회하라고 다그치지도 않으며 그저 간단한 비판만이 있을 뿐이다.

비구니 승가 설립의 역사와 비슷하게, 지금 여기의 법장부, 화지부, 근본설일체유부, 그리고 상좌부 전승은 붓다의 계모에 대한 보은報恩 문제를 거론한다.[62] 또한 근본설일체유부의 서술은, 아난다의 개입은 보은의 길이 아니라 정법을 파괴하는 길이라고 지적함으로써 다른 대안적 주장을 제시한다.

여기서 붓다가 이미 어떤 식으로든 은혜를 갚았다는 것은 더 이상 논쟁거리가 아니다. 그 대신 마하빠자빠띠 고따미에 대한 보은의 의미는 붓다의 가르침의 파괴라는 것과 대비된다. 이 대비는 근본설일체유부의 비구니 승가 설립사에도 나오는, 서리와 우박이 내려 망가진 논밭의 비유를 끌어옴으로써 더욱 날카로워진다.[63] 게다가 아난다로서는 친족 관계 얘기를 꺼낸 것도 적절치 않았으니, 친족간의 정은 출가자로서는 이미 포기한 것이기 때문이다.

비구니 승가 설립의 역사와 제1차 결집의 서술 사이에는 은혜 갚음의 주제만이 중복되는 게 아니다. 또 다른 주제는 사부대중에 관한 것인데, 승가 설립사와 중복되는 경우는 대중부-설출세부에서만 일어난다.[64]

---

61 Laohavanich 2008: 73 참조.

62 위 p.101 이하 논의 참조.

63 위 p.169 또는 아래 p.285 참조.

대중부뿐 아니라 근본설일체유부와 설일체유부 전승은 제1차 결집의 서술에서 이 문제를 다룬다. 근본설일체유부 서술은 이 문제에 대한 답변도 제시한다. 즉, 사부대중이라는 제도는 오로지 과거에만 가능했다는 것이다. 인간들이 너무 타락한 지금 같은 상황에서는 이것은 더 이상 가능하지 않다는 것이다.

같은 근본설일체유부의 『비나야』[65] 및 앞서 언급했던 이 장의 다른 구절들이 사부대중을 현재 붓다의 가르침에 필수불가결한 요소로 간주한다는 점을 고려하면, 이 주장은 특히 성공적이지 못하다. 그러나 이런 주장이 제기되었다는 사실 그 자체는, 비구니 승가의 탄생에 대한 부정적인 영향을 수용하면서 한편으로는 가르침의 이러한 측면을 함께 조화시켜야 했던 암송자들이 겪었을 어려움을 생생하게 부각시킨다.

설산부(?) 서술의 표현은 비구니 승가 설립의 역사와 관련하여 화지부, 근본설일체유부, 그리고 설일체유부 전통에 나오는 것과 똑같이, 부정적인 두려움의 목소리를 내는 데에서 특별히 주목할 만하다. 다른 전승들과 비슷하게 설산부(?) 서술 역시 만일 비구니 승가가 존재하지 않았다면 비구의 삶은 실로 파라다이스였을 거라는 점을 명백히 한다. 재가 신도들은 깊은 존경심으로 비구를 대할 것이었고 언제나 풍부한 필수품들을 공양할 준비가 되어 있었을 것이다. 게다가 고대 인도에서 다른 종교 그룹과의 경쟁은 아예 문제도 되지 않았을

64 위 p.107 또는 아래 p.277 참조.

65 T XXIV 387c27의 T 1451 및 Waldschmdt 1951: 209,23 (§16.8)의 상응하는 티베트어 전승; 위 p.172 이하의 각주 26 참조.

것이다.

그런데, 설산부(?) 전승에서 아난다에게 제기된 비판은 다른 모든 전승들에서도 언급되는 단 하나의 문제, 즉 그가 비구니 승가의 대의大義를 지지했다는 사실에 관한 것이다. 그 외 다른 전승들에서 다섯 내지 여덟 가지로 제기되는 여러 다른 문제들은 설산부(?) 전승에서는 일체 거론되지 않는다.

이 공통된 주제에 대한 설산부(?) 전승의 표현과 관련해서 특히 중요한 것은, 비구니 승가의 부정적 영향을 붓다의 선언에서 비롯된 것으로 보지 않는다는 점이다. 그 대신 그것은 마하깟사빠가 아난다를 질책하는 방식으로 전개된다.

비구니 승가 설립사의 관점으로 그것을 읽으면 마하깟사빠는 그저 붓다의 선언만을 되풀이하는 것처럼 보인다. 그러나 그것을 그 자체로 따로 읽으면 다른 관점이 떠오른다. 아마 그런 두려움의 감정들은 처음에는 제1차 결집에 관한 서술의 한 부분으로 나타났다가 나중에서야 비구니 승가 설립 역사의 한 부분으로 들어왔을 것이다. 그런 변화는 각각의 율이 구두로 전해지는 가운데 쉽사리 일어날 수 있었을 것이다.

말할 것도 없이, 그런 변화에 따라 이런 두려움들은 자연스럽게 붓다의 말에 그 근원이 있는 것으로 바뀌었을 것인데, 왜냐하면 비구니 승가의 설립에 관한 서술에서 마하깟사빠는 아무런 역할도 하지 않기 때문이다. 제1차 결집의 서술에서 두 주인공은 마하깟사빠와 아난다인 반면, 비구니 승가 설립 역사의 두 주인공은 붓다와 아난다다. 결국 이 다른 무대 설정은 임박한 쇠퇴와 관련된 두려움의 근원을 자연스럽게 마하깟사빠 대신 붓다에게로 돌리게 했을 것이다.

이런 추정에 따르면, 제1차 결집의 서술을 책임진 비구들 사이에서 비구니 승가의 존재와 관련하여 임박한 쇠퇴의 두려움이 발생했는데, 처음에는 그 근원을 마하깟사빠에게 두었을 것이다. 상좌부의 율은 제1차 결집에 관한 설명에서 보다 앞선 시기의 전승을 보존하고 있는데, 여기서는 아난다에 대한 비판이 일군의 무명의 비구들에 의해 제기되고, 마하깟사빠의 발언은 아직 나타나지 않는다.

제1차 결집에 관한 서술은 붓다가 세상을 떠난 뒤 임박한 쇠퇴의 감정을 표현하기에 실로 더할 수 없이 뛰어난 장소인데, 그 쇠퇴의 감정은 승가에 대한 후원의 연속성을 보장할 수 있도록 승가의 제도적 권위를 강화하고 승가를 고대 인도 대중의 눈에 최대한 수용될 수 있게 하는 노력으로 이어지는 것이었다.[66]

임박한 쇠퇴의 두려움은 「대반열반경」의 한 에피소드에 예시되어 있는데, 붓다가 세상을 떠났다는 소식을 듣고 마하깟사빠가 이끄는 무리에 속한 한 비구가 이제는 하고 싶은 대로 마음대로 할 수 있게 되었다고 만족스러워했다는 이야기이다.[67] 같은 에피소드가 제1차

---

66 Sponberg 1992: 13의 설명에 따르면, "널리 공경받고 존경받는 스승의 카리스마는 내적 권위와 외적 인정에 대한 많은 불안들을 막아내기에 충분한 것이었다. 그러나 고따마의 죽음 이후 …… 남성의 권위와 여성의 복종이라는, 인습적으로 용인된 사회적 규범을 유지하고 강화하는 제도적인 구조가 …… 점점 분명해지는 것을 볼 수 있다." Williams 2002: 46 역시 "붓다의 서거 이후" 일어난 태도의 변화에 주목한다. "아내 및 출산자出産者로서의 역할만이 여자에게 가장 보편적이며 수용 가능한 것으로 주어졌던 뿌리 깊은 바라문 전통 사회의 사회적-문화적 규범은 여성의 출현과 그 성취에 의해 도전받고 있었다."

결집의 서술에서도 반복되는데,[68] 이 집회는 바로 그런 태도들에 대응하기 위해 소집되었다고 표현된다. 임박한 쇠퇴의 두려움은 이렇게 명백히 제1차 결집의 맥락 안에 자연스럽게 자리를 잡았다.

이제 제1차 결집의 서술은 마하깟사빠와 아난다 사이의 확연한 대조를 이루게 되었다. 이것은 앞에서 논한 비판들에서 특히 분명하지만, 또한 몇몇 전승들에 보이는 것처럼 마하깟사빠는 처음에 제1차 결집의 참석자에 아난다를 포함시키지 않으려 했다는 사실에서도 명백하다.

설일체유부 전승은, 마하깟사빠는 결집에 참여할 비구들을 선정하고 그에 대한 승가의 승인을 받았는데 그 가운데 아난다는 나중에 고려할 사람으로 넣었다고 전한다.[69] 이것은 아난다가 그 자리에 속하

---

67 DN II 162,29의 DN 16, 산스크리트어 단편 S 360 낱장 239 R4, Waldschmidt 1950: 47, T I 28c14의 DĀ 2, T I 173c27의 T 5 (이 서술에서 해당 비구는 다른 비구들로부터 공박을 당하고 이어서 천신들이 개입하여 그를 제거한다). T I 189b25의 T 6 및 T I 206c20의 T 7 (이 전승에서는 그저 단 한 명이 아니라 명백히 한 무리의 비구들이 그런 생각을 갖고 있다). 「대반열반경」(DN 16)이 제1차 결집에 관해 분명하게 언급하지 않는다는 사실에 대해서는 이해들이 부족하다. 이에 관해서는 Anālayo 2011a: 863 이하 각주 43.

68 T XXII 966b18의 T 1428 법장부 『사분율』, T XXUV 817c17의 T 1463 『비니모경』, T XXII 490a25의 T 1425 대중부 『마하승기율』, T XXII 190b24의 T 1421 화지부 『오분율』, T XXIV 401a19의 T 1451 근본설일체유부 『비나야』 및 상응하는 Waldschmidt 1951: 423,7 (§48.10)의 티베트어 전승, T XXIII 445c29 (447a29도 참조)의 T 1435 설일체유부 『십송율』 및 Vin II 284,26 상좌부 『율장』; 이 중 몇몇 전승들에 관한 비교 검토는 Kumar 2010 참조.

69 T XXIII 447b17의 T 1435.

지 않는다는 메시지를 전하는 듯하다.

상좌부 전승의 설명에서는 마하깟사빠가 참석할 비구들을 선정한 뒤, 다른 비구들이 아난다도 포함해야 한다고 그에게 말했고 그러자 그가 동의했다고 전한다.[70] 이 표현은 제1차 결집의 소집자에게 아난다를 포함하도록 설득해야 했다는 것을 암시한다.

이런 뉘앙스는 법장부, 설산부(?), 그리고 화지부 전승에서 더욱 강해진다. 여기서 마하깟사빠는 아난다를 포함해야 한다는 말에 동의하지 않다가 다른 비구들이 설득한 뒤에야 간신히 그렇게 진행하기로 한다.[71]

대중부 서술에서 그는 아난다를 포함해야 한다는 제안에 동의하지 않을 뿐 아니라, 아난다를 회의에 참석시키는 것을 자랑스런 사자들의 무리에 자칼 한 마리를 들어오도록 하는 것에 비유하기까지 한다.[72]

근본설일체유부 전승에서 마하깟사빠는 아난다가 다른 참석자들에게 물을 날라다 주는 수행원의 역할만을 한다면 아난다를 회의에 포함시키겠다고 동의한다.[73] 아난다는 이것을 받아들였지만, 그럼에

---

70 Vin II 285,11.

71 T XXII 966c24의 T 1428, T XXIV 818a13의 T 1463 및 T XXII 190c2의 T 1421.

72 T XXII 491a22의 T 1425. 나는 이 부분의 "疥瘙野干(옴 걸린 여우)"을 "疥癩野干(문둥병 걸린 여우)"으로 교정한다. 아난다를 경멸적인 방법으로 묵살하는 장면은 T I 175b11의 T 5에서도 보이는데, 여기서 마하깟사빠는 아난다를 "백의白衣", 즉 "재가 신도"로 평하면서, 아직 탐욕스런 생각에 물들어 있는 아난다가 경을 완전히 암송하지 못할 것이라는 우려의 목소리를 낸다.

73 T XXIV 404a9의 T 1451 및 D 6 *da* 304a6 또는 Q 1035 *ne* 288a1의 상응하는

도 불구하고 이어지는 사건들의 한 대목에서 마하깟사빠는 아난다를 밖으로 쫓아낸다.[74] 아난다는 아라한이 된 뒤에야 다시 돌아올 수 있다는 이유였다. 마하깟사빠의 거부가 확실히 촉매로 작용해 아난다가 아라한이 되자, 이 갈등은 근본설일체유부 및 다른 전승에서 다 해결되고, 그래서 그는 결국 제1차 결집에 참가하고 붓다가 설한 법문들을 암송한다.

이 상이한 서술들이 진행되는 방식은 마하깟사빠와 아난다 사이의 대비를 부각시킨다. 붓다의 개인 시자侍者인 아난다와 제1차 결집의 마하깟사빠 사이의 이 대비는 불교 승가 안의 두 계파를 대표하는 것 같다.[75]

티베트어 전승.

74 T XXIV 405c28의 T 1451 및 D 6 *da* 309b1 또는 Q 1035 *ne* 292b5의 상응하는 티베트어 전승; 또한 T XLIX 2a12의 T 2026 및 T XLIX 6b13의 T 2027 참조.

75 Przyluski 1926: 297의 설명에 따르면, "깟사빠가 이미 개혁을 이룬 승가의 지도자였음에도 초기 불교의 이상을 상징한 인물은 아난다였다. 아난다는 무엇보다 …… 모든 이에게 폭넓게 열린 사랑의 종교 안에서 매우 위대한 성인이었다. 수행의 이념은 승가의 지도자에게 또 다른 덕성을 요구하였다. …… 수행자의 거침없는(rude) 에너지를." Migot 1952: 539 역시 이 둘을 연속적인 이념들을 대표하는 것으로 간주한다: "아난다와 마하깟사빠 …… 각 성인이 대표하는 두 경향은 오랜 세월 이어진다." Frauwallner 1956: 162는 "이 결집에 대한 서술에서 …… 아난다와 마하깟사빠의 지위와 연관된 불교 전통의 깊숙한 수정과 재평가"를 발견한다. Bareau 1971: 140 역시 이와 유사하게, "라자가하 결집 때 마하깟사빠가 아난다에게 제기한 유명한 비판은 …… 둘 중 한 명을 보호자(patron)로 택한 승려들의 두 계파 사이의 …… 뒤늦은 갈등을 반영한다"고 지적한다. von Hinüber 2008: 26에 따르면, "붓다가 가장 좋아하는 아난다 …… 붓다의 '열반' 직후 가장 존경받는 비구이자 붓다의 계승자인 마하깟사빠, 이들은 비구

마하깟사빠는 고행주의의 대표적 존재이고 그 자신 금욕적 고행의 가장 뛰어난 수행자이기도 하다.[76] 고행의 가치는 초기 및 후기 불교 사상에서 어떤 경쟁의 장場을 형성한다. 한때는 방종으로 흐르는 경향과 대비되어 칭찬할 만한 것으로 제시되는가 하면, 또 어떤 때에는 해탈을 향한 중도中道의 길을 제대로 찾기 위해서는 피해야 할 두 가지 극단 중의 하나를 상징하는 것이 되기도 한다. 중도 수행이라는 개념의 맥락에서 「사꿀루다이 긴 경(*Mahāsakuludāyi-sutta*)」 및 그에 상응하는 『중아함경』에 보면, 붓다는 자기의 몇몇 제자들보다 그 행동에서 자기가 훨씬 덜 금욕적이라는 사실을 강조했다.[77] 이 점에

승가 안에서 서로 상충하는 두 경향의 우두머리(head)로 간주되었을 것이다." Tilakaratne 2005 및 Laohavanich 2008도 참조.

76 붓다의 뛰어난 제자들의 명단이 기록된 『앙굿따라 니까야』와 『증일아함경』은 엄격한 고행주의적 수행의 실천을 마하깟사빠의 뚜렷한 특징으로 거론하는 점에서 서로 일치한다. 고행의 관점에서 그는 비구들 가운데 가장 뛰어난 인물로 표현된다; AN I 23,18의 AN 1.14 및 T II 557b8의 EĀ 4.2 참조. 이런 측면에서의 그의 탁월함은 Cowell과 Neil 1886: 395,23의 『신성한 비유담』 및 Senart 1882: 64,14의 『대사』에서도 전해진다. 마하깟사빠에 관한 일반적인 내용은 가령 Przyluski 1914: 522-528 (Przyluski 1923: 167-173 및 327-340도 참조), Malalasekera 1938/1998: 476-483, Lamotte 1944/1981: 191 이하 각주 1 및 287 각주 1 (Lamotte 1944/1970: 1399 각주 1도 참조), Waldschmidt 1948: 285-313, Tsukamoto 1963, Bareau 1971: 215-265, Ray 1994: 105-118, Nyanaponika와 Hecker 1997: 109-136, Deeg 1999: 154-168 (Degg 2004도 참조), Karaluvinna 2002, Silk 2003, Wilson 2003, Klimberg-Salter 2005: 541-547, Tilakarame 2005, Lagirarde 2006, von Hinüber 2008: 22-26, Anālayo 2010d: 14-19, 그리고 Tournier 2014.

77 MN II 6,31의 MN 77 및 이에 상응하는 T I 782c20의 MĀ 207.

관한 붓다와 마하빳사빠의 대비가 또 다른 구절의 전면前面에 등장하는데, 여기서 붓다는 마하깟사빠를 특별히 불러 이제 그만 나이를 생각해서 심한 고행을 삼갈 것을 권유하지만 마하깟사빠는 그것을 거부한다.[78]

고행주의의 상징적 존재라는 점 말고도, 마하깟사빠는 바라문의 한 사람으로서 바라문적 사상의 영향을 대표하기도 한다.[79] 이 영향은 제1차 결집의 서술들에서 꽤 분명한데, 여기서 아난다에게 제기된 몇몇 비판들은 실제의 율의 위반이라기보다는 바라문적 선입견에 근거한 것처럼 보인다.[80]

이런 관점에서 보면, 그 창시자가 세상을 떠난 이후 불교 전통의 정체성을 놓고 벌어진 협상의 장場으로서의 제1차 결집은 여기서 승리한 계파가 고행주의와 바라문적 가치의 영향을 받았음을 보여준다.[81] 그 고행주의적 바라문적 계파가 이제 경전의 전승을 책임지게

---

78 SN II 202,16의 SN 16.5, T II 301c13의 SĀ 1141, T II 4166b15의 SĀ² 116, T II 570b6의 EĀ 12.6 (번역 Anālayo 2015 이하), 그리고 T II 746a24의 EĀ 41.5. Tilakarame 2005: 236의 언급을 따르면, "이 문맥에서 마하깟사빠의 행동은 붓다의 제자로서 전형적인 모습이 아니다. 보통의 경우 …… 제자는 스승의 요구를 따를 것이다."

79 Przyluski 1926: 296의 마하깟사빠에 대한 언급에 따르면, "마하깟사빠는 새로운 시대의 인물이었다. 만약 이 인물이 라자가하에서의 결집을 주도하는 것이 승가의 일치된 뜻이었다면, 이는 고대 힌두의 생활지침서인 아란야까(*Āraṇyaka*)의 권위자인 그가 초기 불교의 수정修正에 막대한 바라문적 영향을 끼쳤기 때문임이 틀림없다."

80 초기 불교 수행에서의 바라문적 영향에 관한 일반적인 내용은 Oberlies 1997 참조.

되었고, 그 결과 그들의 관점, 그들의 두려움이 오늘날 우리가 보는 경전에 결정적인 영향을 끼치는 사태를 피할 수 없게 되었다는 것, 제1차 결집의 서술은 그런 뜻을 암시한다.

비구니 승가에 대한 부정적 평가가 그 둥지를 찾은 것은 이런 환경에서였을 것이다. 공양물의 부족이든 신도들로부터의 공경심의 결여든 아니면 다른 종교 그룹과의 경쟁이든, 쇠퇴에 대한 오만가지 두려움들은 그 문제를 일으킨 원흉元兇 역할을 맡게 된 비구니들에게 투사投射되었다.

비구니 승가의 핵심 문제는 짐작컨대 승가 전통의 대중적 이미지였을 것이다.[82] 바라문적 가치의 관점에서 보면, 결혼을 해서 가정에 머물지 않고 출가한 여자란 수상쩍은 존재다.[83] 이것은 바라문적 이념, 즉 남성 고행자의 성공 여부는 여자를 멀리하는 데 따라 측정될 수 있다는 이념의 힘과 결합하여 상승작용을 낳았다.[84] 이 두 경향은

---

81 Hüsken 2001: 85은 "불교의 가르침이나 내용과는 직접 관련이 없는 행동이라 하더라도, 재가 신도의 감정이나 민감한 부분을 자극하지 않도록 조심한다는 것을 보여 줄" 필요가 "비구니에게 주어진 수행 규율의 일반적인 특징"이었음을 강조한다.

82 Nagata 2002: 285에 나오는 말에 따르면, "문제는 이것이었다. '비구니를 포함한 불교 승가가 재가 신도의 존경을 누릴 수 있을까?'"

83 예컨대, 고대 인도의 국가론인 『아르타샤스뜨라(*Arthasāstra*)』 2.1.29, Kangle 1960/2006: 33,12 참조. 여기에는 여성의 출가를 금지하는 것을 포함해 여러 규칙들이 있다; 위 p.173 이하도 참조.

84 이것을 아주 잘 보여주는 사례는 초기 경전에 나오는 바꿀라(Bakkula)라는 비구인데, 그는 비구니를 절대로 가르치지 않거나 비구니에게는 인사도 하지 않는 것을 스스로 자랑스러워 했다; MN III 126, 20의 MN 124 및 이에 상응하는

비구니 승가의 존재와 갈등을 일으켰다.

고대 인도의 환경에서 결혼하지 않은 여성이 처한 위태로운 상황 때문에, 비구와는 달리 비구니들은 외딴 장소에서 살 수 없었고 대부분 도시에서 살았다.[85] 이것은 도리어 그들을 특별히 대중의 눈에 띄게

T I 475b22의 MĀ 34, 그리고 이에 관한 논의는 Anālayo 2007 참조. 이 두 경전 모두에서 암송자는 그의 이런 행동을 경이롭고 훌륭한 자질로 강조하면서, 나아가 그 행동을 본받아야 할 모범적인 아라한으로 표현한다. 이 경의 마지막 부분에 이르러서는, 위 p.19 이하에서 논의했던, 비구니에 대한 부정적 태도가 분명한 「난다까의 교계경」에서 난다까가 비구니들을 가르칠 자기 차례를 지키지 않은 그 사건을 칭송할 만한 행동으로 여기는 데에까지 이른다. 이와 똑같은 경향의 또 다른 모습은 여성을 불순하다고 강조하는 것이다. Lamotte 2015: 25의 지적에 따르면, "여성의 불순함에 대한 레토릭은 남성 수행자의 목표가 여성의 육체적 현존을 극복하고 저항하는 데에 있는 것으로 정의한다." Jamison 1996: 16이 강조하는 바에 따르면, 이 뒤에는 하나의 패턴이 놓여 있는데, 즉 "성적 책임(또는 그런 어떤 것)으로부터 남성을 면제시키고", 그럼으로써 "이상적인 남성의 형상은 절대로 성적인 것을 추구하지도 않고 심지어는 그런 것이 제공되었을 때에도 그것을 반기지 않는 성적 피해자가 된다. …… 욕망이 없는 고행자로서의 이미지를 보존하기 위한 이념적 노력은 여성에게 '적극적 섹슈얼리티'를 위치 지우는 것으로 이어졌다."

85 인도의 비구니들이 도시에 정착해 살아간 경향성에 대해서는 Schopen 2009a 및 2009b 참조; 비구니들의 이동성이 덜한 것에 대해서는 Deeg 2005b: 145 이하 참조, 또한 스리랑카에서의 그와 유사한 상황에 대해서는 Trainor 1997: 87 이하 각주 75 참조. 이어지는 상황 전개와 관련해서 Schopen 2009b: 378의 관찰에 따르면, "비구니가 도시 환경에서 살아야 했다면 도시 생활의 타락과 부패는 그들과 그 제도에 특별한 위험을 안겼을 것이다. 실제로 북인도의 비문碑文 기록들에 나오는 비구니들의 사라짐은 과연 그곳 도시 붕괴의 마지막 국면과 일치하는 것 같다." 이런 도시 붕괴와 관련해서 Sharma 1987: 130 이하 설명에

했고, 따라서 그들의 행동 또는 존재 그 자체만으로도 대중의 마음에 강한 영향을 끼치게 되었다. 실제로 여러 비문碑文의 기록들을 보면, 인도의 비구니들은 상당한 경제적 능력을 갖추어 불교의 여러 제례祭禮 행사들에서 적극적이고 두드러진 보시를 할 수 있었다고 한다.[86]

따르면, "현재 남은 3세기 전반과 후반의 불교 및 기타 자료들을 비교하면 도시 붕괴의 지표를 얻을 수 있다. 그것은 두 국면으로 나타나는데, 첫 번째는 3세기 이후고 두 번째는 6세기 이후다." "도시 활동"과 관련해서는, "6세기 이후 도시 활동은 정지되었거나 최소화 되었으며" "초기의 역사를 지닌 마을들의 발굴을 통해 대부분 그 구조가 붕괴하거나 사라졌음을 알 수 있다." Sharma 1987: 162의 결론에 따르면, "마을이 붕괴하면 자연스럽게 근방의 사찰들도 붕괴했다. 대안적인 후원의 근원이 없는 상태에서 오래된 사찰들도 사라져갔다. 사찰은 불교의 구체적이고도 물리적인 표현이었기 때문에, 그러한 붕괴는 파시엔(Fa-Shien, 法顯) 같은 중국인 순례자들, 특히 쉬엔장(Hsüan Tsang, 玄奘) 같은 순례자의 각별한 관심을 끌었다." 불교의 비구니와 그 전체적인 전통이 결국 사라지게 된 데에 기여한 또 다른 요인은 박해였을 것이다. Verardi 2011 참조.

86 Schopen 1988/1997: 248 이하는 보시 비문에 기록된 비구니들의 상당히 많은 숫자를 검토한다. Schopen 1996/2004: 329 이하 및 Kieffer-Pülz 2000: 302 이하는 많은 곳에서 수행자가 보시한 것으로 기록된 비문들의 최소한 반 이상을 비구니들이 차지하고 있음을 강조한다. Schopen 2014도 참조. Hüsken 2006: 214의 결론에 따르면, "비문을 통해 우리는 비구니들이 승가에 경제적으로 지적으로 실로 큰 영향을 끼쳤음을 알 수 있다." 비문에 언급된 비구니들에 대한 조사는 Skilling 1993 참조 (Skilling 2011/2015: 168도 참조). 특히 산치(Sāñchī) 비문의 비구니에 대한 언급은 Khan 1990, Barnes 2000 및 Milligan 2015, 그리고 까나가나할리(Kanaganahalli) 비문에서의 언급은 Nakanishi와 von Hinüber 2014: 19, 31, 42 이하, 49, 62, 65, 106, 109 참조; 초기 스리랑카 비문들에서의 비구니에 관해서는 Gunawardana 1988: 1-3; 인도 예술에서의 불교 여성들에 관해서는 Rao 2012 참조. Findly 2000: 95에 따르면, "여성 후원자들에 관한 문헌 및

이처럼 눈에 띄게 영향력 있는 비구니들의 지위는 그들을 가능한 대로 최대한 통제해야 할 필요성뿐 아니라 그들에 대한 원한과 경쟁의 감정이 생겨난 이유를 말해 준다. 그런 관점에서 보면, 초창기의 불교 전통이 겪은 모든 불행을 비구니의 존재 탓으로 돌리기 시작하는 것은 그저 하나의 작은 발걸음에 지나지 않는다.

요약

비구니 승가 설립의 역사 서술들은 비구니 승가의 탄생이 붓다의 교단이나 가르침의 지속 기간을 천 년에서 오백 년으로 단축시킬 것이라는 붓다의 예언을 모두 똑같이 기록한다. 이 예언은 비구니 승가 설립에 관한 모든 전승들에서 발견되긴 하지만, 또 한편 이것은 비구니 승가의 존재는 붓다의 교단에 필수불가결한 요소라는 다른 수많은 경전의 구절들과 직접적으로 어긋나는 것이기도 하다.

제1차 결집에 관한 율의 서술에서 아난다에게 제기된 상이한 비판들을 검토해 보면, 쇠퇴의 두려움과 비구니들에 대한 부정적 태도는 이 1차 결집의 맥락 안에서 비롯되었다는 인상을 받는다. 구두 전승이 진행되는 동안 이런 태도들이 비구니 승가 설립 역사의 한 부분으로 옮아왔고 그에 따라 불가피하게 붓다 자신이 이런 태도의 근원이 되었다.

비문에서의 언급은 바라문적 맥락에서보다는 불교적 맥락에서인 경우가 훨씬 많다." 인도 비문에서의 여성 일반에 관한 것은 Shah 2001, 그리고 인도 예술에서는 Bawa 2013 참조.

제1차 결집에 관한 서술들은 스스로를 붓다의 가르침의 수호자로 내세우면서 고행의 이념과 바라문적 가치를 옹호하는 승려들의 성공을 과시한다. 이것은 가치와 방향의 급격한 변화를 반영한다. 그 변화는 붓다의 죽음 이후 승가에 심각한 충격을 가했고, 모든 비구니 승가 설립 역사에 갖가지 형태로 선언되는 비구니에 대한 점증漸增하는 부정적 태도라는 특히 두드러진 결과를 담고 있었다.

결론

비구니 승가 설립의 역사에 관한 일곱 주요 전승들의 비교 연구는 초기 불교 경전들에 일반적으로 스며 있는 여성에 대한 다양한 목소리들을 보여주는 동시에 텍스트의 점진적인 성장 과정을 암시한다. 상이한 전승들이 공유하는 기본 줄거리는 다음과 같을 것이다.

깨달음으로 나아가는 금욕적인 삶에 매진할 소망을 품고 마하빠자빠띠 고따미는 여성의 출가를 허가해 줄 것을 청원한다. 붓다는 거절한다.

마하빠자빠띠 고따미와 그녀의 동료들은 머리를 깎고 가사를 입는다. 붓다가 유행을 떠나자 그들은 붓다를 따라간다. 아난다가 그들을 위해 나서서 원칙적으로 여성도 깨달음에 이를 수 있다는 주장을 펼친다. 붓다는 여성들을 승가에 들어오도록 허락한다.

이 허가에는 새로 수립된 비구니 승가가 기존 비구 승가와의 소통 문제에서 서로 어떻게 협력할 것인지에 대한 지침들이 수반된다. 불교 승가가 대중의 눈에 여자는 많고 남자가 적은 가정집처럼 보이는 걸 방지하기 위해 이 지침들은 자기 집안의 남자들로부터 보호를 받는 여성이라는 일반적인 모델을 따랐는데, 이는 아마도 고대 인도의 환경에서 비구니들이 욕정적인 사내들의 만만한 대상으로 보이는 것을 방지하기 위한 시도였을 것이다. 이 지침들의 보호적 기능은 물을 담아두는 제방堤坊의 이미지로 예시되는데, 이것은 여성이 그들의 잠재력을 깨달음으로 실현시키기 위해 필요한 정신적 능력의 축적을 뜻하며, 강을 건널 수 있게 하는 다리나 배의 이미지로 나타나기도 한다.

이런 규정들을 통보받고 마하빠자빠띠 고따미는 화환을 받아 머리에 쓰는 사람에 견줄 만한 즐겁고 공손한 태도로 그것을 받아들인다.

이 기본 줄거리는 전승의 과정에서 여러 방식의 변형을 겪은 것 같다. 아직 남아 있는 몇몇 비구니 승가 설립 역사 전승들의 묘사에 따르면, 애초 붓다의 거절은 하나의 대안 제시와 함께 이루어졌던 것인데, 그 대안이란 마하빠자빠띠 고따미와 그 동료들이 실제 머리를 깎고 가사를 입는다는 것으로서 또 다른 전승들의 기록 정도로만 남아 있다.

아마도 초기 서사의 한 부분이었을 이 기록에 따르면, 붓다는 마하빠자빠띠 고따미와 그 동료들이 머리를 깎고 가사를 입도록 허락함으로써 그들로 하여금 보다 안전하게 보호된 집안의 환경 속에서 금욕적인 삶을 살게 한 것이 분명하다. 이것은, 붓다가 그들의 출가를 거절한 것은 여성들이 출가하여 집없는 유랑자가 되면 금욕적인 청정범행의 삶이 위험에 빠질 수 있으므로 아직은 그런 조건이 무르익지 않았다는, 오히려 그의 염려에 기인한 것이라는 해석을 낳는다.

몇몇 전승들에서의 붓다와 아난다 사이의 대화는 「보시의 분석경」 및 그에 상응하는 경들에 현재 보이는 에피소드에서 비롯되었을 자료를 포함하는데, 여기서 아난다는 계모에 대한 붓다의 보은報恩 문제를 제기한다.

상호 소통을 어떻게 할 것인지에 대한 지침들은 평생에 걸친 '무거운 법(*gurudharma*)'으로 변하고 그에 따라 비구니를 종속시키고 통제하는 수단이 되고 말았다. 비구니에 대한 부정적 태도는 마하빠자빠띠 고따미가 먼지를 뒤집어쓰고 우는 모습에 대한 묘사, 그리고 날씨나 병충해로 망가진 논밭의 비유 등으로 표현된다. 이런 비유들은 비구니들이 처한 위험한 상황의 예시로서 나온 것이었는데, 최종적으로는 오히려 비구니들 자신이 위험의 근원이라는 메시지를 청자에게 전하는 형태로 바뀌고 말았다.

이 위험성은 몇몇 전승에서 보다 노골적인 표현을 드러낸다. 이런 전승에서는 비구니 승가를 기존 승가 전체가 받았던 지원과 존경의 부족을 초래하고 또 비非불교 그룹과 경쟁하게 만든 원흉으로 여긴다. 이런 부정성의 몇몇 분출은 여성의 다섯 가지 불가능성이라는 모티프와 결합하기도 한다.

비구니에 대한 그런 부정적 태도는 비구니의 존재야말로 불교 교단의 수명을 천년에서 오백 년으로 단축시킨다는 주장에 초점을 맞춘다.

이 이야기는 아마 제1차 결집에 관한 서술의 한 부분에서 유래했을 것인데, 그 결집에서 비구들은 쇠퇴가 임박했다는 두려움에 자연스럽게 휩싸였던 것이다. 제1차 결집에서는 또한 태도의 급격한 변화도 부각되는데, 여기서 금욕주의적 이상과 바라문적 가치를 옹호하는 계파가 주도권을 쥐고 붓다의 가르침을 전하는 데에 자신들의 통제권을 주장한 것이다. 이 급격한 태도 변화야말로, 가령 비구니들에게 거리를 두는 태도로부터 그들을 모든 문제 발생의 희생양으로 삼는 것, 나아가 전통의 전면적인 쇠퇴를 초래한 원인으로 여기는 것에 이르기까지, 비구니 승가 설립 역사의 모든 전승들에 뚜렷이 보이는 갖가지 부정적 평가의 배후에 숨어 있는 중심 동력일 것이다.

좀 더 폭넓은 관점에서 보면, 고행주의적-바라문적 가치에 대한 긍정적 태도로의 이 변화는 붓다가 세상을 떠난 이후 불교 전통의 전개에 여러 다른 방식으로 영향을 끼쳤다. 고대 인도에 널리 공유되었던 그런 가치와 태도로 회귀하는 것은 창시자의 죽음 이후 불교 전통의 존속을 보장하기 위한 필요에서 나온 결론이었을 것이다. 이상적인 고행에 대한 대중의 기대를 충족시키고 바라문적 감성에 위배되는 것을 최소화한 불교 수행자가 대중의 눈에 많이 보이면 보일수록 물질적 후원을 얻는 것도 그만큼 쉬웠을 것이다.

이 결론들은『보살 사상의 기원』및『아비달마의 여명』에서 내가 검토한 두 가지 궤도軌道[1]와 함께 초기의 고전적 자료들에 대한 비교 연구의 가치를 보여주는데, 이 비교 연구는 창시자가 세상을 떠난 뒤 초창기 불교 전통이 어떻게 전개되었는지 알려주는 세 가지 중요한 경향들을 이해하기 위한 것이다.

이 세 가지 경향 중 하나는 붓다의 점차적인 신격화로서, 붓다의 놀랍고도 경이로운 자질을 점점 강조하다가 마침내 그가 먼 과거에 이미 장차 붓다가 될 거라는 수기授記를 받았다는 관념에까지 이른다. 이것은 누군가 미래의 붓다가 될 열망을 지닌 사람은 과거의 붓다(들)로부터 그에 해당되는 예언을 받을 것이라는 관념의 형성과 결합하여, 결국에는 정신적 열망의 주요 목표로서의 '보살'이라는 일반적 관념으

1 Anālayo 2010b 및 2014c.

로 귀결된 듯하다. 보살 사상은 불교 전통에서 상당한 중요성을 가졌고 지금도 그러하며, 후대의 문헌들에도 많은 영향을 끼쳤다.

또 다른 궤도는 진리(Dharma)를 종합적으로 표현하고 자세하게 기록함으로써 깨달음에 이르는 완벽한 지도를 만들고자 하는 노력에서 유래했을 것이다. 종합을 향한 이 충동은, 붓다는 전지전능했다는 점점 진화하는 개념을 반영한다. 그런 선언들은 애초에는 주석서 형태로 노출되었을 것이 점점 그 나름대로 하나의 거대한 기획으로 바뀌어 마침내 붓다의 모든 가르침 가운데 최고라고 여겨지는 '아비달마(Abhidharma)'가 되었다. 이 개념은 아비달마 문헌들 및 그 주석서들의 발전에 핵심적인 것이었고, 불교 전통에서 여전히 상당한 중요성을 가지고 있다.

비구니 승가 역사에서 뚜렷한 세 번째 궤도는 불교 승가 안의 금욕적이고 바라문적인 가치의 영향을 보여준다. 이에 따라 남성 수도자들은 점점 그들의 여성 형제들을 어떤 위협 및 공공의 문제거리로 인식하게 되었다. 이런 태도는 이미 율의 문헌들에서 명백하며 주석서의 해설들에도 매우 널리 퍼지게 되었다. 이 경향 역시 불교 전통에서 여전히 상당한 영향력을 지니고 있다.

이러한 세 가지 궤도를 따르는 동안, 붓다의 인간애(humanity), 제도制度를 만들기 위한 게 아니라 해탈의 길을 가기 위한 가르침의 실용성(pragmatism), 그리고 무량한 중생 제도濟度라는 기본적인 메시지는 가볍게 사라지고 말았다.

이것으로 초기 문헌들에 대한 비교 연구를 바탕으로 붓다, 법, 그리고 승가와 관련된 전개 과정의 탐색을 마친다. 나의 이 연구가 불교의 세 가지 중심적인 기준점基準點이 형성되고 발전하는 초기 단계와 관련해서 지속가능한(viable) 가설들을 낳았기를 바란다. 또 내 표현을 다듬고 내가 저질렀을 실수와 누락 등을 수정할 앞으로의 연구와 토론의 출발점을 제공했기를 바란다.

번역*

법장부(法藏部, Dharmaguptaka) 전승 『사분율四分律』[1]

한때 부처님께서 삭까(Śākyas)〔국〕의 니그로다 원림에 계셨다. 그때 마하빠자빠띠 고따미가 삭까의 여인 오백 명과 함께 세존께 나아가 부처님 발에 머리를 조아리고, 한쪽에 서서 여쭈었다.

"바라옵건대 세존이시여, 여자들도 불법에 출가하여 도를 닦도록 허락해 주옵소서."

부처님께서 말씀하셨다.

"그만두시오. 고따미여, 여자들이 출가해서 도를 닦기 원한다는 말을 하지 마시오.[2] 왜 그러한가? 여자들이 불법 안에 출가하여 도를

---

* 이 책에서 경전의 영어 번역문을 한국어로 옮기는 데에 기존의 한국어 번역이 있는 경우, 동국대 동국역경원의 『통합대장경』(https://kabc.dongguk.edu/index)을 참조하면서 저자의 문체와 용어를 반영하여 새롭게 번역했다. 『맛지마 니까야』와 『앙굿따라 니까야』는 대림스님의 번역(초기불전 연구원, 2007/2012)을 일부 수정·사용하였다. 감사드린다. 영어 번역과 한국어 번역에 차이가 있을 때는 저자의 해석을 따랐다.

1 이 번역의 저본底本은 T XXII 922c7-923c12의 T 1428. 이 번역문은 「보디 번역위원회(The Bodhi Translation Committee)」 2014에서 온라인 출판되었다.

2 "未"가 추가된 이본異本의 문장을 채택함 ("欲令女人出家爲道" → "未欲令女人出家爲道").

닦으면, 불법이 오래 가지 못할 것이오."

그러자 마하빠자빠띠 고따미는 부처님의 이 말씀을 듣고 부처님 발에 머리를 조아리고, 세 번 돌고 물러갔다.

이에 부처님께서는 삭까[국]을 떠나 1,250 명의 제자들을 거느리고, 세간을 유행遊行하시었다. 꼬살라(Kośala)국에 이르신 뒤 다시 꼬살라국에서 사왓띠(Śrāvastī, 舍衛城)의 제따와나(Jetavana, 기원정사, 祇園精舍)로 돌아오셨다.

그때 마하빠자빠띠 고따미는 부처님께서 제따와나에 머물고 계시다는 말을 들었다. 마하빠자빠띠 고따미는 삭까의 여자들과 함께 머리를 깎고 가사袈裟를 입고 사왓띠의 제따와나로 갔다. 그들은 길을 걷느라 발이 부르트고 온몸에 먼지를 뒤집어쓴 채 문밖에 서서 울고 있었다.

그때 아난다가 이를 보고 그 곁에 가서 물었다. "고따미여, 무슨 까닭에 삭까의 여인 오백 명과 함께 머리를 깎고 가사를 입고, 걷느라고 발이 부르트고 온몸에 먼지를 뒤집어쓴 채 울고 계십니까?"

그녀가 대답했다. "우리 여자들은 불법 안에 출가하여 구족계를 받을 수 없습니다."

아난다가 말했다. "잠시 기다리십시오. 제가 부처님께 가서 대신 말씀드리고 허락을 받아오겠습니다."

그때 아난다가 세존께 나아가 부처님 발에 머리를 조아리고, 물러나 한쪽에 서서 여쭈었다. "바라옵건대 세존이시여, 여자들도 불법 안에 출가하여 도를 닦게 해주옵소서."

부처님께서 아난다에게 말씀하셨다. "그만두라. 불법 안에 출가하여 도를 닦게 해 달라는 말을 하지 말라! 왜 그러한가? 여자들이 불법에 출가하여 구족계를 받으면 불법이 오래 가지 못하리라.

아난다여, 비유하건대 어떤 집에 남자가 적고 여자가 많으면 그 집은 곧 망할 것임을 알 수 있다. 이처럼 여자들이 불법에 출가하여 구족계를 받으면 불법이 오래 가지 못하리라.

또 어떤 좋은 논밭에 서리와 우박이 내리면 즉시 파괴되는 것처럼, 여자들이 불법 안에 출가하여 구족계를 받으면 불법이 오래 가지 못하리라."

아난다가 부처님께 말씀드렸다. "마하빠자빠띠 고따미는 부처님께 큰 은혜를 주셨습니다. 부처님의 어머님께서 세상을 떠나신 뒤에 부처님께 젖을 먹이어 기르셨습니다."

부처님께서 아난다에게 말씀하셨다. "그렇다. 참으로 그렇다. 그는 나에게 큰 은혜를 베풀었다. 내 어머님이 세상을 떠나신 뒤 내게 젖을 먹이어 기르시고 나를 자라게 하셨다. 나 역시 마하빠자빠띠 고따미에게 큰 은혜를 주었다.

어떤 사람이 누군가로부터 부처와 법과 승가를 알게 되면 그 은혜는 갚기 어렵다. 그 은혜는 옷·밥·평상·침구·약품으로 갚을 수 없다. 내가 세상에 나와서 마하빠자빠띠 고따미로 하여금 부처와 법과 승가를 알게 한 것도 이와 같다.

또 어떤 사람이 누군가로부터 부처와 법과 승가에 대한 신심信心을 얻게 되면 그 은혜는 갚기 어렵다. 그 은혜는 옷·밥·평상·침구·약품으로 갚을 수 없다. 내가 세상에 나와서 마하빠자빠띠 고따미로 하여금 부처와 법과 승가에 대한 신심을 얻게 한 것도 이와 같다.

또 어떤 사람이 누군가로부터 부처와 법과 승가에 귀의하게 되어,

다섯 가지 계율을 받아 지니고, 괴로움(苦)·괴로움의 원인(集)·괴로움의 다함(滅)·괴로움의 다함에 이르는 길(道)을 알게 되고, 괴로움·괴로움의 원인·괴로움의 다함·괴로움의 다함에 이르는 길에 의심이 없게 되어, 어떤 악처에도 다시 태어날 〔가능성을〕 뿌리 뽑고, 〔최대〕 일곱 생生 안에 낳고 죽는 괴로움을 끝내고 정도正道에 들 것이 결정된, '흐름에 든 과보(예류과預流果)'를 얻는다면, 아난다여, 이런 사람의 은혜는 갚기 어렵다. 그 은혜는 옷·밥·평상·침구·약품으로 갚을 수 없다.

내가 세상에 나와서 마하빠자빠띠 고따미로 하여금 삼귀의三歸依의 계를 받게 하고 …… 정도正道에 들 것이 결정되도록 하는 것도 이와 같다."

아난다가 부처님께 말씀드렸다. "여자들이 불법 안에 출가하여 계를 받으면, 예류과 내지 아라한과를 얻을 수 있나이까?"

부처님께서 아난다에게 말씀하셨다. "얻을 수 있느니라."

아난다가 부처님께 말씀드렸다. "여자들이 불법 안에 출가하여 구족계를 받아 예류과 내지 아라한과를 얻을 수 있다면, 여자들이 출가하여 구족계를 받도록 세존께서 허락해 주옵소서."

부처님께서 아난다에게 말씀하셨다. "이제 여자들에게 목숨이 다하도록 어기지 말아야 할 여덟 가지 무거운 법(eight principles, 八不可過法)을 제정하나니, 능히 행할 수 있는 자는 계를 받게 하라. 어떤 것이 여덟 가지인가?

1)[3] 비록 〔계를 받은 지〕 백 년이 된 비구니라 하더라도 새로 계를 받은 비구를 보면 일어나서 맞이하고 예를 표하고 깨끗한 자리를

권하여 앉게 할지니, 이 법을 존중하고 공경하고 찬탄하여 목숨이 다하도록 어기지 말라.

2) 비구니는 비구를 욕하거나 책망하지 말아야 하며, '계를 범했다. 정견正見을 깨뜨렸다. 품위를 깨뜨렸다'고 악담하지 말지니, 이 법을 존중하고 공경하고 찬탄하여 목숨이 다하도록 어기지 말라.

3) 비구니는 비구의 죄를 드러내거나 기억시키거나 자백시키지 못하며, 비구가 남의 죄를 찾아내거나 계를 설하거나 자자(*prāvaraṇā*, 自恣; 안거가 끝날 때 행해지는 것으로 자신의 잘못을 참회하는 기회를 주는 것)하는 것을 막지 못한다. 비구니는 비구를 꾸짖지 못하고 비구는 비구니를 꾸짖을 수 있나니, 이 법을 존중하고 공경하고 찬탄하여 목숨이 다하도록 어기지 말라.

4) 이 년 동안 계를 배운 식차마나(*śikṣamānā*, 式叉摩那; 출가하여 구족계를 받기 전에 이 년 동안 여섯 가지 법을 공부하는 여자 수행자)는 비구에게 구족계를 받을지니, 이 법을 존중하고 공경하고 찬탄하여 목숨이 다하도록 어기지 말라.

5) 비구니가 만일 승가바시사(*Saṃghāvaśeṣa*, 僧伽婆尸沙; 승잔죄僧殘罪를 말함. 바라이波羅夷죄 다음가는 무거운 죄로서 여러 스님들에게 참회하여 허락하면 구제될 수 있는 계법)를 범했으면 마땅히 이부 대중(비구와 비구니)에게 보름 동안 참회(*mānatva*)를 행할지니, 이 법을 존중하고 공경하고 찬탄하여 목숨이 다하도록 어기지 말라.

6) 비구니는 보름마다 비구 승가에 가르침(*ovāda*)을 청할지니, 이

---

3 여기서부터 이하 다른 전승들에서의 '여덟 가지 무거운 법(*gurudharma*)'을 열거하는 경우 효과적인 비교를 위해 번호를 매긴다. 이 번호는 원문에는 없는 것이다.

법을 존중하고 공경하고 찬탄하여 목숨이 다하도록 어기지 말라.

7) 비구니는 비구가 없는 곳에서 여름 안거(*varṣa*)를 하지 말지니, 이 법을 존중하고 공경하고 찬탄하여 목숨이 다하도록 어기지 말라.

8) 안거를 마치면 비구니는 비구 승가 앞에서 본 것과 들은 것과 의심쩍은 것의 세 가지에 대해서 자자(*prāvaraṇā*)를 청해야 하나니, 이 법을 존중하고 공경하고 찬탄하여 목숨이 다하도록 어기지 말라.

아난다여, 이제 이와 같이 어겨서는 안 되는 여덟 가지 무거운 법을 선언하노라. 여자가 능히 이를 행할 수 있다면 계를 받을 수 있느니라.

마치 어떤 사람이 큰 강에다 다리를 놓고 건너는 것과 같다. 아난다여, 이와 같이 어겨서는 안 되는 여덟 가지 무거운 법을 선언하노라. 그들이 능히 이를 행할 수 있다면 계를 받을 수 있느니라."

이에 아난다는 부처님의 분부를 듣고 바로 마하빠자빠띠 고따미에게 가서 말했다. "여자들도 불법 안에 출가하여 구족계를 받을 수 있습니다. 세존께서 여자들을 위하여 어기지 말아야 할 여덟 가지 무거운 법을 제정하시고, '능히 행하는 자는 계를 받을 수 있다' 하셨습니다." 그리고 위의 일을 자세히 말했다.

마하빠자빠띠 고따미가 말했다. "세존께서 여자들을 위해 어기지 말아야 할 여덟 가지 무거운 법을 제정하셨다면, 나와 이 오백 명의 삭꺄 여자들은 모두 받들어 행하겠습니다.

아난다여, 마치 어떤 깨끗하고 잘 꾸민 젊은 남자나 여자를 다른 어떤 사람이 머리를 감기고 대청으로 인도한 뒤에 연꽃 화관이나, 아희물다꽃(阿希物多, *atimuktaka*) 화관이나, 첨복꽃(瞻蔔華, *campaka*)

화관이나, 수마나꽃(修摩那華, *sumanā*) 화관이나, 혹은 바사꽃(婆師華, *vārṣika*) 화관을 가져다 그 젊은 남자나 여자에게 주는 것과 같습니다. 화관을 받아 그들은 자기의 머리 위에 단단히 얹습니다.

아난다여, 나와 이 오백 명 삭꺄의 여자들은 세존께서 여자들을 위해 선포하신 어기지 말아야 할 여덟 가지 무거운 법을 이와 같이 받들어 행하겠습니다."

이에 아난다는 다시 세존께 나아가 〔부처님〕 발에 머리를 조아리고, 물러나 한쪽에 서서 여쭈었다.

"세존께서 여자들을 위해 어기지 말아야 할 여덟 가지 무거운 법을 선포하시니, 마하빠자빠띠 고따미〔와 오백 명의 삭꺄 여인들〕가 듣고 받들어 지니면서 말하되, '마치 어떤 깨끗하고 잘 꾸민 젊은 남자나 여자를 다른 어떤 사람이 머리를 감기고 대청으로 인도한 뒤에 온갖 화관을 가져가 그에게 주면, 그가 두 손으로 받아서 단단히 머리에 얹는 것과 같다'고 하였나이다."

〔부처님께서 아난다에게 말씀하셨다.〕 "아난다여, 이렇게 하여 마하빠자빠띠 고따미와 오백 명의 삭꺄 여인들은 계를 받았느니라."

〔더 나아가〕 부처님께서는 아난다에게 말씀하셨다. "만일 여자들이 불법 안에 출가하지 않았다면, 불법이 오백 년은 더 오래 지속될 것이었으리라."[4]

---

4 원문은 "佛法當得久住五百歲" T XXII 923c10의 T 1428. 이 표현에 문제가 없는 건 아니다. 그래서 Nattier 1991: 30 각주 12에서 이 문장을 다음과 같이 번역한 것도 이해할 만하다. "불법이 오래 〔즉〕 오백 년을 지속할 것이었다." Kajiyama 1982: 57도 비슷하게, 불법이 "이 세상에 오백 년간 남았을 것이었다"라는 의미로

아난다가 이 말씀을 듣고 마음이 편하지 않아 깊은 후회에 빠져 슬피 눈물을 흘리면서 부처님 발에 머리를 조아리고, 세 번 돌고 물러갔다.

이 구절을 해석했다. 그러나 그보다는, 불법이 "오백 년 더" 지속될 것이었다는 의미로 읽는 것이 문맥에 잘 어울릴 것으로 보인다. 이것은 여자의 출가가 허용됨으로 인해 불법이 오백 년 단축될 것이라고 하는 다른 전승들과도 일치한다. 다만 이 전승들은 비구니 승가가 설립되지 않았다면 불법이 천 년간 지속될 것이라는 것을 분명하게 언급하지 않는다는 점에서만큼은 나의 해석과 다르기는 하지만 말이다. 실제로 「보디 번역위원회」 2014: 5에서는 이 구절을 이렇게 옮기고 있다: 불법의 "현존이 오백 년 연장되었을 것이다."

설산부(雪山部, Haimavata) 전승(?) 『비니모경(毘尼母經, *Vinayamātṛkā*)』[1]

그때 부처님께서는 삭꺄의 원림에 계셨다. 이에 마하빠자빠띠 고따미가 삭꺄의 여인들 오백 명과 함께 부처님이 계신 곳으로 나아갔다. 도착한 후 머리를 땅에 대고 부처님의 발에 조아리고 나서 부처님께 여쭈었다. "세존이시여, 우리 여인들도 부처님 법 안에 출가할 수 있습니까?"

부처님께서 말씀하셨다. "나는 여인이 출가하는 것을 허락하지 않소." 이 말을 듣고 그녀는 머리를 숙여 눈물을 흘리며 떠나갔다.

그 뒤 세존께서는 삭꺄의 원림으로부터 사왓띠의 제따와나로 향하셨다. 고따미와 오백 여인들은 부처님께서 제따와나로 향하셨다는 소식을 듣고, 스스로 그 몸이 불법 가운데 있지 않음을 개탄하면서 마음속에 슬픔과 괴로움을 품고, 각자 머리를 깎고 가사를 입고 부처님의 뒤를 따라갔다. 제따와나에 도착하여 밖에 서서 아난다 존자를 만났다. 아난다는 〔자신의〕 어머니와 여러 여인들에게 물었다. "우바이(優婆夷: 여신도)들은 어찌하여 머리를 깎고 스스로 가사를 입고 안색이 파리하고 침울합니까?"

〔그의〕 어머니와 다른 여인들이 대답하였다.

"우리가 슬픈 까닭은 세존께서 여인의 출가를 허락하시지 않기 때문입니다. 그래서 우리의 안색이 침울한 것입니다."

아난다가 말했다. "잠깐만 기다리십시오. 세존께 말씀드려 보겠습니

---

1 이 번역의 저본은 T XXIV 803a22-803b24의 T 1463.

다.” 아난다는 곧바로 〔제따와나로〕 들어가 세존께 여쭈었다. “이 우바이들이 출가하고자 합니다. 세존께서는 부디 허락하여 주십시오.”

부처님께서 아난다에게 말씀하셨다.

“내가 여인의 출가를 허락하지 않은 이유는 마치 세속의 집에 남자가 적고 여자가 많으면 가업家業이 반드시 무너지는 것과 같다. 〔마찬가지로〕 나의 가르침 가운데 만약 여인이 있으면 반드시 정법이 무너져 오래 머무르지 않으리라.”

아난다가 거듭 부처님께 아뢰었다.

“여인이 불법 가운데 청정범행淸淨梵行을 닦아 4과果를 얻을 수 있습니까?”

부처님이 아난다에게 말씀하셨다. “여인도 청정범행을 닦아 그 뜻이 물러서지 않으면 얻을 수 있다.”

아난다가 다시 부처님께 아뢰었다. “간절히 원하옵건대 세존이시여, 여인이 불법 가운데 있기를 허락하소서.”

부처님께서 아난다에게 말씀하셨다. “여인이 여덟 가지 공경하는 법(eight principles, 八敬法)을 행할 수 있다면 그 출가를 허락할 것이고, 만약 행할 수 없는 사람은 불법 안에 있는 것을 허락하지 않겠노라. 이런 까닭으로 여인을 위하여 팔경법을 제정하노라.

마치 사람이 강을 건너고자 할 때 먼저 다리와 배를 만들어 두면 나중에 큰 홍수가 나더라도 반드시 건널 수 있는 것처럼, 팔경법도 이와 같다. 나중에 정법이 허물어질 것을 염려하여, 이것을 제정할 뿐이노라.”

부처님께서 아난다에게 말씀하셨다. “그대가 이제 여인을 위해 출가를 허락받았으니 정법〔의 지속〕이 오백 년 줄어들 것이다."[2]

아난다가 이 말을 듣고 슬프고 침울했다. 그는 밖으로 나가 여러 우바이들에게 물었다. "부처님께서 팔경법을 선언하셨습니다. 그대들은 받들어 실천할 수 있습니까?"

여인들이 이 말을 듣고 기뻐하면서 아난다에게 다시 세존께 여쭈어 줄 것을 부탁했다. "저희들은 오늘 세존의 법 베푸심을 받았으니 마땅히 받들어 행하겠습니다. 마치 어떤 사람이 목욕을 하고 향수를 바르고 장식을 한 뒤, 또 어떤 사람이 와서 화관으로 그의 머리를 장식하는 것처럼 저희들도 오늘 또한 그와 같습니다."

아난다가 이 말을 곧 세존께 아뢰었다. 세존께서 말씀하셨다. "이로써 그들은 이미 구족계를 받았느니라."

---

2 "世" 대신에 다른 글자 "歲"를 채택함 ("後當減吾五百世正法" → "後當減吾五百歲正法"). 또 다른 어떤 이본에는 "減"(줄어듦)이 아니라, 정법의 〔지속이〕 "滅"(소멸)할 것이라고 되어 있다.

대중부-설출세부(大衆部-說出世部 Mahāsāṃghika-Lokottaravāda) 전승 『비구니율Bhikṣuṇī-Vinaya』[1]

구하는 바를 완전히 이루신 세존世尊, 정등각(正等覺; 바르게 깨달으신 분)께서 삭꺄의 까삘라왓투〔마을〕에 있는 니그로다 원림에서 삭꺄 사람들 사이에 머물고 계셨다. …[2]

그때 마하빠자빠띠 고따미가 찬다까의 계모繼母인 찬다, 찬다까의 어머니인 다사찬다, 그리고 삭꺄의 여인들 오백 명과 함께 세존께 나아가 그 발에 머리를 조아려 절하고 한쪽에 섰다. 한쪽에 서서 마하빠자빠띠 고따미는 세존께 여쭈었다.

"세존이시여, 부처님의 나타나심을 만나기는 어렵습니다. 진정한 법의 가르침을 만나기도 어렵습니다. 이제 세존이시며, 여래이시며, 아라한이시며, 정등각이신 분이 세상에 나오시어 평안과 마지막 열반으로 인도하는 법을 설하시니, 이 법은 선서(善逝; 피안으로 잘 가신 분)가 선포하신 것이며 불사不死를 얻고 열반을 실현하는 길로 인도하는 것입니다.

세존이시여, 여인도 여래께서 선포하신 법과 율 안에 출가하여 구족계를 받아 비구니가 될 수 있도록 해주시면 감사하겠나이다."

세존께서 말씀하셨다. "고따미여, 여인도 여래가 선포한 법과 율 안에 출가하여 구족계를 받아 비구니가 될 것을 요청하지 마시오."

---

1 이 번역의 저본은 Roth ed. 1970:2-21. 프랑스어 번역은 Nolot 1991: 2-12에 있으며 Strong 1995: 52-56은 무상 영어 번역문을 제공한다.

2 이 문장에 이어서 붓다가 받은 예불과 보시, 그리고 붓다가 행한 설법이 묘사된다.

이에 마하빠자빠띠 고따미는 '세존께서는 여인이 여래께서 선포하신 법과 율 안에 출가하여 구족계를 받아 비구니가 될 기회를 정녕코 주지 않으신다'고 〔생각하고〕[3] 세존의 발 아래 머리를 조아려 절하고, 찬다까의 계모인 찬다, 찬다까의 어머니인 다사찬다와 함께 삭까의 여인들 오백 명에게로 가서 말했다.

"존경하는 여러분, 세존께서는 여인이 여래께서 선포하신 법과 율 안에 출가하여 구족계를 받아 비구니가 될 기회를 정녕코 주지 않으십니다.

존경하는 여러분, 우리 스스로 머리를 깎고 가사를 입고 끈으로 엮은 차대車臺를 갖춘 마차를 타고,[4] 꼬살라의 여러 곳을 유행하시는 세존을 가까이 따라가는 것은 어떻습니까? 만일 세존께서 허락하시면 우리는 출가할 것이고, 만일 세존께서 허락하지 않으셔도 우리는 세존이 계신 곳에서 지금처럼 청정범행의 삶을 살 수 있을 것입니다."

---

3 이곳과 다른 곳들에서의 보충 부분은 내가 삽입한 것이다. Roth 1970에서 필사본 원고를 독해하면서 수정하거나 보충한 부분들은 이 번역에서는 따로 표시하지 않고 그대로 따랐다.

4 이 대목에서 "*kośakabaddehi yānehi*"라는 구절에 대한 나의 번역은, 가죽끈이나 그와 비슷한 물건으로 단단하게 수레를 묶은 차대車臺라는 점을 가정한 잠정적인 해석이다. Nolot 1991: 3의 각주 5에서는 이렇게 말한다: "가느다란 가죽끈이나 띠로 묶은 차대?", 그리고 이어서 베다 시대의 "마차(*ratha*)는 앞면을 널빤지로 댄 차대(*kośa*)와 밧줄이나 가죽으로 만든 측면(ratha-śīrṣa)으로 이루어진 듯하다"라고 묘사한 Deloche 1983: 32의 각주 41을 제시한다. Mp IV 133,15에는 고따미와 그 일행이 붓다를 따라가기로 했을 때, 여자들이 길을 걷기에는 너무 연약하다고 생각해서 왕들이 그들에게 황금으로 된 1인승 가마(palanquins)들을 제공했다는 기록이 있다.

삭까의 여인들은 마하빠자빠띠에게 대답했다. "좋습니다. 귀인貴人이시여."

그때 세존께서는 까삘라왓투 마을에서 원하는 만큼 머무신 뒤, 꼬살라의 여러 지역을 유행하기 위해 떠나셨다. 이에 마하빠자빠띠 고따미는 찬다까의 계모인 찬다, 찬다까의 어머니인 다사찬다, 그리고 삭까의 여인들 오백 명과 함께 스스로 머리를 깎고 가사를 입고는 끈으로 엮은 차대를 갖춘 마차를 타고 꼬살라의 여러 지역을 유행하시는 세존의 뒤를 따라갔다.

그때 세존께서는 많은 비구들과 함께 꼬살라의 여러 지역을 유행하신 뒤, 오백 명의 비구들과 함께 꼬살라의 사왓띠 마을에 이르셨다. 여기에 이르신 뒤, 아나따삔디까 장자(給孤獨長者)의 원림인 제따와나에 머무셨다.

그때 마하빠자빠띠 고따미는 세존께 나아가 그 발에 머리를 조아려 절하고 한쪽에 섰다. 한쪽에 서서 마하빠자빠띠 고따미는 세존께 여쭈었다.

"세존이시여, 부처님의 나타나심을 만나기는 어렵습니다. 진정한 법의 가르침을 만나기도 어렵습니다. 이제 세존이시며, 여래이시며, 아라한이시며, 정등각이신 분이 세상에 나오시어 평안과 마지막 열반으로 인도하는 법을 설하시니, 이 법은 선서善逝가 선포하신 것이며 불사不死를 얻고 열반을 실현하는 길로 인도하는 것입니다.

세존이시여, 여인도 여래께서 선포하신 법과 율 안에 출가하여 구족계를 받아 비구니가 될 수 있도록 해주시면 감사하겠나이다."

이 말을 듣고 세존께서 말씀하셨다. "고따미여, 여인도 여래가 선포한 법과 율 안에 출가하여 구족계를 받아 비구니가 될 것을 요청하지 마시오."

이에 마하빠자빠띠 고따미는 '세존께서는 여인이 여래께서 선포하신 법과 율 안에 출가하여 구족계를 받아 비구니가 될 기회를 정녕코 주지 않으신다'고 〔생각하고〕 세존의 발 아래 머리를 조아려 절하고, 제따와나의 문 앞 가까이에 서서 발로 땅을 긁으며 울고 있었다.

어떤 비구가 마하빠자빠띠 고따미가 제따와나의 문 앞 가까이에 서서 발로 땅을 긁으며 울고 있는 것을 보았다. 그것을 보고 그는 아난다 존자에게 갔다. 그는 아난다 존자에게 말했다. "아난다 존자시여, 마하빠자빠띠 고따미가 제따와나의 문 앞 가까이에 서서 발로 땅을 긁으며 울고 있습니다. 도반道伴 아난다 존자시여, 가서 마하빠자빠띠 고따미가 왜 울고 있는지 알아봐 주십시오."

이에 아난다 존자는 마하빠자빠띠 고따미에게 갔다. "고따미여, 왜 울고 계십니까?"

이 말을 듣고 마하빠자빠띠 고따미는 아난다 존자에게 말했다. "아난다 귀인이시여, 저에게는 울 만한 이유가 충분합니다. 부처님의 나타나심을 만나기는 어렵습니다. 진정한 법의 가르침을 만나기도 어렵습니다. 이제 세존이시며, 여래이시며, 아라한이시며, 정등각이신 분이 세상에 나오시어 평안과 마지막 열반으로 인도하는 법을 설하시니, 이 법은 선서善逝가 선포하신 것이며 불사不死를 얻고 열반을 실현하는 길로 인도하는 것입니다.

그런데 세존께서는 여인이 여래께서 선포하신 법과 율 안에 출가하여 구족계를 받아 비구니가 될 기회를 주지 않으십니다. 아난다 귀인이시여,[5] 여인이 여래께서 선포하신 법과 율 안에 출가하여 구족계를 받아 비구니가 될 기회를 얻도록 청하여 주시면 감사하겠습니다."

아난다가 마하빠자빠띠 고따미에게 대답했다. "좋습니다. 고따미여."

그는 세존께 나아가 그 발에 머리를 조아려 절하고 한쪽에 섰다. 한쪽에 서서 아난다 존자는 세존께 여쭈었다. "부처님의 나타나심을 만나기는 어렵습니다. 진정한 법의 가르침을 만나기도 어렵습니다. 이제 세존이시며, 여래이시며, 아라한이시며, 정등각이신 분이 세상에 나오시어 평안과 마지막 열반으로 인도하는 법을 설하시니, 이 법은 선서善逝가 선포하신 것이며 불사不死를 얻고 열반을 실현하는 길로 인도하는 것입니다.

세존이시여, 여인도 여래께서 선포하신 법과 율 안에 출가하여 구족계를 받아 비구니가 될 수 있도록 해주시면 감사하겠나이다."

이 말을 듣고 세존께서는 아난다 존자에게 말씀하셨다. "고따미 어머니[6]〔의 아들〕이여, 여인도 여래가 선포한 법과 율 안에 출가하여 구족계를 받아 비구니가 될 것을 요청하지 말라."

이에 아난다 존자는 '세존께서는 여인이 여래께서 선포하신 법과

---

5 나의 번역은 Nolot 1991: 5 각주 9의 설명을 따른다. 그에 따르면, 지금 이 문맥에서 Roth 1970: 8,10의 *ścai sādhu tāvāryānanda*(훌륭하고 거룩하신 아난다 존자시여)라는 표현에 나오는 "*ścai*는 의미가 없는 낱말로, 아마 앞줄의 *bhagavāṃścai(tarhi)*를 실수로 되받은 듯하다."

6 이 대목에서 "고따미 어머니(*Gautamī-mātā*)" 라는 용어에 관해서는 Nolot 1991: 387 이하를 참조.

율 안에 출가하여 구족계를 받아 비구니가 될 기회를 주지 않으신다'고 〔생각하고〕 세존의 발아래 머리를 조아려 절하고, 마하빠자빠띠 고따미에게 갔다. 그는 마하빠자빠띠 고따미에게 말했다. "고따미여, 세존께서는 여인이 여래께서 선포하신 법과 율 안에 출가하여 구족계를 받아 비구니가 될 기회를 정녕코 주지 않으십니다."

이 말을 듣고 마하빠자빠띠 고따미는 아난다 존자에게 말했다. "아난다 귀인이시여, 여인이 여래께서 선포하신 법과 율 안에 출가하여 구족계를 받아 비구니가 될 기회를 얻도록 두 번째로 청하여 주시면 감사하겠습니다."

아난다는 두 번째로 마하빠자빠띠 고따미에게 대답했다. "좋습니다. 고따미여." 그는 세존께 나아가 그 발에 머리를 조아려 절하고 한쪽에 섰다. 한쪽에 서서 아난다 존자는 세존께 여쭈었다. "부처님의 나타나심을 만나기는 어렵습니다. …… 비구니가 될 수 있도록 해주시면 감사하겠나이다."

이 말을 듣고 세존께서는 아난다 존자에게 말씀하셨다. "고따미 어머니〔의 아들〕이여, 여인도 여래가 선포한 법과 율 안에 출가하여 구족계를 받아 비구니가 될 것을 요청하지 말라.

아난다여, 이는 마치 잘 익은 보리밭에 '갈조병(褐條病, chaff)'이라는 병이 덮쳐 그 잘 익은 보리밭이 크게 손상되는 것과 같다. 고따미 어머니〔의 아들〕이여, 이와 마찬가지로 여인이 출가하여 구족계를 받아 비구니가 되면 승가는 큰 손상을 입고 오염될 것이다.

이는 마치 잘 익은 사탕수수 밭에 붉은 뼈처럼 되는 '적수병(赤銹病, red rust)'이라는 병이 〔덮쳐서〕 잘 익은 사탕수수 밭이 크게 손상되는 것과 같다. 고따미 어머니〔의 아들〕이여, 이와 마찬가지로 여인이 출가하여 구족계를 받아 비구니가 되면 승가는 큰 손상을 입고 오염될 것이다.

이는 마치 ……[7]

고따미 어머니〔의 아들〕이여, 여인도 여래께서 선포하신 법과 율 안에 출가하여 구족계를 받아 비구니가 될 것을 요청하지 말라."

이에 아난다 존자는 '세존께서는 여인이 여래께서 선포하신 법과 율 안에 출가하여 구족계를 받아 비구니가 될 기회를 주지 않으신다'고 〔생각하고〕 세존의 발아래 머리를 조아려 절하고, 마하빠자빠띠 고따미에게 갔다. 그는 마하빠자빠띠 고따미에게 말했다. "고따미여, 세존께서는 여인이 여래께서 선포하신 법과 율 안에 출가하여 구족계를 받아 비구니가 될 기회를 정녕코 주지 않으십니다."

이 말을 듣고 마하빠자빠띠 고따미는 아난다 존자에게 말했다. "아난다 귀인이시여, 여인이 여래께서 선포하신 법과 율 안에 출가하여 구족계를 받아 비구니가 될 기회를 얻도록 세 번째로 청하여 주시면 감사하겠습니다."

아난다는 세 번째로 마하빠자빠띠 고따미에게 대답했다. "좋습니다. 고따미여." 그는 세존께 나아가 그 발에 머리를 조아려 절하고 한쪽에 섰다. 한쪽에 서서 아난다 존자는 세존께 여쭈었다. "세존이시여, 이전의 여래, 아라한, 정등각들께는 얼마나 많은 대중이 있었나이까?"

이 말을 듣고 세존께서는 아난다 존자에게 말씀하셨다. "이전의

7 세 번째 비유는 필사본 원고에서 사라졌다; Roth 1970: 10 각주 11 참조.

여래, 아라한, 정등각들께는 사부대중, 즉 비구, 비구니, 남신도, 여신도 대중이 있었다."

이 말을 듣고 아난다 존자는 세존께 여쭈었다. "세존이시여, 홀로 살면서 부지런히 열심히 은둔하는 여인이 제4의 사문과沙門果, 즉 '흐름에 든' 예류과預流果, '한 번만 돌아오는' 일래과一來果, '다시 돌아오지 않는' 불환과不還果와 최상의 아라한과阿羅漢果를 실현할 수 있나이까?"

이 말을 듣고 세존께서는 아난다 존자에게 말씀하셨다. "아난다여, 홀로 살면서 부지런히 열심히 은둔하는 여인이 제4의 사문과, 즉 예류과 …… 최상의 아라한과를 실현할 수 있노라."

이 말을 듣고 아난다 존자는 세존께 여쭈었다. "세존이시여, 이전의 여래, 아라한, 정등각들께 사부대중, 〔즉〕 비구, 비구니, 남신도, 여신도 대중이 있었으므로, 그리고 홀로 살면서 부지런히 열심히 은둔하는 여인이 제4의 사문과, 즉 예류과 …… 최상의 아라한과를 실현할 수 〔있으므로〕, 세존이시여, 〔그러므로〕 여인도 여래께서 선포하신 법과 율 안에 출가하여 구족계를 받아 비구니가 될 수 있도록 해주시면 감사하겠나이다.

마하빠자빠띠 고따미는 세존을 위하여 어려운 일을 하셨으니, 세존의 어머님께서 세상을 떠나셨을 때 세존을 보호하고 양육하고 젖을 먹이시었고 세존께서는 그를 고마워하고 감사히 여기십니다."

이 말을 듣고 세존께서는 아난다 존자에게 말씀하셨다. "아난다여, 그것은 이러하다. 아난다여, 마하빠자빠띠 고따미는 여래를 위하여 어려운 일을 하였으니, 내 어머님께서 세상을 떠나셨을 때 나를 보호하고 양육하고 젖을 먹였으며 여래는 그를 고마워하고 감사히 여기노라.

하지만 아난다여, 여래 또한 마하빠자빠띠 고따미에게 어려운 일을 하였노라. 아난다여, 마하빠자빠띠 고따미는 여래로 인해 부처님께 귀의하고, 법에 귀의하고, 승가에 귀의하였다. 아난다여, 마하빠자빠띠 고따미는 여래로 인해 평생 살생을 멀리하고, 평생 주지 않는 것을 가지기를 멀리하고, 평생 삿된 음행을 멀리하고, 평생 거짓말을 멀리하고, 평생 술과 약물을 멀리하게 되었다.

아난다여, 마하빠자빠띠 고따미는 여래로 인해 믿음을 성취하고 계戒를 받들어 지니며, 학문을 널리 닦아, 보시를 성취하고, 지혜를 얻게 되었다. 아난다여, 마하빠자빠띠 고따미는 여래로 인해 괴로움·괴로움의 일어남·괴로움의 다함·괴로움의 〔다함에〕 이르는 길을 알게 되었다.

아난다여, 누군가로 인해 부처님께 귀의하고, 법에 귀의하고, 승가에 귀의하게 되면 그 은혜는 갚기 어렵다. 아난다여, 설령 그에게 평생 옷과 음식과 침구와 병들었을 때의 약품을 보시한다 해도 〔그런 사람의〕 은혜에 보답하기 어렵다.

아난다여, 누군가로 인해 평생 살생을 멀리하고, 평생 주지 않는 것을 가지기를 멀리하고, 평생 삿된 음행을 멀리하고, 평생 거짓말을 멀리하고, 평생 술과 약물을 멀리하게 된다면 그 은혜는 갚기 어렵다. 설령 그에게 평생 옷과 음식과 침구와 병들었을 때의 약품을 보시한다 해도 〔그런 사람의〕 은혜에 보답하기 어렵다.

아난다여, 누군가로 인해 믿음을 성취하고 계戒를 받들어 지니며, 학문을 널리 닦아, 보시를 성취하고, 지혜를 얻게 된다면 그 은혜는 갚기 어렵다. 설령 그에게 평생 옷과 음식과 침구와 병들었을 때의 약품을 보시한다 해도 〔그런 사람의〕 은혜에 보답하기 어렵다.

아난다여, 누군가로 인해 괴로움·괴로움의 일어남·괴로움의 다함·괴로움의 〔다함에〕 이르는 길을 알게 된다면 그 은혜는 갚기 어렵다. 설령 그에게 평생 옷과 음식과 침구와 병들었을 때의 약품을 보시한다 해도 〔그런 사람의〕 은혜에 보답하기 어렵다."

그때 세존께 이런 생각이 일어났다. '만일 세 번째에도 고따마의 아들[8] 아난다의 청을 거절하면 그에게 불선不善한 마음이 일어나 그동안 들어온 가르침에 혼란이 일어나리라. 나의 정법은 천년을 갈 것이나 설령 오백 년〔만〕을 간다 하더라도, 고따미의 아들 아난다에게 불선한 마음이 일어나게 해서는 안 되며, 그동안 들어온 가르침에 혼란이 일어나게 해서도 안 되리라.' 이에 세존께서는 아난다에게 말씀하셨다. "아난다여, 이는 마치 어떤 사람이 산의 협곡 사이에 제방堤坊을 쌓아 물이 넘치지 못하게 하는 것과 같으니라. 아난다여, 마찬가지로 여래는 비구니를 위해 여덟 가지 무거운 법〔eight *gurudharma*〕을 제정하나니, 목숨이 다하도록 공경하고, 존중하고, 지키고, 중히 여겨, 마치 거대한 바닷물이 해안을 〔넘어오지 못하는 것처럼〕 어기지 말아야 하느니라. 무엇이 여덟 가지인가?

1) 아난다여, 구족계를 받은 지 백 년이 된 비구니〔라도〕 〔바로〕 오늘 구족계를 받은 비구에게 발에 머리를 조아려 절하고 예를 올려야 한다. 아난다여, 이것이 여덟 가지 무거운 법의 첫 번째이니, 비구니는

8 Roth 1970: 16,11: "고따마의 아들(*Gautamasya putrasya*)"이나 세 줄 아래에서는 "고따미의 아들(*Gautamī-putrasya*)".

목숨이 다하도록 공경하고 …… 마치 거대한 바닷물이 해안을 〔넘어오지 못하는 것〕처럼 어기지 말아야 하느니라.

2) 아난다여, 이 년 동안 훈도를 받고 배움을 끝낸 〔최소〕 열여덟 살의 소녀(a girl)는 이부 대중 가운데 구족계를 구해야 한다. 아난다여, 이것이 여덟 가지 무거운 법의 두 번째이니, 비구니는 목숨이 다하도록 공경하고 …… 마치 거대한 바닷물이 해안을 〔넘어오지 못하는 것처럼〕 어기지 말아야 하느니라.

3) 아난다여, 비구니는 일어난 일이든 일어나지 않은 일이든 그것을 이유로 비구를 비난해서는 안 된다. 비구는 일어나지 않은 일이 아니라 일어난 일을 이유로 비구니를 비난할 수 있다. 아난다여, 이것이 여덟 가지 무거운 법의 세 번째이니, 비구니는 목숨이 다하도록 공경하고 …… 등등.

4) 비구니는 식사, 취침 및 주거를 행함에 있어 비구보다 나중에 행해야 한다. 아난다여, 이것이 여덟 가지 무거운 법의 네 번째이니, 비구니는 목숨이 다하도록 공경하고 …… 등등.

5) 비구니가 이 여덟 가지 무거운 법을 크게 어기면 보름 동안 비구니 승가에 참회를 행한 뒤 이부 대중에게 복귀를 청해야 한다. 아난다여, 이것이 여덟 가지 무거운 법의 다섯 번째이니, 비구니는 목숨이 다하도록 공경하고 …… 등등.

6) 비구니는 보름마다 와서 훈도해 줄 것을 비구 승가에게 청해야 한다. 아난다여, 이것이 여덟 가지 무거운 법의 여섯 번째이니, 비구니는 목숨이 다하도록 공경하고 …… 등등.

7) 비구가 없는 곳에서 비구니가 여름 안거를 지내는 것은 적절하지

않다. 아난다여, 이것이 여덟 가지 무거운 법의 일곱 번째이니, 비구니는 목숨이 다하도록 공경하고 …… 등등.

8) 비구니는 안거를 마치면 이부 대중 앞에서 자자自恣를 행해야 한다. 아난다여, 이것이 여덟 가지 무거운 법의 여덟 번째이니, 목숨이 다하도록 공경하고, 존중하고, 지키고, 중히 여겨, 마치 거대한 바닷물이 해안을 〔넘어오지 못하는 것〕처럼 어기지 말아야 하느니라.

아난다여, 이것이 비구니를 위한 여덟 가지 무거운 법이니, 목숨이 다하도록 공경하고, 존중하고, 지키고, 중히 여겨, 마치 거대한 바닷물이 해안을 〔넘어오지 못하는 것처럼〕 어기지 말아야 하느니라.

아난다여, 만일 마하빠자빠띠 고따미가 이 여덟 가지 무거운 법을 받아들여 실패를 초래하는 네 가지 계를 범하지 않는 수행을 행한다면, 이로써 이제 그는 출가하여 구족계를 받아 비구니가 된 것이니라."

아난다 존자가 말했다. "좋습니다. 세존이시여." 아난다는 세존의 발에 머리를 조아려 절하고 마하빠자빠띠 고따미에게로 갔다. 그는 마하빠자빠띠 고따미에게 말했다. "고따미여, 세존의 말씀을 잘 들으십시오.

고따미여, 이는 마치 어떤 사람이 산의 협곡 사이에 제방堤坊을 쌓아 물이 넘치지 못하게 하는 것과 같습니다. 고따미여, 마찬가지로 세존께서는 비구니를 위해 여덟 가지 무거운 법(*gurudharma*)을 제정하시니, 목숨이 다하도록 공경하고, 존중하고, 지키고, 중히 여겨, 마치 거대한 바닷물이 해안을 〔넘어오지 못하는 것〕처럼 어기지 말아야 할 것입니다. 무엇이 여덟 가지인가?

고따미여, 구족계를 받은 지 백 년이 된 비구니〔라도〕〔바로〕 오늘 구족계를 받은 비구에게 발에 머리를 조아려 절하고 예를 올려야 합니다. 고따미여, 이것이 여덟 가지 무거운 법의 첫 번째이니, 비구니는 목숨이 다하도록 공경하고 마치 거대한 바닷물이 해안을 〔넘어오지 못하는 것처럼〕 어기지 말아야 합니다." 이런 식으로 그는 마하빠자빠띠 고따미에게 여덟 가지 무거운 법을 끝까지 전했다.

"고따미여, 만일 그대가 이 여덟 가지 무거운 법을 받아들여 실패를 초래하는 네 가지 계를 범하지 않는 수행을 행한다면, 이로써 이제 그대는 출가하여 구족계를 받아 비구니가 된 것입니다."

이 말을 듣고 마하빠자빠띠 고따미는 아난다 존자에게 말했다. "이는 마치 장식을 좋아하는 젊은이가 머리를 감고 새 옷으로 갈아입은 뒤, 연꽃 화관이나 첨복꽃(瞻蔔華, *campaka*) 화관이나 홍련(紅蓮, *kumuda*) 화관이나 향초 화관이나 재스민 화관을 받아 머리 위에 얹듯이, 저도 이 여덟 가지 무거운 법을 머리 위에 받들고, 실패를 초래하는 네 가지 계를 범하지 않는 수행을 행하겠나이다."

이에 마하빠자빠띠 고따미는 찬다까의 계모繼母인 찬다, 찬다까의 어머니인 다사찬다, 그리고 삭까의 여인들 오백 명과 함께 세존께 나아가 그 발에 머리를 조아려 절하고 한쪽에 섰다.

세존께서는 한쪽에 선 비구니들에게 말씀하셨다. "비구니들이여, 그대들은 지금부터 살면서 마하빠자빠띠 고따미를 이 승가의 책임자, 이 승가의 장로, 이 승가의 지도자로 생각해야 하느니라."[9]

---

9 계속해서 마하빠자빠띠 고따미가 '여덟 가지 무거운 법'에 대해 더 자세히 설명해주기를 청하는 장면이 이어진다.

화지부(化地部, Mahīśāsaka) 전승 『오분율五分律』[1]

부처님께서 〔숫도다나 왕(정반왕淨飯王)에게〕 갖가지 묘한 법을 설하시니 …… 왕이 법을 보고 과〔예류과〕를 얻었다.

〔숫도다나 왕은〕 자리에서 일어나 옷을 내려 오른쪽 어깨를 드러내고 무릎을 꿇고 합장〔의 예를 올리고〕 부처님께 말했다. "세존이시여, 저는 출가하여 구족계를 받기를 원하나이다!"

부처님께서는 이를 보시고 왕은 출가해서 더 이상 얻을 것이 없음을 아시고[2] 왕에게 말씀하셨다. "게으르지 마십시오. 그러면 차례차례 묘한 법을 얻을 수 있을 것입니다." 이에 왕은 삼귀의와 오계를 받기를 청하였다. 〔왕이〕 오계를 받자 부처님께서는 그를 위하여 갖가지 묘한 법을 설하시어 보이고 가르치고 이롭게 하고 기쁘게 하셨다. 이에 〔왕은〕 그가 머무는 곳으로 돌아갔다.

---

1 이 번역의 저본은 T XXII 185b12-186a28의 T 1421. 이 서술의 첫 부분의 요약은 Dash 2008: 62-64. 그리고 번역은 Sujato 2011: 17-21.

2 T XXII 185b15의 T 1421 "見王出家更無所得." Sujato 2011: 17는 이 문장을, 붓다가 "왕이 출가를 얻지 못할 것을 보았다"라고 이해한다. 그러나 내가 보기에 이것은 이 한문 구절을 그다지 잘 해석한 것 같지 않다. 이런 뜻을 전하려면 오히려 "見王不得出家"라는 표현이 타당할 것이기 때문이다. 이런 해석은 "更"과 "所"의 의미를 고려하지 않은 것 말고도, 맥락상으로도 적절치 않은 것이, 왕이 출가를 할 수 있느냐의 여부는 붓다에게 달렸기 때문이다. 나는 그보다 결정적인 요점은, 왕은 출가해서 더 이상 얻을 것이 없음, 다시 말해, 더 이상의 정신적 향상이 없음을 붓다가 알았다는 데에 있다고 본다. 실제로 출가와 깨달음 사이의 관계는 여성에게 구족계를 수여하는 것과 관련하여 비구니 승가의 설립 역사에서 훗날 중요한 논쟁거리가 된다. 위의 p.105 이하 참조.

궁으로 돌아와서 왕은 정원 한가운데에서 다음과 같이 세 번 선언했다. "만일 〔누군가〕 여래의 바른 법과 율 가운데 출가하고자 한다면, 나는 이를 허가하리라."

이때 마하빠자빠띠 고따미는 왕의 선언을 듣고 삭꺄의 여인 오백 명과 함께 새 옷 두 벌을 지니고 〔궁을〕 떠나 부처님 계신 곳으로 갔다.

부처님 발아래 머리를 조아려 절하고 말했다. "세존이시여, 제 손으로 이 옷을 지었나이다. 이제 세존께 이 옷을 공양 올리오니, 받아 주소서." 부처님께서 말씀하셨다. "승가에 보시하면 큰 보답을 받을 것이오."

그녀는 부처님께 위와 같이 다시 말씀드렸다. 〔부처님께서 말씀하셨다.〕 "승가에 보시하시오. 나 역시 승가의 일원이기 때문이오."

그녀는 다시 위와 같이 말씀드렸다. 부처님께서 말씀하셨다. "내가 〔한 벌을〕 받을 테니 〔다른〕 한 벌은 승가에 보시하시오." 이 분부를 듣고 그녀는 〔한 벌은〕 부처님께 〔다른 한 벌은〕 승가에 보시하였다.

이어서 고따미는 부처님께 말씀드렸다. "여인들도 부처님의 바른 법 안에 출가하여 구족계를 받도록 허락해 주십시오."

부처님께서 말씀하셨다. "그만두시오, 그만두시오. 그런 말을 하지 마시오. 왜 그러한가? 옛 부처님들께서 모두 여인의 출가를 허락하지 않으셨소. 여인들이 각자 집에서 부처님께 귀의하여 머리를 깎고 가사를 입고 열심히 정진하면 도道와 과果를 얻을 수 있을 것이오. 미래의 부처님도 이와 같을 것이오. 이제 나는 그대가 이렇게 수행할 것을 허락하오."

고따미는 위와 같이 세 번을 청하였으나 부처님께서는 위와 같이 세 번 허락하지 않으셨다. 이에 고따미는 몹시 흐느끼면서 부처님 발 아래 절하고 물러 나왔다.

부처님께서는 1,250명의 제자들과 함께 까삘라왓투를 떠나 세간을 유행하시었다. 고따미와 삭꺄의 오백 여인들은 서로 머리를 깎아주고 가사를 입고 울면서 부처님을 따라갔다. 그들은 세존께서 밤새 머무시는 곳에서 항상 밤새 머물렀다. 부처님께서 차례차례 나아가 사왓띠에 이르러 제따와나에 머무르셨다. 고따미와 삭꺄의 오백 여인들은 〔제따와나의〕 입구에 서서 울고 있었다.

아침에 아난다가 나와서 그들의 이러한 모습을 보고 까닭을 물었다. 그들이 말했다. "존자시여, 세존께서 여인들이 출가하여 구족계를 받는 것을 허락지 않으십니다. 이에 모두 저마다 슬퍼할 뿐입니다. 원컨대 우리를 위하여 이 일을 말씀드려, 우리의 염원이 이루어지게 하소서."

아난다가 돌아가서 부처님 발에 머리를 조아려 절하고 부처님께 이 일을 모두 말씀드렸다. 부처님께서 아난다를 제지하시고 전에 〔고따미에게〕 하셨던 말씀을 다시 하셨다. 아난다가 부처님께 다시 여쭈었다. "부처님께서 태어나자마자 어머님께서 세상을 떠나셨을 때, 고따미는 세존께 〔그의〕 젖을 먹이고 세존께서 성장하실 때까지 기르셨나이다. 그가 세존께 베푼 은혜가 이럴진대, 어찌하여 그에 보답하지 않으시나이까?"

부처님께서 말씀하셨다. "나는 이미 고따미에게 큰 은혜를 베풀었느니라. 그는 나 때문에 부처와 법과 승가를 알게 되고 존경심과 신심을 일으키게 되었다. 사람이 어떤 선지식으로부터 부처와 법과 승가를 알게 되고 존경심과 신심을 일으키게 된다면, 이런 사람의 은혜는 옷과 음식과 약품으로 평생 동안 공양해도 갚을 수 없다."

아난다가 다시 부처님께 여쭈었다. "여인도 출가하여 구족계를 얻으면 제4의 사문과를 얻을 수 있나이까?"

부처님이 말씀하셨다. "얻을 수 있느니라." 아난다가 여쭈었다. "그들도 제4의 사문과를 얻을 수 있다면, 세존이시여, 어찌하여 그들에게 출가하여 구족계를 얻도록 허락하지 않으시나이까?"

부처님께서 말씀하셨다. "이제 고따미에게 범해서는 안 될 여덟 가지 무거운 법(eight principles, 八不可越法)을 전하니, 이를 받으면 출가하여 구족계를 받을 수 있느니라. 무엇이 여덟 가지인가?

1) 비구니는 보름마다 비구 승가에게 가르침을 줄 비구를 청해야 한다.

2) 비구니는 비구가 없는 곳에서 여름 안거를 지내지 못한다.

3) 자자自恣를 행할 때에 비구니는 비구 승가 앞에서 자신의 세 가지 죄에 대해서 본 것과 들은 것과 의심쩍은 것이 있는지 〔비판을〕 청해야 한다.

4) 이 년 동안 계를 배운 식차마나式叉摩那는 이부 대중(비구와 비구니)에게 구족계를 받아야 한다.

5) 비구니는 비구를 욕할 수 없으며 비구가 계율이나 〔바른〕 행동이나 〔바른〕 견해를 어겼음을 속인俗人들에게 말할 수 없다.

6) 비구니는 비구의 죄를 책망할 수 없다. 그러나 비구는 비구니를 꾸짖을 수 있다.

7) 만일 비구니가 추악죄(麤惡罪; 바라이波羅夷나 승잔僧殘을 범하려다가 미수에 그친 무거운 죄)를 범했으면 보름 동안 이부 대중 가운데 참회해야 한다. 보름 동안 참회를 행한 뒤 이부 대중 각각의 〔최소한〕 이십 명에게 복귀를 청해야 한다.

8) 비구니는 계를 받고서 백 세가 되었더라도 새로 계를 받은 비구에게 예를 표하고 자리에서 일어나 영접해야 한다."

아난다는 이 분부를 받들고 밖으로 나와 고따미에게 말했다. "부처님의 분부를 전할 터이니 잘 들으십시오." 고따미는 옷차림을 바로 하고 멀리 부처님을 향해 절하고 무릎을 꿇고 합장한 채 일심으로 경청했다. 아난다는 위와 같은 것을 모두 말했다.

고따미가 말했다. "마치 흠잡을 데 없이 기쁨에 넘치는 젊은 남자나 여자가 목욕을 하고 깨끗한 새 옷으로 갈아입은 뒤, 다른 어떤 사람이 그들에게 친절하게 첨복꽃(瞻蔔華, *campaka*) 화관이나, 바사꽃(婆師華, *vārṣika*) 화관이나, 연꽃 화관이나, 아희물다꽃(阿希物多, *atimuktaka*) 화관을 주면 그 〔젊은〕 사람이 기쁘게 두 손으로 그것을 받아 공손하게 머리 위에 얹는 것과 같습니다.[3]

이와 같이 저도 부처님께서 설하신 법을 받들어 모시겠나이다." 그리고 다시 아난다에게 말했다. "다시 저를 위해 세존께 가서 제가 이미 여덟 가지 무거운 법을 받들어 모셨다고 여쭈어 주십시오. 그 여덟 가지 무거운 법 가운데 한 가지 제가 바라는 바를 〔받아주시기〕 청하옵나이다. 비구니는 그 나이에 따라 비구에게 예를 올리도록

---

3 원문의 "棒(막대기)"을 "奉(받들다)으로 바꾸어 읽는다 ("兩手棒取擧著頭上" → "兩手奉取擧著頭上").

바라옵나이다. 어찌 〔계를 받은 지〕 백 년이 된 비구니가 새로 계를 받은 비구에게 예를 올릴 수 있겠습니까?" 아난다가 다시 부처님께 이에 관해 여쭈었다.

부처님은 아난다에게 말씀하셨다. "비구니로 하여금 그 나이에 따라 비구에게 예를 올리도록 하는 것은 불가능하다. 여인은 다섯 가지 지위에 오를 수 없다. 여인에게는 다섯 장애가 있다. 그들은 신들의 지배자인 제석천왕(帝釋天王, Śakra)이 될 수 없고, 타화자재천의 왕인 마라(魔羅, Māra), 범천梵天의 왕인 브라흐마(Brahmā), 전륜성왕轉輪聖王, 삼계三界의 법왕法王이 될 수 없다.

만일 여인들이 불법 안에 출가하여 구족계를 얻도록 허가받지 않았더라면, 나의 바른 가르침은 이 세상에 천년 동안 머무를 것이었느니라. 이제 그들이 출가를 허락받았으니, 〔그 지속이〕 오백 년으로 줄어들었다. 마치 어떤 집이 여자는 많고 남자는 적은 것과 같다. 마땅히 알지니, 이런 집은 오래지 않아 쇠퇴하고 종말에 이를 것이다."

부처님께서 다시 아난다에게 말씀하셨다. "만일 여인들이 나의 가르침 안에 출가하여 구족계를 받지 않았더라면, 내가 세상을 떠난 후에는 재가의 남녀 신도들이 네 가지 공양물을 들고 비구들의 뒤를 따르며 '존자들이시여, 저희에게 연민을 베푸시어 이 공양을 받아주소서'라고 말할 것이었느니라.

문밖을 나서다 〔비구를〕 만나면 번갈아가며 그의 팔을 끌고 인도하여 말하기를 '존자시여, 자비를 베푸시어 저희 집안에 평화가 깃들도록 잠시 들어와 앉아 주소서'[4]라고 말할 것이었느니라.

거리에서 비구를 만나면 그들은 모두 머리를 풀어헤쳐 비구의 발을 닦게 하고 그 위로 걸을 수 있도록 펼쳤을 것이었느니라.

이제 〔여인이〕 출가를 허락받았으니 이런 일은 거의 사라질 것이니라."

이 말씀을 듣고 아난다는 괴로워하며 눈물을 흘렸다. 아난다가 부처님께 여쭈었다. "세존이시여, 저는 일찍이 이런 법을 듣거나 알지 못했나이다. 여인이 출가하여 구족계를 받을 수 있도록 청하기 전에 이것을 알았다면, 제가 어찌 세 번이나 그것을 청했겠나이까?"

부처님께서 아난다에게 말씀하셨다. "울지 마라. 마라가 그대의 마음을 흐렸을 뿐이니라. 이제 여인도 출가하여 구족계를 받을 수 있게 되었노라. 내가 정한 바를 마땅히 따라야 하며 어겨서는 안 된다. 내가 정하지 않은 것을 마음대로 정해서도 안 되느니라."

아난다가 밖으로 나와 부처님의 분부를 모두에게 전했다. 고따미는 기뻐하면서 공손히 분부를 받들었다. 고따미는 곧 출가하여 구족계를 받았다.

4 "若" 대신에 다른 글자 "居"를 채택함 ("乞暫過坐使我獲安若" → "乞暫過坐使我獲安居").

근본설일체유부(根本說一切有部, Mūlarsarvāstivāda) 전승 『비나야毘奈耶』[1]

부처님께서 까삘라왓투의 니그로다 원림에 계셨다.

그때 마하빠자빠띠가 삭까의 여인들 오백 명과 함께 부처님께 나아가 그 발에 절하고 한쪽에 물러나 앉았다. 부처님께서 그들을 위하여 갖가지 묘한 법을 설하시어 보이고 가르치고 이롭게 하고 기쁘게 하셨다.

이에 마하빠자빠띠가 법을 듣고는 마음속 깊이 기뻐하면서 자리에서 일어나 합장하고 부처님을 향하여 여쭈었다.

"세존이시여, 여인도 불법 가운데에 출가하여 계를 받고 비구니가 되어 청정범행을 힘껏 닦으면 제4의 사문과를 얻을 수 있나이까?"

부처님께서 말씀하셨다.

"마하빠자빠띠여, 그대는 집에서 흰옷을 입고 순수하게, 원만하게, 청정하게, 물듦 없이 범행을 닦으시오. 이것으로 능히 오래도록 평화와 이득과 행복을 얻을 수 있을 것이오."

마하빠자빠띠가 이렇게 세 번을 청했으나 그때마다 부처님께서

---

1 이 번역의 저본은 T XXIV 350b10-351c2의 T 1451. 이 문헌의 상당히 많은 부분이 Ridding과 de La Vallée Poussin 1919 편집 및 Schmidt 1993 재편집의 산스크리트어 필사본 원고에 현존하고, Paul 1979/1985: 83-87에 Wilson의 무상 영어 번역 및 Krey 2010: 60-63의 다소 직역 형태의 부분 번역이 있다. 완벽하게 상응하는 문헌은 D 6 *da* 100a4-104b5 또는 Q 1035 *ne* 97a7-102a1의 티베트어 번역에 현존하고, 그 요약본이 Rockhill 1883/1907: 60-62에 있다. 산스크리트어와 티베트어로 보존된 이 상응하는 전승들 가운데 몇몇 이본만을 골라서 이어지는 각주에서 다룰 것이다.

다 허락하지 않으시니,[2] 그녀는 부처님 발에 머리를 조아리고 공손히 떠났다.

그때 세존께서는 가사를 걸치시고 발우를 지니시고 까삘라왓투를 떠나 갈대 상인들의 마을로 가셨다.

이에 마하빠자빠띠는 부처님께서 떠나셨다는 소식을 듣고 삭꺄의 여인 오백 명과 함께 스스로 머리를 깎고 붉은색 가사를 입고 〔부처님이 하듯이〕 밤새 머물고 떠나면서 계속 부처님의 뒤를 따라갔다.

세존께서 아카시아 숲에 이르러 그곳에 머무르셨다.[3] 그때 마하빠자빠띠가 걷느라고 몹시 지친 데다 온몸에는 먼지를 뒤집어쓴 채, 부처님께 나아가 부처님 발에 머리를 조아리고 한쪽에 물러나 앉았다.

이에 세존께서는 갖가지 묘한 법을 설하시어 보이고 가르치고 이롭게 하고 기쁘게 하셨다. 이에 마하빠자빠띠가 법을 듣고 자리에서 일어나 합장하고 부처님을 향하여 여쭈었다.

"세존이시여, 여인도 잘 설해진 붓다의 법과 율 가운데 출가하여 계를 받고 비구니가 되어 청정범행을 힘껏 닦으면 제4의 사문과를 실현할 수 있나이까?"[4]

---

2 D 6 *da* 100b3 또는 Q 1035 *ne* 97b5는 그녀의 요청뿐 아니라 붓다의 응답도 한 번 더 빠짐없이 기록하고 있다.

3 D 6 *da* 101a2 또는 Q 1035 *ne* 98a4는 "나디까(Nādikā)의 정사(精舍, Brick Hall)"라고 장소를 제시하고 있다.

4 Schmidt 1993: 241,1의 산스크리트어 단편은 마하빠자빠띠 고따미가 붓다의 유행을 뒤따르면서 요청을 거듭할 때에 사용하는 그 구절로 시작된다. 마찬가지로 D 6 *da* 101a5 또는 Q 1035 *ne* 98a7의 티베트어 전승에서도 깨달음에 이를 수 있는 여성의 가능성으로부터 그들의 출가가 허용되어야 한다는 결론에 이르는

부처님께서 말씀하셨다.

"마하빠자빠띠여, 〔이미〕 머리를 깎고 기운 옷〔縵條衣〕을 입었으니[5] …… 몸이 다하도록 힘껏 순수하게, 원만하게, 청정하게, 물듦 없이 범행을 닦으시오.[6] 이것으로 능히 오래도록 평안과 이득과 행복을

식으로 요청이 전개된다(아난다가 말한 부분의 산스크리트어 전체는 Schmidt 1993: 243,21 참조).

5 문맥을 따라 "〔이미〕"라는 말을 추가했는데, 이 대목의 이야기에서 마하빠자빠띠 고따미와 그녀의 동료들은 이미 머리를 깎고 가사를 입었기 때문이다. 옷에 관해서 산스크리트어 단편은 그녀가 "가사(*saṃghāṭī*)"를 입었을 거라고 말하고, 티베트어 전승은 "기운 옷(patchwork robe, *sbyar ma gyon*)"이었을 거라고 말한다. 이전의 상황, 즉 마하빠자빠띠 고따미가 처음 요청을 했을 때를 돌이켜보면, T XXIV 350b16의 T 1451에 "흰옷〔白衣〕"으로 표현한 한문 전승과 D 6 *da* 100b2 또는 Q 1035 *ne* 97b4에 "*gos dkar po*(흰옷)"라고 한 티베트어 전승은 서로 일치한다. 그러나 고따미와 그 동료들이 입은 옷은, T XXIV 350b21의 T 1451에서의 "승가지의 僧伽胝衣" 및 D 6 *da* 101a1 또는 Q 1035 *ne* 98a3의 "*chos gos*(法衣)"를 참고하면 "가사(*saṃghāṭī*)"다. 거듭되는 요청에 대해 붓다가 똑같은 방식으로 반응하는 것은 비구니 승가의 설립에 관한 또 다른 설명들에서뿐만 아니라 초기의 경전들에서도 일반적으로 나타나는 통상적인 패턴이고, 또 고따미와 그 동료들은 가사를 입은 것으로 기록되어 있기 때문에, 비구니의 출가를 처음으로 허락하는 장면을 다룬 원본에 그들이 (자이나교 백의파 Śvetāmbara Jain의 수도승들처럼) 흰옷을 입은 것으로 그려질 가능성은 상당히 희박해 보인다.

6 상응하는 두 개의 구절들, Schmidt 1993: 242,5의 "*evam eva*" 및 D 6 *da* 101a6 또는 Q 1035 *ne* 98b1의 *'di ltar 'di bzhin du* (이와 비슷한 표현으로는 T I 605a17의 MĀ116의 "如是"를 참조)에서 보듯이, 붓다의 대답은 "이와 같이"라는 말로 시작된다. 앞서 p.70 이하에 번역된 Schmidt 1993: 242,5의 산스크리트어 단편의 전체 문장은 다음과 같다. "*evam eva tvaṃ gautami muṇḍā saṃghāṭīprāvṛtā yāvajjīvaṃ kevalaṃ paripūrṇṇaṃ pariśuddhaṃ paryavadātaṃ*

얻을 수 있을 것이오."

마하빠자빠띠가 이와 같이 세 번을 청하였으나 부처님께서 다 허락하지 않으셨다.[7] 그때 마하빠자빠띠가 부처님께 거듭 청하여도 허락하지 않으신 것을 알자[8] 문밖에 서서 울고 있었다.

그때 아난다 존자가 보고[9] 물었다. "고따미여, 왜 울면서 서 계십니까?" 그녀가 답했다. "존자시여, 우리 여자들이 출가하여 비구니가 되는 것을 세존께서 허락지 않으십니다. 그래서 저는 울고 있습니다."[10]

---

bra[h](maca)ryañ cara tat tava bhaviṣyati dīrgharātram arthāya hitāya s[u]khāye ti." 이것은 Paul 1979/1985: 83에서 Wilson에 의해 다음과 같이 번역되었다. "오 고따미여, 오직 그대 혼자, 사는 동안 머리를 깎고, 가사를 입어, 뜻을 이루고, 청정해지리라. 이 청정범행은 오래 그대에게 이득과 복이 되리라." 이 번역은 이러한 훈시를 그녀 "혼자"만으로 한정하려는 게 아닌 원문의 뜻을 온전히 전달하지 못하는 것 같다; Krey 2010: 61의 각주 73도 참조. 지금의 문맥에서 "*kevalaṃ*"은 부사 "오직"이라는 뜻이 아니라, 청정범행(*brahmacarya*)의 자질을 완벽(*paripūrṇa*), 청정(*pariśuddha*) 및 깨끗함(*paryavadāta*)이라는 대격(목적격) 단어들로 소개할 때 그 단어들을 수식하는 "완전한"이라는 뜻의 형용사 "*kevala*"가 격변화한 것으로, 실은 이 전체 문장이 초기 불교 문헌들에 주기적으로 나오는 표준적 구절인 것이다; 예컨대 von Simson 1965: 54,18 (§ 11.55) 및 Bechert et al. 2003: 123.

7 산스크리트어 및 티베트어 전승은 세 번의 반복을 빠짐없이 전달한다; Schmidt 1993: 242,10 및 D 6 *da* 101b1 또는 Q 1035 *ne* 98b2 참조.

8 산스크리트어 단편 Schmidt 1993: 243,5은 그녀가 세 번에 걸쳐 붓다로부터 거절을 당했다고 기록한다.

9 산스크리트어 및 티베트어 전승은 이 대목에서 문밖에 서서 울고 있는 그녀의 모습과 아난다의 질문을 반복해서 묘사한다; Schmidt 1993: 243,9 및 D 6 *da* 101b4 또는 Q 1035 *ne* 98b6 참조.

10 앞서 고따미의 청원의 경우와는 달리, 이 대목에서는 "구족계"가 명백하게 언급되

아난다가 말했다. "고따미여, 여기 계십시오. 제가 여래께 여쭙겠습니다."

이에 아난다가 세존께 나아가 〔부처님〕 발에 머리를 조아려 절하고 한쪽에 서서 여쭈었다. "세존이시여, 여인도 부처님께서 잘 설하신 법과 율 인에 출가하여 구족계를 받고 비구니가 되어서 힘껏 범행을 닦으면 제4의 사문과를 얻을 수 있나이까?"

부처님께서 말씀하셨다. "얻을 수 있느니라."[11] 〔아난다가 말했다.〕 "만약 그러하다면 원컨대 여인에게도 출가할 것을 허락하여 주소서."

"아난다여, 그대는 여인이 내가 잘 설한 법과 율 안에 출가하여 구족계를 받고 비구니가 될 것을 청하지 말라. 왜 그러한가? 만일 여인에게 출가를 허락하면 불법이 오래 머물지 못할 것이다.[12]

비유하건대 어떤 사람의 집에 남자가 적고 여자가 많으면 그 집이 곧 사나운 도적에게 파괴될 것이다. 여인이 출가하면 정법이 망가지고 파괴되는 것도 역시 이와 같으니라.[13]

지 않는다("비구니가 되는 것"이라는 말 속에 아마도 같은 의미가 암시되기는 하지만). 산스크리트어 및 티베트어 전승은 구족계를 받는 것은 출가 및 비구니가 되는 것과 동시에 이루어진다고 말한다. Schmidt 1993: 243,15 및 D 6 *da* 101b5 또는 Q 1035 *ne* 98b8 참조. 또 다른 차이는, 산스크리트어 및 티베트어 전승에는 "그래서 저는 울고 있습니다"라는 말이 기록되지 않았다는 점이다.

11 이 문제에 관한 이렇게 분명한 선언은 산스크리트어 및 티베트어 전승에서는 찾을 수 없고, 바로 계속해서 여자가 비구니가 될 것을 청하지 말라는 등의 아난다에게 하는 붓다의 말이 이어진다.

12 산스크리트어 및 티베트어 전승은 "법과 율"이 오래 지속되지 못한다고 말한다. Schmidt 1993: 243,28 및 D 6 *da* 102a1 또는 Q 1035 *ne* 99a4 참조.

13 산스크리트어 및 티베트어 전승 Schmidt 1993: 244,1 및 D 6 *da* 102a2 또는

또 아난다여, 밭에 곡식이 익었는데 갑자기 바람·비·서리·우박을[14] 만나 피해를 입는 것처럼, 여인이 출가하면 정법이 피해를 입고 파괴되는 것도 이와 같으니라.

또 아난다여, 사탕수수가 밭에서 익어갈 때 적절병(赤節病, red-joint disease)을 만나면 모조리 절단나서 남김없이 망가지는 것처럼,[15] 여인에게 출가를 허락하면 정법이 피해를 입고 파괴되어 오래 머물지 못하고 곧 사라져 버릴 것이 이와 같으니라."[16]

아난다 존자가 다시 부처님께 여쭈었다. "마하빠자빠띠는 세존께 진실로 큰 은혜를 베풀었나이다. 부처님의 어머니께서 돌아가신 후 〔마하빠자빠띠가〕 부처님이 성장하실 때까지 그의 젖을 먹여 길렀나이다. 어찌 세존께서는 자비로 거두지 않으시나이까?"[17]

Q 1035 *ne* 99a4는 여자를 먼저 언급하고 뒤에 남자를 말한다 (이런 형태의 차이에 대해서는 Anālayo, 2011a: 173의 각주 153 및 2015a: 2의 각주 7 참조). 이곳 및 이하에서 산스크리트어 및 티베트어 전승은 "법이 피해를 입고 파괴될 것"이라는 말 대신에 "법과 율이 두루 오래 지속하지 못할 것"이라고 말한다.

14 산스크리트어 전승과 Derge 편집본은 보다 구체적으로 태풍 피해를 입은 논밭을 언급한다. Schmidt 1993: 244,5 및 D 6 *da* 102a3 참조. Q에는 이런 비유가 없다.

15 산스크리트어 전승에서는 "홍진(紅塵, red dust)", Schmidt 1993: 244,10. 비슷한 것으로 AN IV 279,5의 AN 8:51 및 대중부-설출세부 전승의 『비구니율』, Roth 1970: 10,6.

16 앞에서와 같이, 산스크리트어 및 티베트어 전승은 단지 법과 율이 오래 지속하지 못한다고 말할 뿐, 그것의 피해나 파괴를 언급하지 않고, 또 완전히 사라질 것이라고도 말하지 않는다.

17 산스크리트어 단편이나 티베트어 전승에는 이 에피소드의 전부가 나타나지는

부처님께서 아난다에게 말씀하셨다.

"실로 그러하노라. 〔그러나〕 나는 그가 내게 베푼 은혜에 이미 완전히 보답하였노라. 그는 나 때문에 삼보를 알고, 불·법·승에 귀의하여 오계를 받았으며, 사제四諦의 이치에 다시는 의심과 미혹이 없이 되어, 예류과를 얻어 장차 고통(*duḥkka*)을 뿌리 뽑고 〔미래의〕 태어남이 없는 경지를 얻었다. 이와 같은 은혜는 다시 갚기 어려운지라, 옷·밥 따위의 〔보시로〕 비교할 수 없느니라."

그때 세존께서 아난다에게 말씀하셨다. "그대가 여인을 위하여 여인도 출가하여 비구니가 될 수 있도록 청하니, 내가 이제 팔존경법(eight principles, 八尊敬法)을 제정하노라. 이 법을 목숨이 다하도록 닦고 어기지 말아야 할 것이니라.

나의 이 법은 밭에 농사짓는 사람이 늦은 여름과 첫 가을에 강과 도랑의 제방堤坊을 단단히 보수하여 물이 새지 않게 하고 전답에 물을 대어 곳에 따라서 충족하게 하는 것과 같다.[18] 팔존경법도 이와 같으니라.[19] 무엇이 여덟 가지인가?

1) 아난다여, 모든 비구니는 비구를 좇아서 출가를 구하고 구족계를

않는다. 둘 다 마지막 비유 이후, 제방堤坊의 비유와 함께 곧이어 전달될 '여덟 가지 무거운 법'을 선포하는 붓다의 모습으로 바로 이동한다.

18 산스크리트어 및 티베트어 전승에는 제방의 목적이 논밭의 관개灌漑를 위해 충분한 물을 모아두는 것이라는 언급이 없다; Schmidt 1993: 244,17 및 D 6 *da* 102a6 또는 Q 1035 *ne* 99a7 참조.

19 티베트어 전승만이 유일하게 '여덟 가지 무거운 법(*gurudharma*)'의 목적은 여성의 실수를 제어하기 위한 것이라고 말하고 있다; D 6 *da* 102a6 또는 Q 1035 *ne* 99a8 참조: *bud med mems kyi nyes pa dgag*(여자들의 실수를 제어함).

받아 비구니가 되어야 한다. 이것이 첫 번째 존경법이니, 마땅히 어기지 않고 …… 목숨이 다하도록 부지런히 닦고 배워야 하리라.

2) 아난다여, 〔비구니는〕 보름마다 비구에게 가르침을 청해야 한다. 이것이 두 번째 존경법이니, 마땅히 어기지 않고 …… 목숨이 다하도록 부지런히 닦고 배워야 하리라.

3) 아난다여, 비구가 없는 곳에서는 안거할 수 없다. 이것이 세 번째 존경법이니, 마땅히 어기지 않고 …… 목숨이 다하도록 부지런히 닦고 배워야 하리라.

4) 아난다여, 비구니는 비구의 과실, 즉 계율, 〔바른〕 견해, 〔바른〕 행동, 바른 생업을 어긴 비구의 〔과실에 대해〕 추궁하거나 질책할 수 없느니라. 아난다여, 비구니는 비구의 과실, 즉 계율, 〔바른〕 견해, 〔바른〕 행동, 바른 생업을 어긴 과실을 보더라도 그 비구를 질책해서는 안 된다. 비구는 비구니의 과실이나 위반을 보면 마땅히 질책해야 한다.[20] 아난다여, 이것이 네 번째 존경법이니, 마땅히 어기지 않고 …… 목숨이 다하도록 부지런히 닦고 배워야 하리라.

5) 아난다여, 비구니는 비구에게 욕설을 하고 성을 내고 꾸짖고 할 수 없으나 비구는 비구니에게 이것을 할 수 있노라.[21] 이것이 다섯 번째 존경법이니, 마땅히 어기지 않고 …… 목숨이 다하도록 부지런히 닦고 배워야 하리라.

---

20 산스크리트어 및 티베트어 전승에서 이것은 '여덟 가지 무거운 법'의 다섯 번째이다; Schmidt 1993: 245,12 및 D 6 *da* 102b5 또는 Q 1035 *ne* 99b6 참조.

21 산스크리트어 및 티베트어 전승에서 이것은 '여덟 가지 무거운 법'의 여섯 번째이다; Schmidt 1993: 245,20 및 D 6 *da* 102b7 또는 Q 1035 *ne* 100a1 참조.

6) 아난다여, 비구니가 비록 계를 받은 지 백 세가 지났더라도 새로 계를 받은 비구를 보면 마땅히 존중하여 합장 영접하고 공경하여 〔그의 발에〕 머리를 조아려 절해야 한다.[22] 이것이 여섯 번째 존경법이니, 마땅히 어기지 않고 …… 목숨이 다하도록 부지런히 닦고 배워야 하리라.

7) 아난다여, 만일 비구니가 대중에게 자백해야 하는 중교법衆教法을 범했다면 마땅히 이부 대중 가운데 보름 동안 참회해야 한다.[23] 이것이 일곱 번째 존경법이니, 마땅히 어기지 않고 …… 목숨이 다하도록 부지런히 닦고 배워야 하리라.

8) 아난다여, 안거를 마치면 비구니는 비구 승가 앞에서 본 것과 들은 것과 의심쩍은 것의 세 가지에 대해서 자자自恣를 청해야 한다.[24] 이것이 여덟 번째 존경법이니, 마땅히 어기지 않고 …… 목숨이 다하도록 부지런히 닦고 배워야 하리라.

아난다여, 내가 이제 비구니의 여덟 가지 존경법을 제정하였으니, 다 마땅히 어기지 않아야 하리라. 만약 마하빠자빠띠 고따미가 능히 이 여덟 가지 존경법을 지킨다면 곧 출가하여 구족계를 받고 비구니가 될 수 있을 것이다."[25]

---

22 산스크리트어 및 티베트어 전승에서 이것은 '여덟 가지 무거운 법'의 여덟 번째이다; Schmidt 1993: 246,8 및 D 6 *da* 103b3 또는 Q 1035 *ne* 100a4 참조.

23 산스크리트어 및 티베트어 전승에서는 계율의 위반 그 자체를 '여덟 가지 무거운 법(*gurudharma*)'이라는 표현으로 말하는데 그에 해당하는 것이 *bla ma'i chos*; Schmidt 1993: 246,4 및 D 6 da 103a2 또는 Q 1035 *ne* 100a3 참조.

24 산스크리트어 및 티베트어 전승에서 이것은 '여덟 가지 무거운 법'의 네 번째이다; Schmidt 1993: 245,8 및 D 6 *da* 102b3 또는 Q 1035 *ne* 99b5 참조.

이에 아난다 존자가 부처님께서 설하신 여덟 가지 존경법을 듣고[26] 부처님 발 아래 머리를 조아려 절하고 공손히 물러 나왔다. 그리고 마하빠자빠띠에게 가서 말했다. "마하빠자빠띠여, 마땅히 아소서. 세존께서는 여인에게 부처님께서 선포하신 훌륭한 법과 율 안에 출가하여 구족계를 받고 비구니가 될 것을 허락하셨습니다. 그러나 부처님 세존께서는 비구니가 지켜야 할 여덟 가지 존경법을 선포하셨으니, 마땅히 어기지 않고 …… 목숨이 다하도록 부지런히 닦고 배워야 할 것입니다. 제가 이제 세존께서 제정하신 여덟 가지 존경법을 말하여 드리겠으니, 잘 듣고 명심하소서." 마하빠자빠띠가 말하였다. "말씀해 주십시오. 일심으로 새겨 듣겠나이다."[27]

〔아난다〕 존자가 말하였다. "세존께서 말씀하시기를, '모든 비구니는 비구를 좇아서 출가를 구하고 계를 받고 비구니가 되어야 한다. 이것이 첫 번째 존경법이니, 마땅히 어기지 않고 …… 목숨이 다하도록

---

25 이 지점에서 한문 경전은 비구니 승가의 설립 역사로 넘어가기 전에 한 단락을 끝내면서, '여덟 가지 무거운 법'을 요약한 다음과 같은 '우다나'(*Udāna*, 감흥어; 부처가 감흥하여 저절로 하게 된 말)를 넣었다. "구족계는 비구에게 받으라. 보름〔마다〕 가르침을 청하라. 비구를 의지하여 여름 안거를 하라. 허물을 보더라도 말하지 말라. 성내고 꾸짖지 말며 〔비구의〕 〔나이가〕 적어도 절을 하라. 두 대중 가운데서 참회를 〔행〕하라. 자자自恣는 비구 앞에서 행하라. 이를 일러 여덟 가지 존경법이라 한다."(近圓從苾芻/半月請敎授/依苾芻坐夏/見過不應言/不瞋訶禮少/意喜兩衆中/隨意對苾芻/斯名八尊法)

26 산스크리트어 및 티베트어 전승에서는 붓다의 말을 듣고 아난다가 기뻐했다고 기록한다; Schmidt 1993: 246,16 및 D 6 *da* 103a5 또는 Q 1035 *ne* 100a7 참조.

27 산스크리트어 및 티베트어 전승에는 그녀가 "일심으로" 받았다는 언급이 없다.

부지런히 닦고 배워야 하리라'라고 하셨습니다."[28]

이와 같이 끝까지 하나하나 자세히 말하니, 이때 마하빠자빠띠는 아난다 존자가 존경법을 말하는 것을 듣고 마음속 깊이 기쁜 마음으로 받들어 지녔다. 그리고 아난다에게 말하였다.

"존자시여, 비유하건대 마치 네 종족(四姓)의 귀족 여인이 목욕을 하고 몸을 향으로 문지르고 머리와 손톱 발톱을 정하게 다스리고 의복도 곱고 깨끗이 차리고 있으면 그때 다른 사람이 점박가(占博迦, *campaka*)나 올발라(嗢鉢鑼, 연꽃) 등의 화관을 만들어 그 여인에게 주니,[29] 그 여인이 보고 기뻐하면서 받아서 머리 위에 얹는 것처럼, 존자시여, 저도 이와 같이 몸과 말과 마음으로 여래의 여덟 가지 존경법을 받들어 지니겠나이다."

마하빠자빠띠가 존경법을 받게 되니, 이로 인하여 삭까의 오백 여인들까지 출가하여 구족계를 받고 비구니가 되었다.

---

28 산스크리트어 및 티베트어 전승은 또다른 '여덟 가지 무거운 법'을 빠짐없이 반복한다; Schmidt 1993: 247,2 및 D 6 *da* 103b2 또는 Q 1035 *ne* 100b2 참조. 산스크리트어 전승에는 이 뒤에 공백이 이어지는데, 그에 따라 산스크리트어 단편에는 고따미의 반응이 더 이상 보이지 않는다.

29 티베트어 전승에서는 세 가지 형태의 화관이 묘사되고 그것을 두 손으로 받는다는 말이 있다; D 6 *da* 104b2 또는 Q 1035 *ne* 101b4 참조.

(설일체유부, Sarvāstivāda 전승) 『중아함경(中阿含經, *Madhyama-āgama*)』[1]

이와 같이 나는 들었다. 한때 세존께서는 삭까에서 유행하시면서 까삘라왓투의 니그로다 원림에 머무르시며 많은 비구들과 함께 여름 안거를 맞으시었다.

그때 마하빠자빠띠 고따미는 부처님 계신 곳으로 나아가 부처님 발에 머리를 조아리고, 물러나 한쪽에 서서 여쭈었다. "세존이시여, 여인도 제4의 사문과를 얻을 수 있나이까? 또 이로 말미암아 여인도 이 바른 법과 율 가운데서, 지극한 믿음으로 집을 버리고 집이 없이 도를 배울 수 있나이까?"

세존께서는 말씀하시었다. "그만두시오, 그만두시오, 고따미여. 그대는 그런 생각을 하지 마시오. '여인도 이 바른 법과 율 안에서 지극한 믿음으로 집을 버리어 집이 없이 도를 배우리라'고 생각하지 마시오. 고따미여, 이와 같이 그대도 머리를 깎고 가사를 입고, 목숨이 다할 때까지 청정범행(*brahmacarya*)을 깨끗이 닦으시오."

이에 마하빠자빠띠 고따미는 부처님의 제지를 받자, 부처님 발에 머리를 조아리고, 세 번 돌고 물러갔다.

그때 여러 비구들은 〔생각하기를〕 '세존께서는 머지않아 삭까에서 3개월 동안 여름 안거를 마치신 뒤에 옷을 기워 챙기고, 발우를 지니시고 세간을 유행하실 것이다' 하여, 부처님의 가사를 깁고 있었다.

마하빠자빠띠 고따미는 비구들이 〔생각하기를〕 '세존께서는 머지않

---

1 이 번역의 저본은 T I 605a10-607b16의 MĀ 116; 이것은 이미 번역되었다. Anālayo 2011c: 272-287.

아 삭꺄에서 3개월 동안 여름 안거를 마치신 뒤에 옷을 기워 챙기고, 가사와 발우를 지니시고 세간을 유행하실 것이다' 하여, 부처님의 가사를 깁고 있다는 말을 들었다.

마하빠자빠띠 고따미는 이 소식을 듣고 부처님 계시는 곳으로 나아가 부처님 발에 머리를 조아리고, 물러나 한쪽에 서서 여쭈었다. "세존이시여, 여인도 제4의 사문과를 얻을 수 있나이까? 또 이로 말미암아 여인도 이 바른 법과 율 가운데서, 지극한 믿음으로 집을 버리고 집이 없이 도를 배울 수 있나이까?"

세존께서 다시 말씀하셨다. "그만두시오, 그만두시오. 고따미여, 그대는 그런 생각을 하지 마시오. '여인도 이 바른 법과 율 안에서 지극한 믿음으로 집을 버리어 집이 없이 도를 배우리라'고 생각하지 마시오. 고따미여, 이와 같이 그대도 머리를 깎고 가사를 입고, 목숨이 다할 때까지 청정범행을 깨끗이 닦으시오."

마하빠자빠띠 고따미는 다시 부처님의 제지를 받자, 부처님 발에 머리를 조아리고, 세 번 돌고 물러갔다. 그때 세존께서는 삭꺄에서 3개월 동안 여름 안거를 마치신 뒤에 옷을 기워 챙기고, 발우를 지니시고 세간을 유행하셨다. 마하빠자빠띠 고따미는 세존께서 삭꺄에서 3개월 동안 여름 안거를 마치신 뒤에 옷을 기워 챙기고, 발우를 지니시고 세간을 유행하신다는 소식을 들었다.

마하빠자빠띠 고땨미는 삭꺄족의 나이든 여인들과 함께 부처님을 따라갔다. 그때 부처님은 머물고 계신 나디까 정사精舍가 있는 나디까〔의 마을〕로 차례차례 나아가고 계셨다.

마하빠자빠띠 고따미는 다시 부처님 계시는 곳으로 나아가 부처님 발에 머리를 조아리고, 물러나 한쪽에 서서 여쭈었다.

"세존이시여, 여인도 제4의 사문과를 얻을 수 있나이까? 또 이로 말미암아 여인도 이 바른 법과 율 가운데서, 지극한 믿음으로 집을 버리고 집이 없이 도를 배울 수 있나이까?"

세존께서는 세 번째 말씀하셨다. "그만두시오, 그만두시오. 고따미여, 그대는 그런 생각을 하지 마시오. 여인도 이 바른 법과 율 안에서 지극한 믿음으로 집을 버리어 집이 없이 도를 배우리라고 생각하지 마시오. 고따미여, 그대는 머리를 깎고 가사를 입고, 목숨이 다할 때까지 청정범행을 깨끗이 닦으시오."

이에 마하빠자빠띠 고따미는 세 번째 부처님의 제지를 받고, 부처님 발에 머리를 조아리고, 세 번 돌고 물러갔다. 그때 마하빠자빠띠 고따미는 흙 묻은 맨발에 몸에는 먼지를 뒤집어쓰고 몹시 피로한 채 슬피 울면서 문밖에 서 있었다.

아난다 존자는 마하빠자빠띠 고따미가 흙 묻은 맨발에 몸에는 먼지를 뒤집어쓰고, 몹시 피로한 채 슬피 울면서 문밖에 서 있는 것을 보고 물었다. "고따미여, 무슨 까닭으로 흙 묻은 맨발에 몸에는 먼지를 뒤집어쓰고, 몹시 피로한 채 슬피 울면서 문밖에 서 있습니까?"

마하빠자빠띠 고따미가 대답하였다. "아난다 존자시여, 여인도 이 바른 법과 율 가운데서, 지극한 믿음으로 집을 버리고 집이 없이 도를 배울 수 없나이까?"

아난다 존자가 말했다. "고따미여, 잠깐만 여기서 기다리십시오. 제가 부처님께 나아가 이 일을 여쭈어 보겠습니다." 마하빠자빠띠 고따미가 말했다. "부디 그리해 주십시오. 아난다 존자시여."

이에 아난다 존자는 부처님 계시는 곳으로 나아가 부처님 발에 머리를 조아리고, 합장하고 부처님을 향해 여쭈었다. "세존이시여, 여인도 제4의 사문과를 얻을 수 있나이까? 또 이로 말미암아 여인도 이 바른 법과 율 가운데서, 지극한 믿음으로 집을 버리고 집이 없이 도를 배울 수 있나이까?"

세존께서 말씀하셨다. "그만두라, 그만두라. 아난다여, 그대는 '여인도 이 바른 법과 율 가운데서, 지극한 믿음으로 집을 버리고 집이 없이 도를 배울 수 있으리라'는 그런 생각을 하지 말라.

아난다여, 만일 여인으로 하여금 이 바른 법과 율 가운데서, 지극한 믿음으로 집을 버리고 집이 없이 도를 배울 수 있게 하면, 이 청정범행은 오래 머물지 못할 것이다. 아난다여, 마치 사람의 집에 여자가 많고 남자가 적은 것과 같나니, 그런 집이 흥성할 수 있겠는가?"

아난다 존자가 아뢰었다. "아닙니다, 세존이시여."

〔부처님께서 말씀하셨다.〕 "그와 같이 아난다여, 만일 여인으로 하여금 이 바른 법과 율 가운데서, 지극한 믿음으로 집을 버리고 집 없이 도를 배울 수 있게 하면, 이 청정범행은 오래 머물지 못할 것이다.

아난다여, 마치 벼 논이나 밀 밭에 잡초가 생기면 그 논밭을 못 쓰게 되는 것과 같으니라. 이와 같이 아난다여, 만일 여인으로 하여금 이 바른 법과 율 가운데서 지극한 믿음으로 집을 버리고 집 없이 도를 배울 수 있게 한다면, 이 청정범행은 오래 머물지 못할 것이다."

아난다 존자가 다시 여쭈었다. "세존이시여, 마하빠자빠띠 고따미는 세존을 위하여 많은 이익을 주었습니다. 왜냐하면, 세존의 모친께서 돌아가신 뒤에 마하빠자빠띠 고따미가 세존을 기르셨기 때문입니다."

세존께서 대답하셨다. "그렇다, 아난다여. 그렇다, 아난다여. 마하빠자빠띠 고따미는 나에게 많은 이익을 주었나니, 곧 어머님께서 돌아가신 뒤에 나를 기르셨느니라. 아난다여. 나도 또한 마하빠자빠띠 고따미에게 많은 이익을 주었다. 왜 그러한가?

아난다여, 마하빠자빠띠 고따미는 나로 인해 부처님께 귀의하고 법에 귀의하고 승가에 귀의하게 되었으며, 이 삼보三寶와 고苦, 집集, 멸滅, 도道를 의심하지 않고, 믿음을 성취하고 계戒를 받들어 지니며, 학문을 널리 닦아, 보시를 성취하고, 지혜를 얻었느니라. 살생을 멀리하고, 살생을 끊고, 주지 않는 것을 가지기를 멀리하고, 주지 않는 것을 가지기를 끊고, 삿된 음행을 멀리하고, 삿된 음행을 끊고, 거짓말을 멀리하고, 거짓말을 끊고, 술을 멀리하고, 술을 끊었다.

아난다여, 만일 누군가로 말미암아 부처님께 귀의하고 법에 귀의하며 승가에 귀의하게 되고, 삼보三寶와 고苦, 집集, 멸滅, 도道를 의심하지 않게 된다면, 믿음을 성취하고 계戒를 받들어 지니며, 학문을 널리 닦아, 보시를 성취하고, 지혜를 얻게 된다면, 살생을 멀리하고, 살생을 끊고, 주지 않는 것을 가지기를 멀리하고, 주지 않는 것을 가지기를 끊고, 삿된 음행을 멀리하고, 삿된 음행을 끊고, 거짓말을 멀리하고, 거짓말을 끊고, 술을 멀리하고, 술을 끊게 된다면, 아난다여, 설사 그 사람에게 목숨이 다할 때까지 옷과 담요, 마실 것과 먹을 것, 침구, 그리고 약품과 온갖 필수품들을 공양한다 하더라도 그 은혜를 갚을 수 없을 것이다.

아난다여, 나는 이제 여인들을 위하여 팔존사법(八尊師法, eight guiding principles)을 세우리니, 여인은 그것을 범해서는 안 되고 목숨이 다할 때까지 받들어 지녀야 한다. 아난다여, 마치 어부나 어부의 제자가 깊은 물에 뚝을 만들어 물을 막아 흘러〔넘치지〕 못하게 하는 것과 같다. 이와 같이 아난다여, 나도 이제 여인을 위하여 팔존사법을 세우나니, 여인은 그것을 범해서는 안 되고 목숨이 다할 때까지 받들어 지녀야 한다. 어떤 것이 여덟 가지인가?

1) 아난다여, 비구니는 마땅히 비구에게서 구족계를 받아야 한다. 아난다여, 나는 여인을 위하여 이 제1존사법을 세우나니, 여인은 그것을 범해서는 안 되고 목숨이 다할 때까지 받들어 지녀야 한다.

2) 아난다여, 비구니는 보름마다 비구를 찾아가 가르침을 받아야 한다. 아난다여, 나는 여인을 위하여 이 제2존사법을 세우나니, 여인은 그것을 범해서는 안 되고 목숨이 다할 때까지 받들어 지녀야 한다.

3) 아난다여, 만일 머무는 곳에 비구가 없으면 비구니는 그 여름 안거를 받지 못하느니라. 아난다여, 나는 여인을 위하여 이 제3존사법을 세우나니, 여인은 그것을 범해서는 안 되고 목숨이 다할 때까지 받들어 지녀야 한다.

4) 아난다여, 안거를 마치면 비구니는 비구 승가 앞에서 본 것과 들은 것과 의심쩍은 것의 세 가지에 대해서 자자自恣를 청해야 한다. 아난다여, 나는 여인을 위하여 이 제4존사법을 세우나니, 여인은 그것을 범해서는 안 되고 목숨이 다할 때까지 받들어 지녀야 한다.

5) 아난다여, 만일 비구가 비구니의 물음을 허락하지 않으면 비구니는 비구에게 경經, 율律, 논(論, *Abhidharma*)에 관해 물을 수 없고, 만일 물음을 허락하면 비구니는 비구에게 경, 율, 논에 관해 물을 수 있다.

아난다여, 나는 여인을 위하여 이 제5존사법을 세우나니, 여인은 그것을 범해서는 안 되고 목숨이 다할 때까지 받들어 지녀야 한다.

6) 아난다여, 비구니는 비구의 허물을 말할 수 없지만, 비구는 비구니의 허물을 말할 수 있다. 아난다여, 나는 여인을 위하여 이 제6존사법을 세우나니, 여인은 그것을 범해서는 안 되고 목숨이 다할 때까지 받들어 지녀야 한다.

7) 아난다여, 비구니가 만일 승가바시사를 범했으면 마땅히 이부대중에게 보름 동안 참회를 행해야 한다. 아난다여, 나는 여인을 위하여 이 제7존사법을 세우나니, 여인은 그것을 범해서는 안 되고 목숨이 다할 때까지 받들어 지녀야 한다.

8) 아난다여, 비구니는 구족계를 받고서 백 세가 되었더라도 처음 구족계를 받은 비구를 향해서 지극히 마음을 낮춰 머리를 조아려 예배하고, 공경하고 받들어 섬기며, 합장하고 문안하여야 한다. 아난다여, 나는 여인을 위하여 이 제8존사법을 세우나니, 여인은 그것을 범해서는 안 되고 목숨이 다할 때까지 받들어 지녀야 한다.

아난다여, 나는 여인을 위하여 이 8존사법을 세우나니, 여인은 그것을 범해서는 안 되고 목숨이 다할 때까지 받들어 지녀야 한다. 아난다여, 만일 마하빠자빠띠 고따미가 이 8존사법을 받들어 지닌다면, 이 바른 법과 율 가운데서 출가하여 도를 배우고, 구족계를 받아 비구니가 될 수 있을 것이다."

이에 아난다 존자는 부처님 말씀을 듣고 잘 받아 지니고 부처님 발에 머리를 조아린 뒤에, 세 번 돌고 물러갔다. 그는 마하빠자빠띠 고따미에게로 가서 말하였다. "고따미여, 여인도 이 바른 법과 율 가운데서 지극한 믿음으로 출가하여 도를 배울 수 있습니다. 마하빠자빠띠 고따미여, 세존께서는 여인을 위하여 이 8존사법을 세우셨으니, 여인은 그것을 범해서는 안 되고 목숨이 다할 때까지 받들어 지녀야 합니다. 무엇이 여덟 가지입니까?

1) 고따미여, 비구니는 마땅히 비구에게서 구족계를 받아야 합니다. 고따미여, 세존께서는 여인을 위하여 이 제1존사법을 세우셨으니, 여인은 그것을 범해서는 안 되고 목숨이 다할 때까지 받들어 지녀야 합니다.

2) 고따미여, 비구니는 보름마다 비구를 찾아가 가르침을 받아야 합니다. 고따미여, 세존께서는 여인을 위하여 이 제2존사법을 세우셨으니, 여인은 그것을 범해서는 안 되고 목숨이 다할 때까지 받들어 지녀야 합니다.

3) 고따미여, 만일 머무는 곳에 비구가 없으면 비구니는 그 여름 안거를 받을 수 없습니다. 고따미여, 세존께서는 여인을 위하여 이 제3존사법을 세우셨으니, 여인은 그것을 범해서는 안 되고 목숨이 다할 때까지 받들어 지녀야 합니다.

4) 고따미여, 안거를 마치면 비구니는 비구 승가 앞에서 본 것과 들은 것과 의심쩍은 것의 세 가지에 대해서 자자를 청해야 합니다. 고따미여, 세존께서는 여인을 위하여 이 제4존사법을 세우셨으니, 여인은 그것을 범해서는 안 되고 목숨이 다할 때까지 받들어 지녀야 합니다.

5) 고따미여, 만일 비구가 비구니의 물음을 허락하지 않으면 비구니는 비구에게 경, 율, 논에 관해 물을 수 없고, 만일 물음을 허락하면

비구니는 비구에게 경, 율, 논에 관해 물을 수 있습니다. 고따미여, 세존께서는 여인을 위하여 이 제5존사법을 세우셨으니, 여인은 그것을 범해서는 안 되고 목숨이 다할 때까지 받들어 지녀야 합니다.

6) 고따미여, 비구니는 비구의 허물을 말할 수 없지만, 비구는 비구니의 허물을 말할 수 있습니다. 고따미여, 세존께서는 여인을 위하여 이 제6존사법을 세우셨으니, 여인은 그것을 범해서는 안 되고 목숨이 다할 때까지 받들어 지녀야 합니다.

7) 고따미여, 비구니가 만일 승가바시사를 범했으면 마땅히 이부 대중에게 보름 동안 참회를 행해야 합니다. 고따미여, 세존께서는 여인을 위하여 이 제7존사법을 세우셨으니, 여인은 그것을 범해서는 안 되고 목숨이 다할 때까지 받들어 지녀야 합니다.

8) 고따미여, 비구니는 구족계를 받고서 백 세가 되었더라도 처음 구족계를 받은 비구를 향해서 지극히 마음을 낮춰 머리를 조아려 예배하고, 공경하고 받들어 섬기며, 합장하고 문안하여야 합니다. 고따미여, 세존께서는 여인을 위하여 이 제8존사법을 세우셨으니, 여인은 그것을 범해서는 안 되고 목숨이 다할 때까지 받들어 지녀야 합니다.

고따미여, 세존께서는 여인을 위하여 이 8존사법을 세우셨으니, 여인은 그것을 범해서는 안 되고 목숨이 다할 때까지 받들어 지녀야 합니다. 고따미여, 세존께서는 이렇게 말씀하셨습니다. '만일 마하빠자빠띠 고따미가 이 8존사법을 받들어 지닌다면, 이 바른 법과 율 가운데 출가하여 도를 배우고, 구족계를 받아 비구니가 될 수 있을 것이다.'"

이에 마하빠자빠띠 고따미가 말했다. "아난다 존자시여, 내가 비유로 말하는 것을 들어보십시오. 지혜로운 사람은 비유를 들으면 곧 그 뜻을 이해할 것입니다. 아난다 존자시여, 여기 깨끗하게 목욕한 뒤 몸에 향을 바르고, 환하고 깨끗한 옷을 입고, 온갖 장식으로 용모를 잘 꾸민 크샤트리아의 여자나 바라문의 〔여자나〕 바이샤의 〔여자나〕 수드라〔계급〕의 여자가 있습니다.

그런데, 그 여자를 위해 그 여자의 이익과 안녕, 행복과 평안을 추구하는 사람이 있어, 그가 푸른 연꽃 화관이나[2] 첨복꽃(瞻蔔華) 화관, 혹은 수마나꽃(修摩那華) 화관, 혹은 바사꽃(婆師華)화관, 혹은 아제모나꽃(阿提牟多華) 화관을 가져다 그 여자에게 줍니다. 그 여자는 기뻐하며 두 손으로 그것을 받아 머리에 장식하는 것과 같습니다.

아난다 존자시여, 이처럼 세존께서는 여인을 위하여 이 8존사법을 세우셨으니, 저는 목숨이 다할 때까지 모셔 받들어 지니겠습니다."

그때에 마하빠자빠띠 고따미는 바른 법과 율 가운데 출가하여 도를 배우고, 구족계를 받아 비구니가 되었다.

그리하여 그 뒤에 어느 때, 마하빠자빠띠 고따미는 큰 비구니 대중을 이루게 되었는데 이들은 모두 뛰어난 비구니들로서, 오랫동안 청정범행을 닦아 왕에게도 잘 알려진 연로한 장로 비구니들이었다. 그녀는 이들과 함께 아난다 존자에게 나아가 머리를 조아려 절하고 물러나 한쪽에 서서 말했다.

"아난다 존자시여, 마땅히 아셔야 합니다. 이 비구니들은 다 연로한

---

2 "鬚"(수염 수) 대신에 다른 글자 "鬘"(머리장식 만)을 채택함 ("青蓮華鬚" → "青蓮華鬘").

장로로서 왕에게 잘 알려져 있으며 오랫동안 청정범행을 닦았습니다. 〔이에 비해〕 저 비구들은 나이 젊은 신참으로서 최근에 출가하여 이 바른 법과 율 안에 들어온 지 오래지 않았습니다. 원컨대 저 비구들로 하여금 그 나이의 많고 적음에 따라 이 비구니들에게 머리를 조아려 절하고, 공경하여 받들어 섬기며, 합장하고 문안하게 하십시오."

이에 아난다 존자가 말하였다. "고따미여, 잠깐만 여기서 기다리십시오. 제가 부처님께 나아가 이 일을 여쭈어 보겠습니다." 마하빠자빠띠 고따미가 말하였다. "예, 그러십시오. 아난다 존자시여."

이에 아난다 존자는 부처님 계신 곳으로 가서 부처님 발에 머리를 조아리고, 물러나 한쪽에 서서 합장하고 부처님을 향하여 여쭈었다.

"세존이시여, 오늘 마하빠자빠띠 고따미는 왕에게 잘 알려지고 오랫동안 청정범행을 닦은 연로한 장로 비구니들과 함께 저에게 와서 제 발에 머리를 조아리고, 물러나 한쪽에 서서 합장하고 저에게 말하였습니다. '아난다 존자시여, 이 비구니들은 다 연로한 장로로서 왕에게 잘 알려져 있으며 오랫동안 청정범행을 닦았습니다. 〔이에 비해〕 저 비구들은 나이 젊은 신참으로서 최근에 출가하여 이 바른 법과 율 안에 들어온 지 오래지 않았습니다. 원컨대 저 비구들로 하여금 그 나이의 많고 적음에 따라 이 비구니들에게 머리를 조아려 절하고, 공경하여 받들어 섬기며, 합장하고 문안하게 하십시오.'"

부처님께서 말씀하셨다. "그만두라, 그만두라. 아난다여, 그런 말을 조심하고 삼가 그런 말을 하지 말라. 아난다여, 그대가 만일 내가 알고 있는 것을 알았다면, 한마디도 하지 않았겠거늘 하물며 그런 말을 하는가?

아난다여, 만일 여인으로 하여금 이 바른 법과 율 안에서 지극한 믿음으로 집을 버리어 집이 없이 도를 배우도록 하지 않았더라면, 모든 바라문과 바이샤들은 옷을 땅에 펴고 이렇게 말했으리라. '정진하는 사문께서는 이 위로 가십시오! 정진하는 사문께서는 힘든 수행을 하시니 저희들로 하여금 영원한 이익과 안녕과 행복과 평안을 얻도록 하십니다.'

아난다여, 만일 여인으로 하여금 이 바른 법과 율 안에서 지극한 믿음으로 집을 버리어 집이 없이 도를 배우도록 하지 않았더라면, 모든 바라문과 바이샤들은 머리털을 땅에 펴고 이렇게 말했으리라.[3] '정진하는 사문께서는 이 위로 가십시오! 정진하는 사문께서는 힘든 수행을 하시니 저희들로 하여금 영원한 이익과 안녕과 행복과 평안을 얻도록 하십니다.'

아난다여, 만일 여인으로 하여금 이 바른 법과 율 안에서 지극한 믿음으로 집을 버리어 집이 없이 도를 배우도록 하지 않았더라면, 바라문과 바이샤들은 사문을 보고 손에 여러 가지 음식을 받들고 길가에 서서 기다리면서 이렇게 말했으리라. '존자들이시여, 이것을 받아 드시고, 이것을 가지고 가서 마음대로 쓰시고, 저희들로 하여금 영원한 이익과 안녕과 행복과 평안을 얻도록 하옵소서.'

아난다여, 만일 여인으로 하여금 이 바른 법과 율 안에서 지극한 믿음으로 집을 버리어 집이 없이 도를 배우도록 하지 않았더라면, 믿음이 있는 바라문[과 바이샤들]은 정진하는 사문을 보면 공경하는

---

3 "施"(베풀 시) 대신에 다른 글자 "地"(땅 지)를 채택함 ("以頭髮布施" → "以頭髮布地").

마음으로 집안으로 모시고 들어가, 여러 가지 공양물을 가져다 정진하는 사문에게 보시하면서 이렇게 말했으리라. '존자들이시여, 이것을 받아 가지고 가서 마음대로 쓰시고, 저희들로 하여금 영원한 이익과 안녕과 행복과 평안을 얻도록 하옵소서.'

아난다여, 만일 여인으로 하여금 이 바른 법과 율 안에서 지극한 믿음으로 집을 버리어 집이 없이 도를 배우도록 하지 않았더라면, 이 해와 달이 아무리 큰 여의족如意足이 있고, 큰 위력이 있고, 큰 복덕이 있고, 큰 위엄이 있다지만 정진하는 사문의 위엄과 덕에는 미치지 못하겠거늘, 하물며 저 앙상하고 나약한 외도야 말해 무엇하겠는가?

아난다여, 만일 여인으로 하여금 이 바른 법과 율 안에서 지극한 믿음으로 집을 버리어 집이 없이 도를 배우도록 하지 않았더라면, 이 바른 법은 천 년은 더 계속되었을 것이다. 그러나 이제 오백 년을 잃었으니, 남은 것은 오백 년뿐이다.

아난다여, 마땅히 알아야 한다. 여인은 다섯 가지 지위에 오를 수 없다. 여인은 취착 없이 바르게 깨달은 여래如來가 될 수 없으며, 전륜성왕轉輪聖王, 제석천왕帝釋天王, 마라魔羅, 위대한 브라흐만 신(大梵天)이 될 수 없다. 그러나 마땅히 알아야 하나니, 남자는 반드시 이 다섯 지위에 오를 수 있다. 남자는 취착 없이 바르게 깨달은 여래가 될 수 있으며, 전륜성왕, 제석천왕, 마라, 위대한 브라흐만 신이 될 수 있다."

부처님께서 이렇게 말씀하셨다. 아난다와 비구들은 부처님 말씀을 듣고 기뻐하며 그 말씀을 공손히 받들었다.

빠알리 상좌부(上座部, Theravāda) 전승『앙굿따라 니까야(*Aṅguttara-nikāya*)』[1]

한때 세존께서는 까삘라왓투의 니그로다 원림에 머무셨다. 그때 마하빠자빠띠 고따미가 세존께 다가갔다. 가서는 세존께 절을 올리고 한 곁에 섰다. 한 곁에 서서 마하빠자빠띠 고따미는 세존께 이렇게 말씀드렸다.

"세존이시여, 여자도 집을 나와 여래가 선포하신 법과 율 안으로 출가하도록 해주시면 감사하겠습니다."

〔부처님께서 말씀하셨다.〕"그만하시오, 고따미여. 그대는 여자가 집을 나와 여래가 선포하신 법과 율 안으로 출가하는 것을 요청하지 마시오."

두 번째로 마하빠자빠띠 고따미는 세존께 이렇게 말씀드렸다.

"세존이시여, 여자도 집을 나와 여래가 선포하신 법과 율 안으로 출가하도록 해주시면 감사하겠습니다."

〔부처님께서 말씀하셨다.〕"그만하시오, 고따미여. 그대는 여자가 집을 나와 여래가 선포하신 법과 율 안으로 출가하는 것을 요청하지 마시오."

---

1 번역의 저본은 AN IV 274,1-279,13의 AN 8.51. 이는 Vin II 253,1-256,32에 해당된다. AN 8.51의 번역은 Hare 1955: 181-185, Bodhi 2012: 1188-1192, 그리고 Ānandajoti 2014: 13-24에서도 볼 수 있다. 그리고 여기에 해당하는 율의 번역은 Horner 1952/1975: 352-356. AN 8.51의 B^e와 C^e는 이 경의 제목을 「고따미경」으로 제시한다.

세 번째로 마하빠자빠띠 고따미는 세존께 이렇게 말씀드렸다.

"세존이시여, 여자도 집을 나와 여래가 선포하신 법과 율 안으로 출가하도록 해주시면 감사하겠습니다."

〔부처님께서 말씀하셨다.〕 "그만하시오, 고따미여. 그대는 여자가 집을 나와 여래가 선포하신 법과 율 안으로 출가하는 것을 요청하지 마시오."

그러자 마하빠자빠띠 고따미는 '세존께서는 여자가 집을 나와 여래가 선포하신 법과 율 안으로 출가하는 것을 허락하지 않으시는구나'라고 〔생각하면서〕 슬픔과 비탄에 잠겨 눈물을 흘리고 흐느끼면서 세존께 절을 올리고 오른쪽으로 돌아 경의를 표한 뒤에 물러갔다.

그 후 세존께서는 까삘라왓투에 원하는 만큼 머무시고 웨살리를 향하여 유행을 떠나셨다. 차례차례 유행을 하시어 웨살리에 도착하셨다. 세존께서는 그곳 웨살리에서 큰 숲의 중각강당에 머무셨다.

그때 마하빠자빠띠 고따미는 삭발을 하고 가사를 입고 많은 삭꺄의 여인들과 함께 웨살리로 들어가 차례대로 〔걸어서〕 웨살리에 있는 큰 숲의 중각강당에 도착하였다.

그때 마하빠자빠띠 고따미는 발이 퉁퉁 부어올랐고, 사지는 온통 먼지투성이였으며, 슬픔과 비탄에 잠겨 눈물을 흘리고 흐느끼면서 문밖에 서 있었다. 아난다 존자는 마하빠자빠띠 고따미가 발이 퉁퉁 부어올랐고, 사지는 온통 먼지투성이며, 슬픔과 비탄에 잠겨 눈물을 흘리고 흐느끼면서 문밖에 서 있는 것을 보았다. 보고는 마하빠자빠띠 고따미에게 이렇게 말하였다.

"고따미여, 당신은 왜 발이 퉁퉁 부어올랐고, 사지는 온통 먼지투성이며, 슬픔과 비탄에 잠겨 눈물을 흘리고 흐느끼면서 문밖에 서 있습니까?"

〔마하빠자빠띠 고따미가 대답했다.〕 "아난다 존자시여, 세존께서는 여자가 집을 나와 여래가 선포하신 법과 율 안으로 출가하는 것을 허락하지 않으십니다."

〔아난다가 말했다.〕 "고따미여, 그렇다면 여기에 계십시오.[2] 제가 세존께 여자도 집을 나와 여래가 선포하신 법과 율 안으로 출가하도록 간청을 해 보겠습니다."

그리고 아난다 존자는 세존께 다가갔다. 가서는 세존께 절을 올리고 한 곁에 앉았다. 한 곁에 앉아서 아난다 존자는 세존께 이렇게 말씀드렸다.

"세존이시여, 마하빠자빠띠 고따미께서 발이 퉁퉁 부어올랐고, 사지는 온통 먼지투성이며, 슬픔과 비탄에 잠겨 눈물을 흘리고 흐느끼면서 문밖에 서서 '세존께서는 여자가 집을 나와 여래가 선포하신 법과 율 안으로 출가하는 것을 허락하지 않으십니다.'라고 말하고 있습니다.

"세존이시여, 여자도 집을 나와 여래가 선포하신 법과 율 안으로 출가하도록 해주십시오."

〔부처님께서 말씀하셨다.〕 "그만하라, 아난다여. 그대는 여자가 집을 나와 여래가 선포하신 법과 율 안으로 출가하는 것을 요청하지 말라."

두 번째로 … 세 번째로 아난다 존자는 세존께 이렇게 말씀드렸다.

---

2 V II 254,8 및 AN 8.51의 B^{e}에는 "여기에 잠깐만 계십시오."로 나타나 있다.

"세존이시여, 여자도 집을 나와 여래가 선포하신 법과 율 안으로 출가하도록 해주십시오."

〔세 번째로 부처님께서 말씀하셨다.〕 "그만하라, 아난다여. 그대는 여자가 집을 나와 여래가 선포하신 법과 율 안으로 출가하는 것을 요청하지 말라."

그러자 아난다 존자에게 이런 생각이 들었다. '세존께서는 여자가 집을 나와 여래가 선포하신 법과 율 안으로 출가하는 것을 허락하지 않으시는구나. 그러니 나는 다른 방법으로 여자도 집을 나와 여래가 선포하신 법과 율 안으로 출가하도록 세존께 간청을 드려야겠다.'

그리하여 아난다 존자는 세존께 이렇게 말씀드렸다.

"세존이시여, 여자도 집을 나와 여래가 선포하신 법과 율 안으로 출가하면 예류과도 일래과도 불환과도 아라한과도 실현할 수 있습니까?"[3]

〔부처님께서 말씀하셨다.〕 "아난다여, 여자도 집을 나와 여래가 선포하신 법과 율 안으로 출가하면 예류과도 일래과도 불환과도 아라한과도 실현할 수 있다!"

〔아난다가 말했다.〕 "세존이시여, 만일 여자도 집을 나와 여래가 선포하신 법과 율 안으로 출가하면 예류과도 …… 아라한과도 실현할 수 있다면, 그러하다면 세존이시여, 마하빠자빠띠 고따미는 세존께 많은 도움을 주었습니다. 그분은 세존의 이모였고 유모였고 양육자였으며, 세존의 생모가 돌아가셨을 때 세존께 젖을 먹였습니다.[4] 〔그러

---

3 이곳과 이하에서 Vin II 254,32는 아라한 "과果"를 언급하지 않고 아라한 "도道"만을 말하고 있다.

니〕 세존이시여, 여자도 집을 나와 여래가 선포하신 법과 율 안으로 출가하도록 허락해 주시면 좋겠습니다."

〔부처님께서 말씀하셨다.〕 "아난다여, 만일 마하빠자빠띠 고따미가 '여덟 가지 무거운 법(八敬法, *garudhamma*)'을 받아들인다면 그녀는 구족계를 받을 수 있다.

1) 비구니가 구족계를 받은 지 백 년이 되었다 하더라도 바로 그날 구족계를 받은 비구에게 절을 올리고 자리에서 일어나 맞이하고 합장하고 경의를 표해야 하나니, 이 법을 존경하고 존중하고 예배하고 공경하여 목숨이 붙어 있는 한 범하지 말아야 한다.

2) 비구니는 비구가 없는 거주지에서 안거를 지내서는 안 되나니, 이 법 또한 존경하고 존중하고 예배하고 공경하여 목숨이 붙어 있는 한 범하지 말아야 한다.

3) 매 보름마다 비구니는 포살 및 훈도를 받으러 와야 하는 〔날짜가〕 언제인지 이 두 가지에 대해 비구 승가로부터 답을 기다려야 하나니,[5] 이 법 또한 존경하고 존중하고 예배하고 공경하여 목숨이 붙어 있는 한 범하지 말아야 한다.

4) 안거를 마치면 비구니는 〔비구와 비구니〕 두 승가 앞에서 본 것과 들은 것과 의심쩍은 것의 세 가지에 대해서 자자自恣를 해야

---

4 "젖을 먹였다"는 언급은 AN 8.51의 B^e와 S^e에 보이고 V II 255,1에도 있다. 그러나 AN 8.51의 C^e 및 E^e 에는 없다.

5 AN IV 277,1의 E^e에서 "두 가지에 대해 기다려야 한다(should expect two things)"라는 말은, 바로 말하면 비구니가 그 대답을 "찾아내야 한다(should seek)"는 뜻일 뿐이다.

하나니, 이 법 또한 존경하고 존중하고 예배하고 공경하여 목숨이 붙어 있는 한 범하지 말아야 한다.

5) 무거운 법(*garudhamma*)을 범한 비구니는 두 승가에게 보름간의 참회를 행해야 하나니,[6] 이 법 또한 존경하고 존중하고 예배하고 공경하여 목숨이 붙어 있는 한 범하지 말아야 한다.

6) 이 년 동안 여섯 가지 법에 대해 배운 식차마나式叉摩那는 두 승가로부터 구족계를 받아야 하나니, 이 법 또한 존경하고 존중하고 예배하고 공경하여 목숨이 붙어 있는 한 범하지 말아야 한다.

7) 어떤 이유로도 비구니는 비구에게 욕설을 하거나 비방을 해서는 안 되나니, 이 법 또한 존경하고 존중하고 예배하고 공경하여 목숨이 붙어 있는 한 범하지 말아야 한다.

8) 오늘부터[7] 비구니들이 비구들을 비판하는 것은 금지되지만 비구들이 비구니들을 비판하는 것은 금지되지 않나니, 이 법 또한 존경하고 존중하고 예배하고 공경하여 목숨이 붙어 있는 한 범하지 말아야 한다.

아난다여, 만일 마하빠자빠띠 고따미가 이러한 여덟 가지 무거운 법을 받아들인다면 그녀는 구족계를 받을 수 있다."

---

6 이 표현에서 '무거운 법(*garudhamma*)'이라는 단어는 마하빠자빠띠 고따미가 받아들임으로써 구족계를 받을 수 있었던 그 '여덟 가지 무거운 법'과는 용법에서 다른 의미를 지닌다. 앞의 p.137 각주 27 참조.

7 AN 8.51의 C^e와 E^e에서 붓다는 이 말을 아난다에게 하고 있다. 이것은 다음에 이어지는 문장의 말이 우연히 앞당겨진 사례로서, AN 8.51 및 율의 모든 전승들에서 이 말은 다음 문장에 나온다.

그러자 아난다 존자는 세존으로부터 이러한 여덟 가지 무거운 법을 배운 뒤 마하빠자빠띠 고따미에게 갔다. 가서는 마하빠자빠띠 고따미에게 이렇게 말했다. "고따미여, 만일 여덟 가지 무거운 법을 받아들인다면 구족계를 받을 수 있습니다.

1) 비구니가 구족계를 받은 지 백 년이 되었다 하더라도 바로 그날 구족계를 받은 비구에게 절을 올리고 자리에서 일어나 맞이하고 합장하고 경의를 표해야 하나니, 이 법을 존경하고 존중하고 예배하고 공경하여 목숨이 붙어 있는 한 범하지 말아야 합니다.

……

8) 오늘부터 비구니들이 비구들을 비판하는 것은 금지되지만 비구들이 비구니들을 비판하는 것은 금지되지 않나니, 이 법 또한 존경하고 존중하고 예배하고 공경하여 목숨이 붙어 있는 한 범하지 말아야 합니다.

고따미여, 만일 이러한 여덟 가지 무거운 법을 받아들인다면 구족계를 받을 수 있습니다."

〔고따미가 말했다.〕 "아난다 존자시여, 마치 장식을 좋아하는 어리고 젊은 여자나 남자가 머리를 감은 뒤 연꽃 화환이나 재스민 화환이나 장미꽃 화환을 얻으면 두 손으로 받아서 몸의 최상인 머리에 놓는 것과 같이, 아난다 존자시여,[8] 저는 목숨이 붙어 있는 한 범하지 않을 이 여덟 가지 무거운 법을 받아들입니다."[9]

---

8 AN 8.51의 C^e 및 E^e에서 그녀는 "아난다"와 "존자"라는 말을 동시에 사용하지 않는다.

9 C^e에는 그녀가 이 '여덟 가지 무거운 법'을 "받아들일 것(will take up)"으로 표현되어

그러자 아난다 존자는 세존께 다가갔다. 가서는 세존께 절을 올리고 한 곁에 앉았다. 한 곁에 앉아서 아난다 존자는 세존께 이렇게 말씀드렸다.

"세존이시여, 마하빠자빠띠 고따미는 여덟 가지 무거운 법을 받아들여 목숨이 붙어 있는 한 범하지 않겠다고 했습니다."[10]

〔부처님께서 말씀하셨다.〕 "아난다여, 만일 여자가 집을 나와 여래가 선포하신 법과 율 안으로 출가하지 않으면 청정범행은 오래 머물 것이고 정법은 천 년을 머물게 될 것이다.

아난다여, 그러나 여자도 집을 나와 여래가 선포하신 법과 율 안으로 출가하게 되었으므로 이제 청정범행은 오래 머물지 못할 것이고 정법은 오백 년 〔밖에〕 머물지 못할 것이다.

아난다여, 마치 어떤 집이든 여자가 많고 남자가 적은 집은 〔작은 불빛을 이용해서 몰래 숨어 들어오는〕 강도들의 침입을 받기 쉬운 것과 같이, 여자가 집을 나와 출가하는 그런 법과 율에는 청정범행이 오래 머물지 못한다.

아난다여, 마치 벼가 잘 익은 논에 '백반병(白斑病, bleaching)'이라는 병이 덮치면 벼가 잘 익은 그 논은 오래 가지 못하는 것과 같이, 여자가 집을 나와 출가하는 그런 법과 율에는 청정범행이 오래 머물지 못한다.

있다.

10 "목숨이 붙어 있는 한 범하지 않는다"는 것으로 모양이 갖춰지는 '여덟 가지 무거운 법'의 이 마지막 구절 대신에, Vin II 256,8에는 이렇게 해서 "세존의 이모님은 구족계를 받았다"라는 말을 아난다가 덧붙인다.

아난다여, 마치 잘 자란 사탕수수 밭에 '적수병(赤銹病, red rust)'이라는 병이 덮치면 그 잘 자란 사탕수수 밭은 오래 가지 못하는 것과 같이, 여자가 집을 나와 출가하는 그런 법과 율에는 청정범행이 오래 머물지 못한다.

아난다여, 마치 어떤 사람이 큰 호수에다 미래를 대비하여 제방을 쌓아서 물이 범람하지 못하게 하듯이, 나도 미래를 대비하여 비구니들에게 여덟 가지 무거운 법을 제정하여 목숨이 붙어 있는 한 범하지 못하도록 하노라."

약어표

AN	*Aṅguttara-nikāya* (앙굿따라 니까야: 증지부)
Ap	*Apadāna* (비유경)
As	*Atthasālinī* (승의론소勝義論疏)
B e	Burmese edition (미얀마 편집본)
Bv	*Buddhavaṃsa* (붓다왕사, 佛種姓經)
C e	Ceylonese edition (스리랑카 편집본)
D	Derger edition (데게 편집 티베트어 대장경)
DĀ	*Dīrgha-āgama* (T 1) (장아함경)
Dhp	*Dhammapada* (법구경)
Dhp-a	*Dhammapada-aṭṭhakathā* (법구경 주석서)
Dip	*Dipavaṃsa* (도사島史)
DN	*Dīrgha-nikāya* (디가 니까야: 장부)
EĀ	*Ekottarika-āgama* (T 125) (증일아함경)
E e	PTS edition (빠알리성전협회 편집본)
Khp	*Khuddakapāṭha* (소송경小誦經)
MĀ	*Madhyama-āgama* (T 26) (중아함경)
Mhv	*Mahāvaṃsa* (대사大史)
Ml	*Milindapañha* (밀린다왕문경)
MN	*Majjima-nikāya* (맛지마 니까야: 중부)
Mp	*Manorathapūraṇī* (증지부 주석서)
Pj II	*Paramatthajotikā* (승의광명소勝義光明疏; 小誦經 및 숫따니빠따 주석서)
Ps	*Papañcasūdanī* (멸희론소滅戲論疏; 맛지마 니까야 주석)
PTS	Pali Text Society (빠알리성전협회)
Q	Peking edition (북경 편집 티베트어 대장경)
SĀ	*Saṃyukta-āgama* (T 99) (잡아함경)

SĀ²	*Saṃyukta-āgama* (T 100) (잡아함경)
S e	Siamese edition (타이 편집본)
SHT	Sanscrithanschriften aus den Turfanfunden (산스크리트어 문헌 단편)
SN	*Saṃyutta-nikāya* (상윳따 니까야: 상응부)
Sn	*Sutta-nipāta* (숫따니빠따: 經集)
Sp	*Samantapāsādikā* (선견율비바사소善見律毘婆沙疏)
T	Taishō edition (CBETA) (다이쇼[大正] 신수[新脩]대장경)
Th	*Theragāthā* (장로게)
Th-a	*Theragāthā-aṭṭhakathā* (장로게 주석서)
Th	*Therīgāthā* (장로니게)
Th-a	*Therīgāthā-aṭṭhakathā* (ed. 1998) (장로니게 주석서)
Ud	*Udāna* (감흥어)
Vin	*Vinaya* (율장)

참고문헌

Abeynayake, Oliver 2003: "Reappraisal of the Position of Women in Buddhism", *Journal of the Centre for Buddhist Studies, Sri Lanka*, 1: 1-16.

Abhayawansa, Kapila 2015: "The Buddha and His Monastic Order", *Singaporean Journal of Buddhist Studies*, 2: 37-63.

Adikaram, E.W. 1946/1994: *Early History of Buddhism in Ceylon, or 'State of Buddhism in Ceylon as Revealed by the Pāli Commentaries of the 5th Centurv A.D.'*, Sri Lanka, Dehiwala: Buddhist Cultural Centre.

An, Ok-Sun 2002: "A Critique of the Early Buddhist Texts: The Doctrine of Woman's Incapability of Becoming an Enlightened One", *Asian Journal of Women's Studies*, 8.3: 7-34.

An, Yang-Gyu 2000: "Buddhaghosa's View of the Buddha's Lifespan", *Bukkyō Kenkyū*, 29: 129-147.

Anālayo 2006: "The Ekottarika-āgama Parallel to the Saccavibhaṅga-sutta and the Four (Noble) Truths", *Buddhist Studies Review*, 23.2: 145-153.

___ 2007: "The Arahant Ideal in Early Buddhism-The Case of Bakkula", *Indian Intemational Journal of Buddhist Studies*, 8: 1-21 (reprinted in 2012c).

___ 2008a: "Theories on the Foundation of the Nuns' Order, A Critical Evaluation", *Journal of the Centre for Buddhist Studies, Sri Lanka*, 6: 105-142.

___ 2008b: "Tuṇhībhāva", in *Encyclopaedia of Buddhism*, W.G. Weeraratne (ed.), 8.3: 372-373, Sri Lanka: Department of Buddhist Affairs.

___ 2009a: "The Bahudhātuka-sutta and Its Parallels on Women's Inabilities", *Journal of Buddhist Ethics*, 16: 137-190 (reprinted in 2012c).

___ 2009b: "Karma and Liberation, The Karajakāya-sutta (AN 10.208) in the Light of Its Parallels", in *Pāsādikadānaṃ, Festschrift für Bhikkhu Pāsādika*,

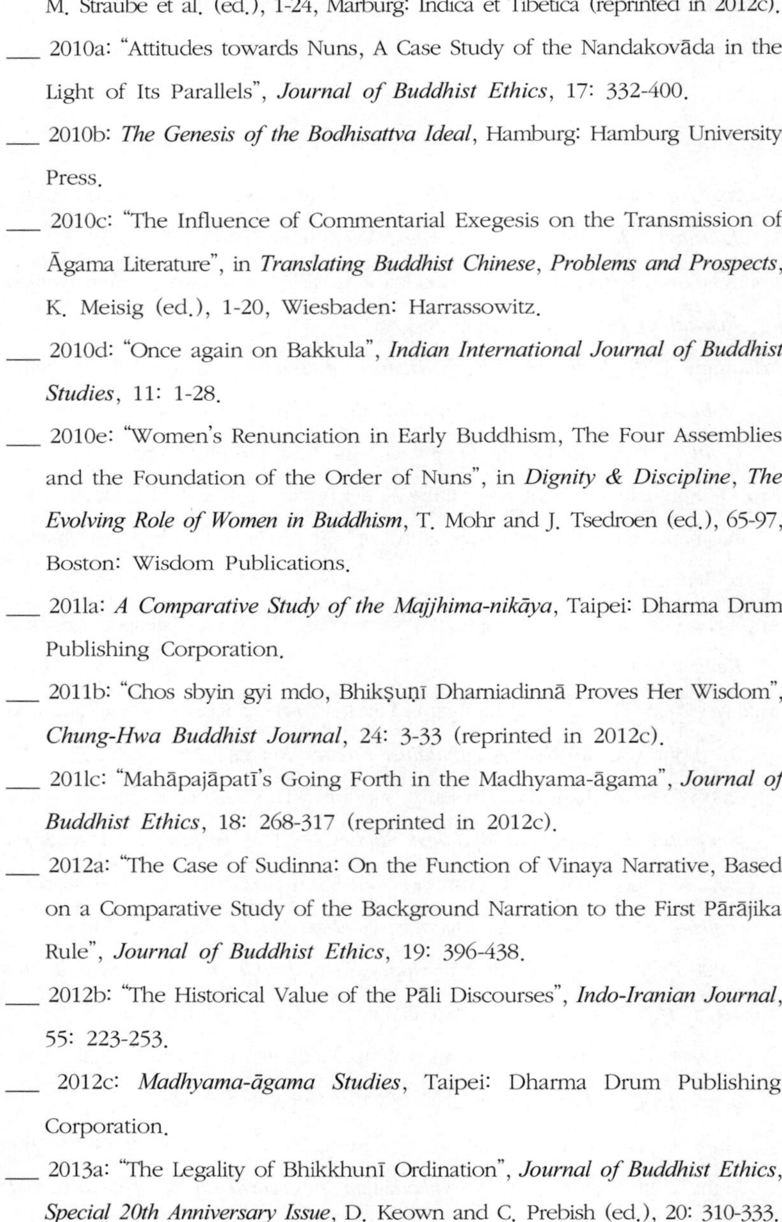

M. Straube et al. (ed.), 1-24, Marburg: Indica et Tibetica (reprinted in 2012c).

___ 2010a: "Attitudes towards Nuns, A Case Study of the Nandakovāda in the Light of Its Parallels", *Journal of Buddhist Ethics*, 17: 332-400.

___ 2010b: *The Genesis of the Bodhisattva Ideal*, Hamburg: Hamburg University Press.

___ 2010c: "The Influence of Commentarial Exegesis on the Transmission of Āgama Literature", in *Translating Buddhist Chinese, Problems and Prospects*, K. Meisig (ed.), 1-20, Wiesbaden: Harrassowitz.

___ 2010d: "Once again on Bakkula", *Indian International Journal of Buddhist Studies*, 11: 1-28.

___ 2010e: "Women's Renunciation in Early Buddhism, The Four Assemblies and the Foundation of the Order of Nuns", in *Dignity & Discipline, The Evolving Role of Women in Buddhism*, T. Mohr and J. Tsedroen (ed.), 65-97, Boston: Wisdom Publications.

___ 201la: *A Comparative Study of the Majjhima-nikāya*, Taipei: Dharma Drum Publishing Corporation.

___ 2011b: "Chos sbyin gyi mdo, Bhikṣuṇī Dharniadinnā Proves Her Wisdom", *Chung-Hwa Buddhist Journal*, 24: 3-33 (reprinted in 2012c).

___ 201lc: "Mahāpajāpatī's Going Forth in the Madhyama-āgama", *Journal of Buddhist Ethics*, 18: 268-317 (reprinted in 2012c).

___ 2012a: "The Case of Sudinna: On the Function of Vinaya Narrative, Based on a Comparative Study of the Background Narration to the First Pārājika Rule", *Journal of Buddhist Ethics*, 19: 396-438.

___ 2012b: "The Historical Value of the Pāli Discourses", *Indo-Iranian Journal*, 55: 223-253.

___ 2012c: *Madhyama-āgama Studies*, Taipei: Dharma Drum Publishing Corporation.

___ 2013a: "The Legality of Bhikkhunī Ordination", *Journal of Buddhist Ethics, Special 20th Anniversary Issue*, D. Keown and C. Prebish (ed.), 20: 310-333.

___ 2013b: "The Revival of the Bhikkhunī Order and the Decline of the Sāsana", *Journal of Buddhist Ethics*, 20: 110-193.

___ 2014a: "Beautiful Eyes Seen with Insight as Bereft of Beauty, Subhā Therī and Her Male Counterpart in the Ekottarika-āgama", *The Journal of the Sati Center for Buddhist Studies*, 2: 39-53.

___ 2014b: "The Brahmajāla and the Early Buddhist Oral Tradition", *Annual Report of the International Research Institute for Advanced Buddhology at Soka University*, 17: 41-59.

___ 2014c: *The Dawn of Abhidharma*, Hamburg: Hamburg University Press.

___ 2014d: "Defying Māra, Bhikkhunīs in the Saṃyukta-āgama", in *Women in Early Indian Buddhism: Comparative Textual Studies*, A. Collett (ed.), 116-139, New York: Oxford University Press.

___ 2014e: "Karma and Female Birth", *Journal of Buddhist Ethics*, 21: 109-153.

___ 2014f: "The Mass Suicide of Monks in Discourse and Vinaya Literature" (with an addendum by Richard Gombrich), *Journal of the Oxford Centre for Buddhist Studies*, 7: 11-55.

___ 2014g: "On the Bhikkhunī Ordination Controversy", *Sri Lanka International Journal of Buddhist Studies*, 3: 1-20.

___ 2014h: "Outstanding Bhikkhunīs in the Ekottarika-āgama", in *Women in Early Indian Buddhism: Comparative Textual Studies*, A. Collett (ed.), 97-115, New York: Oxford University Press.

___ 2015a: "Brahmavihāra and Awakening, A Study of the Dīrgha-āgama Parallel to the Tevijja-sutta", *Asian Literature and Translation: A Journal of Religion and Culture*, 3.4: 1-27.

___ 2015b: "The Buddha's Past Life as a Princess", *Journal of Buddhist Ethics*, 22: 95-137.

___ 2015c: "The Cullavagga on bhikkhunī Ordination", *Journal of Buddhist Ethics*, 22: 401-448.

___ 2015d: "The First Saṅgīti and Theravāda Monasticism", *Sri Lanka International*

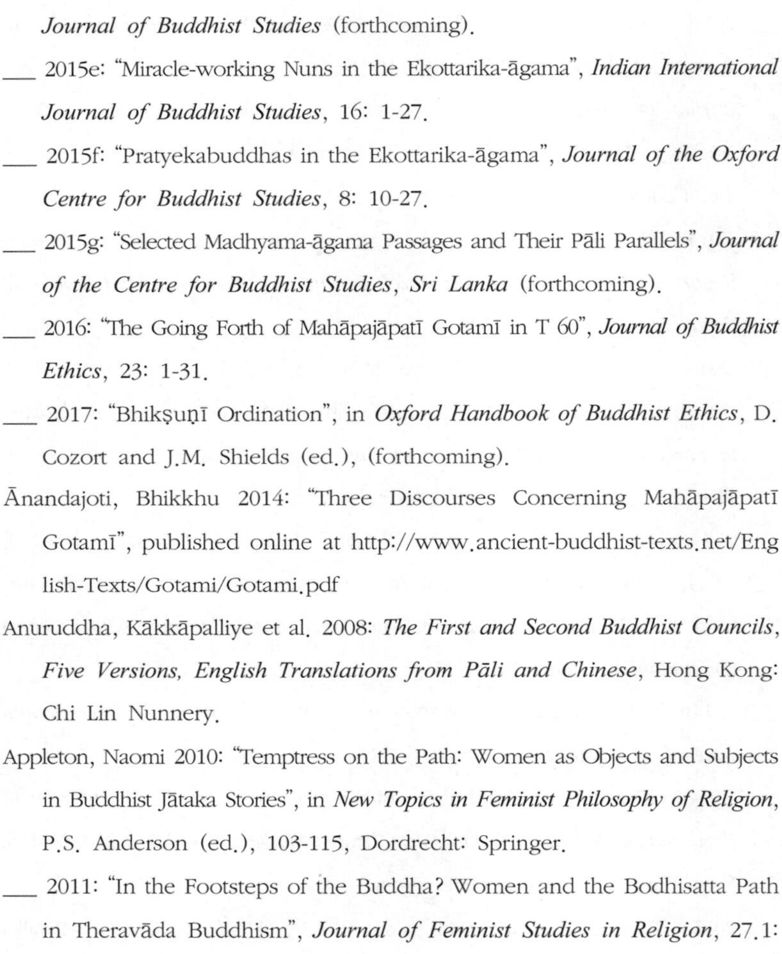

Journal of Buddhist Studies (forthcoming).

___ 2015e: "Miracle-working Nuns in the Ekottarika-āgama", *Indian International Journal of Buddhist Studies*, 16: 1-27.

___ 2015f: "Pratyekabuddhas in the Ekottarika-āgama", *Journal of the Oxford Centre for Buddhist Studies*, 8: 10-27.

___ 2015g: "Selected Madhyama-āgama Passages and Their Pāli Parallels", *Journal of the Centre for Buddhist Studies, Sri Lanka* (forthcoming).

___ 2016: "The Going Forth of Mahāpajāpatī Gotamī in T 60", *Journal of Buddhist Ethics*, 23: 1-31.

___ 2017: "Bhikṣuṇī Ordination", in *Oxford Handbook of Buddhist Ethics*, D. Cozort and J.M. Shields (ed.), (forthcoming).

Ānandajoti, Bhikkhu 2014: "Three Discourses Concerning Mahāpajāpatī Gotamī", published online at http://www.ancient-buddhist-texts.net/English-Texts/Gotami/Gotami.pdf

Anuruddha, Kākkāpalliye et al. 2008: *The First and Second Buddhist Councils, Five Versions, English Translations from Pāli and Chinese*, Hong Kong: Chi Lin Nunnery.

Appleton, Naomi 2010: "Temptress on the Path: Women as Objects and Subjects in Buddhist Jātaka Stories", in *New Topics in Feminist Philosophy of Religion*, P.S. Anderson (ed.), 103-115, Dordrecht: Springer.

___ 2011: "In the Footsteps of the Buddha? Women and the Bodhisatta Path in Theravāda Buddhism", *Journal of Feminist Studies in Religion*, 27.1: 33-51.

Bancroft, Anne 1987: "Women in Buddhism", in *Women in the World's Religions, Past and Present*, U. King (ed.), 81-104, New York: Paragon House.

Banerjee, Anukul Chandra 1977: *Two Buddhist Vinaya Texts in Sanskrit, Prātimokṣa sūtra and Bhikṣukarmavākya*, Calcutta: World Press.

Bapat, P.V. and Hirakawa, A. 1970: 善見毘婆沙, *Shan-Chien-P'i-P'o Sha: A Chinese Version by Saṅghabhadra of Samantapāsādika*, Poona: Bhandarkar

Oriental Research Institute.

Bareau, André 1955a: *Les premiers conciles bouddhiques*, Paris: Presses Universitaires de France.

___ 1955b: *Les sectes bouddhiques du Petit Véhicule*, Paris: École Française d'Extrême-Orient.

___ 1971 (vol. 2): *Recherches sur la biographie du Buddha dans les Sūtra-piṭaka et le Vinayapiṭaka anciens: II, Les derniers mois, le Parinir-vāṇa et les funérailles*, Paris: École Française d'Extrême-Orient.

Barnes, Nancy J. 2000: "The Nuns at the Stūpa, Inscriptional Evidence for the Lives and Activities of Early Buddhist Nuns in India", in *Women's Buddhism, Buddhism's Women: Tradition, Revision, Renewal*, E.B. Findly (ed.), 17-36, Sommerville: Wisdom Publications.

Barnes, Nancy Schuster 1987: "Buddhism", in *Women in World Religions*, A. Sharma (ed.), 105-133, New York: State University of New York Press.

Barua, B.M. 1915: "Māra", *The Buddhist Review*, 7: 194-211.

Barua, Rabindra Bijay 1968: *The Theravāda Saṅgha*, Dacca: Abdul Hai Asiatic Press.

Barua, Subhra 1997: *Monastic Life of the Early Buddhist Nuns*, Calcutta: Atisha Memorial Publishing Society.

Basham, A.L. 1980: "The Background to the Rise of Buddhism", in *Studies in the History of Buddhism*, A.K. Narain (ed.), 13-31, Delhi: B.R. Publishing Corporation.

Batchelor, Stephen 2004: *Living with the Devil, A Meditation on Good and Evil*, New York: Riverhead Books.

Bawa, Seema 2013: *Gods, Men and Women, Gender and Sexuality in Early Indian Art*, New Delhi: DK Print World.

Bechert, Heinz and K. Wille 1989: *Sanskrithandschriften aus den Turfanfunden, Teil 6*, Stuttgart: Franz Steiner.

___ 2000: *Sanskrithandschriften aus den Turfanfunden, Teil 8*, Stuttgart: Franz

Steiner.

Bechert, Heinz et al. 2003: *Sanskrit-Wörterbuch der buddhistischen Texte aus den Turfan-Funden und der kanonischen Literatur der Sarvāstivāda-Schule, Band II*, Göttingen: Vandenhoeck & Ruprecht.

Behm, Allan J. 1971: "The Eschatology of the Jātakas", *Numen*, 18.1: 30-44.

Bhagvat, Durga N. 1939: *Early Buddhist Jurisprudence (Theravāda Vinaya-Laws)*, Delhi: Cosmo Publications (undated reprint).

Bhattacharji, Sukumari 1987: "Prostitution in Ancient India", *Scial Scientist*, 15.2: 32-61.

Bingenheimer, Marcus 2011: *Studies in Āgama Literature, With Special Reference to the Shorter Chinese Saṃyuktāgama*, Taiwan: Shi Weng Feng Print Co.

Bingenheimer, Marcus et al. (ed.) 2013: *The Madhyama Āgama (Middle Length Discourses), Volume I*, Berkeley: Numata Center for Buddhist Translation and Research.

Blackstone, Kathryn R. 1995: *Standing Outside the Gates, A Study of Women's Ordination in the Pali Vinaya*, PhD thesis, Hamilton: McMaster University.

___ 1998/2000: *Women in the Footsteps of the Buddha, Struggle for Liberation in the Therīgāthā*, Delhi: Motilal Banarsidass.

___ 1999: "Damming the Dhamma: Problems with Bhikkhunīs in the Pali Vinaya", *Journal of Buddhist Ethics*, 6: 292-312.

Bodhi, Bhikkhu 2000: *The Connected Discourses of the Buddha, A New Translation of the Saṃyukta Nikāya*, Boston: Wisdom Publications.

___ 2012: *The Numerical Discourses of the Buddha, A Translation of the Aṅguttara Nikāya*, Boston: Wisdom Publications.

Bodhi Translation Committee 2014: "Bhikṣuṇi Skandhaka", published online at https://dharmaguptakavinaya.files.wordpress.com/2015/01/ bhiksuni-skandhaka-2015-01-24-english-only.pdf

Bollée, Willem B. 1988 (vol. 2): *Studien zum Sūyagaḍa, Textteile, Nijjutti, Übersetzung und Anmerkungen*, Wiesbaden: Franz Steiner.

Bopearachchi, Osmund 2011: "In Search of Utpalavairṇā in Gandhāran Buddhist Art", in *Un impaziente desiderio di scorrere il mondo, Studi in onore di Antonio Invernizzi per il suo settantesimo compleanno*, C. Lippolis and S. de Martino (ed.), 353-367, Firenze: Le Lettere.

Brough, John 1973: [Review of Roth: *Bhikṣuṇi-Vinaya]*, *Bulletin of the School of Oriental and African Studies*, 36: 675-677.

Bucknell, Roderick S. 2006: "Samyukta-āgama", in *Encyclopaedia of Buddhism*, W.G. Weeraratne (ed.), 7.4: 684-687, Sri Lanka: Department of Buddhist Affairs.

Chavannes, Édouard 1910 (vol. 1) and 1911 (vol. 3): *Cinq cents contes et apologues, extraits du tripiṭaka chinois et traduits en français*, Paris: Ernest Leroux.

Cheng, Wei-Yi 2007: *Buddhist Nuns in Taiwan and Sri Lanka, A Critique of the Feminist Perspective*, London: Routledge.

Chiu, Tzu-lung and A. Heirman 2014: "The gurudharmas in Buddhist Nunneries of Mainland China", *Buddhist Studies Review*, 31.2: 241-272.

Choong, Mun-keat 2000: *The Fundamental Teachings of Early Buddhism, A Comparative Study Based on the Sūtrāṅga Portion of the Pāli Saṃyuktta Nikāya and the Chinese Saṃyuktāgama*, Wiesbaden: Otto Harrassowitz.

Chung, In Young 1999: "A Buddhist View of Women: A Comparative Study of the Rules for Bhikṣuṇīs and Bhikṣus based on the Chinese Prātimokṣa", *Journal of Buddhist Ethics*, 6: 29-105.

Chung, Jin-il 1998: "'Bhikṣuṇī-Karmavācanā' of the Mūlasarvāstivādins", in *Facets of Indian Culture, Gustav Roth Felicitation Volume, Published on the Occasion of his 82nd Birthday*, C.P. Sinha (ed.), 420-423, Patna: Bihar Puravid Parishad.

___ 1999: "Gurudhamma und aṣṭau gurudharmāḥ", *Indo-Iranian Journal*, 42: 227-234.

___ 2006: "Ursprung und Wandel der Aufnahme von Frauen in den buddhistischen Orden nach der kanonischen Überlieferung, eine Randbemerkung", *Annual of the Sanko Research Institute for the Studies of Buddhism*, 37: 1-16.

___ 2015: "Puṇya-sūtra of the Ekottarikāgama in Comparison with the Fu-jing of the Chinese Madhyamāgama", *Critical Review for Buddhist Studies*, 16: 9-33.

___ 2016: "Śrutānṛśamsa-sūtra of the Dīrghāgama, Discourse on the Benefits of Learning the Buddha's Teachings in Comparison with the Wende-jing 聞德經 of the Madhyama-āgama", in *Research on the Madhyama-āgama*, Dhammadinnā (ed.) Taipei: Dharma Drum Publishing Corporation (forthcoming).

Chung, Jin-il and T. Fukita 2011: *A Survey of the Sanskrit Fragments Corresponding to the Chinese Madhyamāgama, Including References to Sanskrit Parallels, Citations, Numerical Categories of Doctrinal Concepts, and Stock Phrases*, Tokyo: Sankibo Press.

Church, Cornelia Dimmitt 1975: "Temptress, Housewife, Nun: Women's Role in Early Buddhism", *Anima*, 2: 53-58.

Clarke, Shayne 2004: "Vinaya Mātṛkā, Mother of the Monastic Codes, Or Just Another Set of Lists? A Response to Frauwallner's Handling of the Mahāsāṃghika Vinaya", *Indo-Iranian Journal*, 47: 77-120.

___ 2009: "Locating Humour in Indian Buddhist Monastic Law Codes: A Comparative Approach", *Journal of Indian Philosophy*, 37: 311-330.

___ 2014: *Family Matters in Indian Buddhist Monasticism*, Honolulu: University of Hawai'i Press.

___ 2015: "Vinayas", in *Brill's Encyclopedia of Buddhism*, O. von Hinüber (ed.), 60-87, Leiden: Brill.

Cohen, Richard S. 2000: "Kinsmen of the Sun, Śākyabhikṣus and the Institutionalization of the Bodhisattva Ideal", *History of Religions*, 40.1: 1-31.

Collett, Alice 2006: "Buddhism and Gender, Reframing and Refocusing the Debate", *Journal of Feminist Studies in Religion*, 22.2: 55-84.

___ 2009a: "Historico-Critical Hermeneutics in the Study of Women in Early

Indian Buddhism", *Numen*, 56: 91-117.

___ 2009b: "Somā the Learned Brahmin", *Religions of South Asia*, 3.1: 93-109.

___ 2011: "The Female Past in Early Indian Buddhism, The Shared Narrative of the Seven Sisters in the Therī-Apadāna", *Religions of South Asia*, 5.1: 209-226.

___ 2014a: "Bhadda Kundalakesa, The Ex-Jain", in *Buddhists, Understanding Buddhism Through the Lives of Practitioners*, T. Lewis (ed.), 21-28, Chichester: Wiley.

-2014b: "Pāli Vinaya: Reconceptualizing Female Sexuality in Early Buddhism", in *Women in Early Indian Buddhism: Comparative Textual Studies*, A. Collett (ed.), 62-79, Oxford: Oxford University Press.

___ 2015: *Lives of Early Buddhist Nuns: Biographies as History*, Delhi: Oxford University Press (forthcoming).

Collett, Alice and Anālayo 2014: "Bhikkhave and Bhikkhu as Gender-inclusive Terminology in Early Buddhist Texts", *Journal of Buddhist Ethics*, 21: 760-797.

Collins, Steven 1982: *Selfless Persons, Imagery and Thought in Theravāda Buddhism*, Cambridge: Cambridge University Press.

___ 2007: "Remarks on the Third Precept: Adultery and Prostitution in Pāli Texts", *Journal of the Pali Text Society*, 29: 263-284.

Cowell, E.B. and R.A. Neil 1886: *The Divyāvadāna, A Collection of Early Buddhist Legends, Now First Edited from the Nepalese Sanskrit Mss. in Cambridge and Paris*, Cambridge: Cambridge University Press.

Crosby, Kate 2014: *Theravada Buddhism, Continuity, Diversity, and Identity*, Chichester: Wiley.

Dash, Shobha Rani 2008: *Mahāpajāpatī, The First Bhikkhunī*, Seoul: Blue Lotus Books.

Deeg, Max 1999: "Das Ende des Dharma und die Ankunft des Maitreya, Endzeit- und Neue-Zeit-Vorstellungen im Buddhismus mit einem Exkurs zur Kāśyapa-Legende", *Zeitschrift für Religionswissenschaft*, 7: 145-169.

___ 2004: "Mahākāśyapa", in *Encyclopedia of Buddhism*, R.E. Buswell (ed.), 2: 487, New York: Macmillan.

___ 2005a: *Das Gaoseng-Faxian-Zhuan als religionsgeschichtliche Quelle, Der iilteste Bericht eines chinesischen buddhistischen Pilgermonchs uber seine Reise nach Indien mit Ubersetzung des Textes*, Wiesbaden: Otto Harrassowitz.

___ 2005b: "Was haven ein Mönch und Fisch gemeinsam? Monastische Regeln und Lebensrealität und der Aussagewert chinesischen Pilgerberichte", in *Im Dickicht der Gebote, Studien zur Dialektik von Norm und Praxis in der Buddhismusgeschichte Asiens*, P. Schalk (ed.), 99-151, Uppsala: Universitet.

de Jong, Jan Willem 1962/1979: [Review of Brough: *The Gāndhārī Dharmapada]*, *in Buddhist Studies by J. W. de Jong*, G. Schopen (ed.), 287-291, Berkeley: Asian Humanities Press.

___ 1974: "Notes on the Bhikṣuṇī-Vinaya of the Mahāsāṃghikas" in *Buddhist Studies in Honour of J.B. Horner*, L.S. Cousins et al. (ed.), 63-70, Dordrecht: D. Reidel.

de La Vallee Poussin, Louis 1976: *The Buddhist Councils*, Calcutta: Bag chi.

Deloche, Jean 1983: *Contribution à l'histoire de la voiture en Inde*, Paris: École Frarnçaise d'Extrême-Orient.

Deo, Shantaram Balchandra 1956: *History of Jaina Monachism, From Inscriptions and Literature*, Poona: Deccan College, Postgraduate and Research Institute.

Derris, Karen 2008: "When the Buddha Was a Woman: Reimagining Tradition in the Theravāda", *Journal of Feminist Studies in Religion*, 24.2: 29-44.

Dewaraja, Lorna 1999: "Buddhist Women in India and Precolonial Sri Lanka", in *Buddhist Women Across Cultures: Realizations*, Karma Lekshe Tsomo (ed.), 67-77, Albany: State University of New York Press.

Dhammadinnā 2012: "A Translation of the Quotations in Śamathadeva's Abhidharmakośopāyikā-ṭīkā Parallel to the Chinese Saṃyukta-āgama Discourses 8, 9, 11, 12, 17 and 28", *Dharma Drum Journal of Buddhist Studies*, 11: 63-95.

___ 2015a: "Predictions of Women to Buddhahood in Middle-period Literature", *Journal of Buddhist Ethics*, 22: 481-531.

___ 2015b: "The Parinirvāṇa of Mahāprajāpatī Gautamī and Her Followers in the Mūlasarvāstivāda Vinaya", *Indian International Journal of Buddhist Studies*, 16: 29-61.

___ 2016: "The Funeral of Mahāprajāpatī Gautamī and Her Followers in the Mūlasarvāstivāda Vinaya", *Indian International Journal of Buddhist Studies* (forthcoming).

Dhammadinnā and Anālayo 2016: "The Madhyama-āgama and the Abhidharmakośopāyikāṭīkā", in *Research on the Madhyama-āgama* , Dhammadinnā (ed.), Taipei: Dharma Drum Publishing Corporation (forthcoming).

Dhirasekera, Jotiya 1967: "Women and the Religious Order of the Buddha", *The Maha Bodhi*, 75.5/6: 154-161.

___ 1970: "The Rebels Against the Codified Law in Buddhist Monastic Discipline", *Bukkyō Kenkyū*, 1: 90-77.

___ 1972: "Brahmacariya", in *Encyclopaedia of Buddhism*, G.P. Malalasekera (ed.), 3.2: 303-306, Sri Lanka: Department of Buddhist Affairs.

Dīparatnasāgara, Muni 2000: *Vyavahāra-Chedasūtram*, Ahmedabad: Āgama Śruta Prakāśana.

Dutt, Nalinaksha 1984: *Gilgit Manuscripts, Mūlasarvāstivāda Vinayavastu, vol. III part 4*, Delhi: Sri Satguru.

Edgerton, Franklin 1953/1998: *Buddhist Hybrid Sanskrit Grammar and Dictionary*, Delhi: Motilal Banarsidass.

Emms, Christopher D. 2012: *Evidence for Two Mūlasarvāstivādin Vinaya Traditions in the Gilgit Prātimokṣa-sūtras*, MA thesis, Hamilton: Mc Master University.

Endo, Toshiichi 2003a: "Selective Tendency in the Buddhist Textual Tradition?", *Journal of the Centre for Buddhist Studies, Sri Lanka*, 1: 55-72.

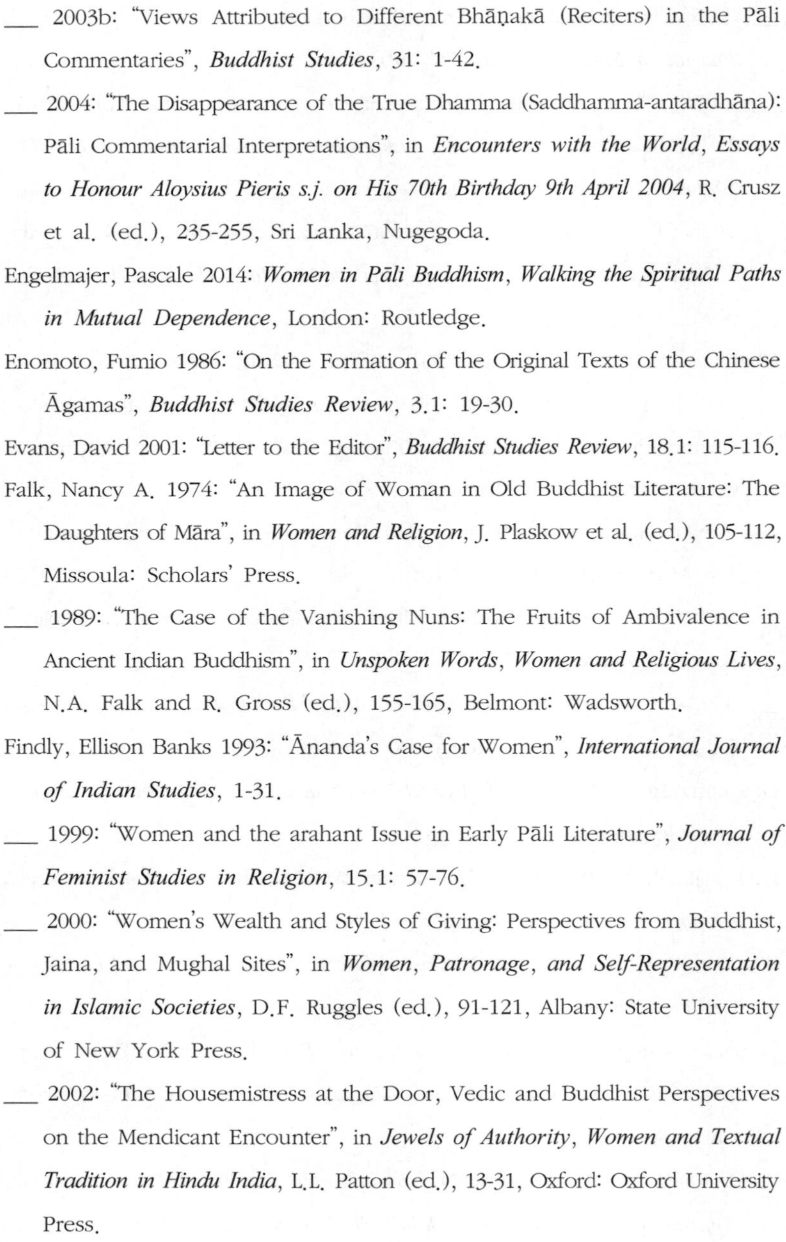

___ 2003b: "Views Attributed to Different Bhāṇakā (Reciters) in the Pāli Commentaries", *Buddhist Studies*, 31: 1-42.

___ 2004: "The Disappearance of the True Dhamma (Saddhamma-antaradhāna): Pāli Commentarial Interpretations", in *Encounters with the World, Essays to Honour Aloysius Pieris s.j. on His 70th Birthday 9th April 2004*, R. Crusz et al. (ed.), 235-255, Sri Lanka, Nugegoda.

Engelmajer, Pascale 2014: *Women in Pāli Buddhism, Walking the Spiritual Paths in Mutual Dependence*, London: Routledge.

Enomoto, Fumio 1986: "On the Formation of the Original Texts of the Chinese Āgamas", *Buddhist Studies Review*, 3.1: 19-30.

Evans, David 2001: "Letter to the Editor", *Buddhist Studies Review*, 18.1: 115-116.

Falk, Nancy A. 1974: "An Image of Woman in Old Buddhist Literature: The Daughters of Māra", in *Women and Religion*, J. Plaskow et al. (ed.), 105-112, Missoula: Scholars' Press.

___ 1989: "The Case of the Vanishing Nuns: The Fruits of Ambivalence in Ancient Indian Buddhism", in *Unspoken Words, Women and Religious Lives*, N.A. Falk and R. Gross (ed.), 155-165, Belmont: Wadsworth.

Findly, Ellison Banks 1993: "Ānanda's Case for Women", *International Journal of Indian Studies*, 1-31.

___ 1999: "Women and the arahant Issue in Early Pāli Literature", *Journal of Feminist Studies in Religion*, 15.1: 57-76.

___ 2000: "Women's Wealth and Styles of Giving: Perspectives from Buddhist, Jaina, and Mughal Sites", in *Women, Patronage, and Self-Representation in Islamic Societies*, D.F. Ruggles (ed.), 91-121, Albany: State University of New York Press.

___ 2002: "The Housemistress at the Door, Vedic and Buddhist Perspectives on the Mendicant Encounter", in *Jewels of Authority, Women and Textual Tradition in Hindu India*, L.L. Patton (ed.), 13-31, Oxford: Oxford University Press.

___ 2003: *Dāna, Giving and Getting in Pali Buddhism*, Delhi: Motilal Banarsidass.

Finnegan, Damchö Diana 2009: *'For the Sake of Women Too': Ethics and Gender in the Narratives of the Mūlasarvāstivāda Vinaya*, PhD thesis, University of Wisconsin-Madison.

Foucher, Alfred 1918 (vol. 2): *L'art gréco-bouddhique du Gandhâra, Étude sur les origines de l'influence classique dans l'art bouddhique de l'Inde et de l'Extrême-Orient*, Paris: Ernest Leroux.

___ 1949: *La vie du Bouddha, d'après les textes et les monuments de l'lnde*, Paris: Payot.

___ 1955: *Les vies antérieures du Bouddha, d'après les textes et les monuments de l'lnde, choix de contes*, Paris: Presses Universitaires de France.

Franke, Otto 1908: "The Buddhist Councils at Rājagaha and Vesālī, As Alleged in Cullavagga XI., XII.", *Journal of the Pali Text Society*, 6: 1-80.

Frauwallner, Erich 1956: *The Earliest Vinaya and the Beginnings of Buddhist Literature*, Roma: Istituto Italiano per il Medio ed Estremo Oriente.

Freedman, Michael 1977: *The Characterization of Ānanda in the Pāli Canon of the Theravāda: A Hagiographic Study*, PhD thesis, Hamilton: McMaster University.

Frye, Stanley 1981: *The Sutra of the Wise and the Foolish (mdo bdzans blun) or the Ocean of Narratives (üliger-ün dalai), Translated from the Mongolian*, Dharamsala: Library of Tibetan Works & Archives.

Geiger, Wilhelm 1958: *The Mahāvaṃsa*, London: Pali Text Society.

Geng, Shimin and H.-J. Klimkeit 1988: *Das Zusammentreffen mit Maitreya, Die ersten fünf Kapitel der Hami-Version der Maitrisimit*, Wiesbaden: Otto Harrassowitz.

Gilmore, David D. 2001: *Misogyny, The Male Malady*, Philadelphia: University of Pennsylvania Press.

Glass, Andrew 2010: "Guṇabhadra, Bǎoyún, and the Saṃyuktāgama", *Journal of the International Association of Buddhist Studies*, 31.1/2: 185-203.

Gnanarama, Pategama 1997: *The Mission Accomplished, A Historical Analysis of the Mahaparinibbana Sutta of the Digha Nikaya of the Pali Canon*, Singapore: Ti-Sarana Buddhist Association.

Gokhale, Balkrishna Govind 1976: "The Image-world of the Thera-Therī-Gathās", in *Malalasekera Commemoration Volume*, O.H. de Wijesekera (ed.), 96-110, Colombo: The Malalasekera Commemoration Volume Editorial Committee.

Gombrich, Richard F. 1980: "The Significance of Former Buddhas in the Theravādin Tradition", in *Buddhist Studies in Honour of Wapola Rahula*, S. Balasooriya et al. (ed.), 62-72, London: Fraser.

Goonatilake, Hema 1997: "Buddhist Nuns: Protests, Struggle, and the Reinterpretation of Orthodoxy in Sri Lanka", in *Mixed Blessings, Gender and Religious Fundamentalism Cross Culturally*, J. Brink and J. Mencher (ed.), 25-39, New York: Routledge.

Goonesekera, Lakshmi R. 1968: "Bhāṇaka", in *Encyclopaedia of Buddhism*, G.P. Malalasekera (ed.), 2.4: 688-690, Sri Lanka: Department of Buddhist Affairs.

Gross, Rita M. 1993: *Buddhism after Patriarchy: A Feminist History, Analysis and Reconstruction of Buddhism*, New York: State University of New York Press.

Guang Xing 2005: *The Concept of the Buddha, Its Evolution from Early Buddhism to the trikāya Theory*, London: Routledge Curzon.

Gunawardana, R.A.L.H. 1988: "Subtile Silks of Ferreous Firmness, Buddhist Nuns in Ancient and Early Medieval Sri Lanka and Their Role in the Propagation of Buddhism", *Sri Lanka Journal of the Humanities*, 14.1/2: 1-59.

Hare, E.M. 1955 (vol. 4): *The Book of the Gradual Sayings*, London: Pali Text Society.

Harris, Elizabeth J. 1999: "The Female in Buddhism", in *Buddhist Women across Cultures: Realizations*, Karma Lekshe Tsomo (ed.), 49-65, State University of New York Press.

Harrison, Paul 1982: "Sanskrit Fragments of a Lokottaravādin Tradition", in *Indological and Buddhist Studies, Volume in Honour of Professor J. W. de Jong on His 60th birthday*, L.A Hercus (ed.), 211-234, Canberra: Australian National University, Faculty of Asian Studies.

Harvey, Peter 2000: *An Introduction to Buddhist Ethics*, Cambridge: Cambridge University Press.

Heirman, Ann 1997: "Some Remarks on the Rise of the bhikṣuṇīsaṃgha and on the Ordination Ceremony for bhikṣuṇīs According to the Dharmaguptaka Vinaya", *Journal of the International Association of Buddhist Studies*, 20.2: 33-85.

___ 1998: "Gurudharma: An Important Vinaya Rule", *Indian Journal of Buddhist Studies*, 10.1/2: 18-26.

___ 2001: "Chinese Nuns and Their Ordination in Fifth Century China", *Journal of the International Association of Buddhist Studies*, 24.2: 275-304.

___ 2008: "Where Is the Probationer in the Chinese Buddhist Nunneries?" *Zeitschrift der Deutschen Morgenländischen Gesellschaft*, 158.1: 105-137.

Heirman, Ann and T. Chiu, 2012: "The gurudharmas in Taiwanese Buddhist Nunneries", *Buddhist Studies Review*, 29.2: 273-300.

Hirakawa, Akira 1980: "The Meaning of 'Dharma' and 'Abhidharma'", in *Indianisme et bouddhisme, Mélanges offerts à Mgr. Étienne Lamotte*, 159-175, Louvain-la-Neuve: Institut Orientaliste.

___ 1982: *Monastic Discipline for the Buddhist Nuns: An English Translation of the Chinese Text of the Mahāsāṃghika-Bhikṣuṇī-Vinaya*, Patna: Jayaswal Research Institute.

___ 1987: "Buddhist Literature: Survey of Texts", in *The Encyclopedia of Religion*, M. Eliade (ed.), 2: 509-529, New York: Macmillan.

Hiraoka, Satoshi 2000: "The Sectarian Affiliation of Two Chinese Saṃyuktāgamas", *Journal of Indian and Buddhist Studies*, 49.1: 506-500.

Hofinger, Marcel 1946: *Étude sur le concile de Vaiśālī*, Louvain: Bureaux du

Muséon.

Homer, J.B. 1930/1990: *Women under Primitive Buddhism, Laywomen and Almswomen*, Delhi: Motilal Banarsidass.

___ 1938/1982 (vol. 1) and 1952/1975 (vol. 5): *The Book of the Discipline (Vinaya-Piṭaka)*, London: Pali Text Society.

___ 1959 (vol. 3): *The Collection of the Middle Length Sayings (Majjhima-Nikāya)*, London: Pali Text Society.

Hüsken, Ute 1997: *Die Vorschriften für die Buddhistische Nonnengemeinde im Vinaya-Piṭaka der Theravādin*, Berlin: Dietrich Reimer.

___ 2000: "The Legend of the Establishment of the Buddhist Order of Nuns in the Theravāda Vinaya-Piṭaka", *Journal of the Pali Text Society*, 26: 43-69.

___ 2001: "Pure or Clean?", *Traditional South Asian Medicine*, 6: 85-96.

___ 2006: "'Gotamī, Do Not Wish to Go from Home to Homelessness!': Patterns of Objections to Female Asceticism in Theravāda Buddhism", in *Asceticism and Its Critics: Historical Accounts and Comparative Perspectives*, O. Freiberger (ed.), 211-233, New York: Oxford University Press.

___ 2010: "The Eight garudhammas", in *Dignity & Discipline, Reviving Full Ordination for Buddhist Nuns*, T. Mohr and J. Tsedroen (ed.), 143-148, Boston: Wisdom Publications.

Jacobi, Hermann 1884/1968 (vol. 1): *Jaina sutras, Translated from Prakrit*, New York: Dover.

Jaini, Padmanabh S. 1981 (vol. 2): *Paññāsa-jātaka or Zimme Paṇṇāsa (in the Burmese Recension)*, London: Pali Text Society.

___ 1988/2001: "Stages in the Bodhisattva Career of the Tathāgata Maitreya", in *Collected Papers on Buddhist Studies*, P.S. Jaini (ed.), 451-500, Delhi: Motilal Banarsidass.

___ 1989/2001: "Padīpadānajātaka: Gautama's Last Female Incarnation", in *Collected Papers on Buddhist Studies*, P.S. Jaini (ed.), 367-374, Delhi: Motilal Banarsidass.

___ 1991: *Gender and Salvation, Jaina Debates on the Spiritual Liberation of Women*, Berkeley: University of California Press.

Jamison, Stephanie W. 1996: *Sacrificed Wife/Sacrificer's Wife, Women, Ritual, and Hospitality in Ancient India*, Oxford: Oxford University Press.

___ 2006: "Women 'Between the Empires' and 'Between the Lines'", in *Between the Empires: Society in India 300 BCE to 400 CE*, P. Olivelle (ed.), 191-214, New York: Oxford University Press.

Ji, Xianlin et al. 1998: *Fragments of the Tocharian A Maitreyasamiti-Nāṭaka of the Xinjiang Museum, China, Transliterated, Translated and Annotated*, Berlin: Mouton de Gruyter.

Johansson, Rune E.A. 1969: *The Psychology of Nirvana*, London: George Allen and Unwin.

Jyväsjärvi, Mari 2007: "Parivrājikā and Pravrajitā, Categories of Ascetic Women in Dharmaśāstra and Vinaya Commentaries", *Indologica Taurinensia*, 33: 73-92.

___ 2011: *Fragile Virtue: Interpreting Women's Monastic Practice in Early Medieval India*, PhD thesis, Cambridge: Harvard University.

Kabilsingh, Chatsumam 1984: *A Comparative Study of Bhikkhunī Pāṭimokkha*, Delhi: Chaukhambha Orientalia.

Kajiyama, Yuichi 1982: "Women in Buddhism", *The Eastern Buddhist*, 25.2: 53-70.

Kamens, Edward 1993: "Dragon-Girl, Maidenflower, Buddha: The Transformation of a Waka Topos, 'The Five Obstructions'", *Harvard Journal of Asiatic Studies*, 53.2: 389-442.

Kangle, R.P. 1960/2006: *The Kauṭilīya Arthaśāstra, Part 1, Sanskrit Text with a Glossary*, Delhi: Motilal Banarsidass.

Karaluvinna, M. 2002: "Mahākassapa", in *Encyclopaedia of Buddhism*, W.G. Weeraratne (ed.), 6.3: 435-441, Sri Lanka: Department of Buddhist Affairs.

Karashima, Seishi and O. von Hinüber 2012: *Die Abhisamācārikā Dharmāḥ,*

Verhaltensregeln für buddhistische Mönche der Mahāsāṃghika-Lokottaravādins, herausgegeben, mit der chinesischen Parallelversion verglichen, übersetzt und kommentiert, Tokyo: International Research Institute for Advanced Buddhology, Soka University.

Kern, Hendrik 1896: *Manual of Indian Buddhism*, Strassburg: Trübner.

Khan, J.A. 1990: "Position of Women as Reflected in Sāñcī Stūpa Inscriptions", *Journal of the Oriental Institute* (Baroda), 39.3/4: 231- 237.

Kieffer-Ptilz, Petra 2000: "Die buddhistische Gemeinde", in *Der Buddhismus I, Der indische Buddhismus und seine Verzweigungen*, H. Bechert et al. (ed.), 281-402, Stuttgart: Kohlhammer.

Klimburg-Salter 2005: "Mahākāśyapa and the Art of Bāmiyān", in *South Asian Archaeology 2001, Proceedings of the Sixteenth International Conference of the European Association of South Asian Archaeologists held in College de France, Paris, 2-6 July 2001*, C. Jarrige et al. (ed.), 535-550, Paris: Éd. Recherche sur les Civilisations.

Kloppenborg, Ria 1995: "Female Stereotypes in Early Buddhism: The Women of the Therīgāthā", in *Female Stereotypes in Religious Traditions*, R. Kloppenborg and W.J. Hanegraaff (ed.), 151-169, Leiden: Brill.

Krey, Gisela 2010: "Some Remarks on the Status of Nuns and Laywomen in Early Buddhism", in *Dignity & Discipline, The Evolving Role of Women in Buddhism*, T. Mohr and J. Tsedroen (ed.), 39-63, Boston: Wisdom Publications.

Ku, Cheng-Mai 1991: "The Mahīsāsaka View of Women", in *Buddhist Thought and Ritual*, D.J. Kalupahana (ed.), 103-124, Delhi: Motilal Banarsidass.

Kumar, Ujjwal 2010: "Truth of the Devil Statement", in *Buddhism, Contemporary Studies, Selected Papers from the 3rd International Conference, Sri Lanka Association of Buddhist Studies (SLABS)*, S. Nanayakkara et al. (ed.), 112-127, Pannipitiya: K Line Printing Services.

Kusuma, Bhikkhuni 1987/2010: *The Dasasil Nun, A Study of Women's Buddhist*

Religious Movement in Sri Lanka, With an Outline of Its Historical Antecedents, Sri Lanka, Dehiwala: Buddhist Cultural Centre.

___ 2000: "Inaccuracies in Buddhist Women's History", in *Innovative Buddhist Women: Swimming Against the Stream*, Karma Lekshe Tsomo (ed.), 5-12, London: Curzon Press.

Lagirarde, Frarnçois 2006: "The Nibbāna of Mahākassapa the Elder: Notes on a Buddhist Narrative Transmitted in Thai and Lao Literature", in *Buddhist Legacies in Mainland Southeast Asia, Mentality, Interpretations and Practices*, F. Lagirarde et al. (ed.), 79-112, Paris: École Française d'Extrême-Orient and Bangkok: Princess Maha Chakri Sirindhom Anthropology Centre.

Lamotte, Etienne 1944/1981 (vol. 1) and 1944/1970 (vol. 3): *Le traité de la grande vertu de sagesse de Nāgārjuna (Mahāprajñāpāramitāsāstra)*, Louvain-la-Neuve: Institut Orientaliste.

___ 1958: *Histoire du bouddhisme indien, Des origines à l'ère Śaka,* Louvain-la-Neuve: Institut Orientaliste.

Lang, Karen Christina 1982: "Images of Women in Early Buddhism and Christian Gnosticism", *Buddhist-Christian Studies*, 2: 94-105.

___ 1986: "Lord Death's Snare: Gender-related. Imagery in the Theragāthā and the Therīgāthā', *Journal of Feminist Studies in Religion*, 2.2: 63-79.

Langenberg, Amy Paris 2014: "Mahāsāṅghika-Lokottaravāda Bhikṣuṇī Vinaya: The Intersection of Womanly Virtue and Buddhist Asceticism", in *Women in Early Indian Buddhism: Comparative Textual Studies*, A. Collett (ed.), 80-96, Oxford: Oxford University Press.

___ 2015: "Buddhist Blood Taboo: Mary Douglas, Female Impurity, and Classical Indian Buddhism", *Journal of the American Academy of Religion*, 1-35, doi:10.1093/jaarel/lfv059

Laohavanich, Mano Mettanando 2008: "The First Council and Suppression of the Nuns", 玄奘佛學硏究, 9: 49-120.

Laut, Jens Peter 1991: "Die Gründung des buddhistischen Nonnenordens in der alttlirkischen Überlieferung", in *Tiirkische Sprachen und Literaturen: Materialien der ersten deutschen Turkologen-Konferenz*, I. Baldauf (ed.), 257-274. Wiesbaden: Otto Harrassowitz.

Lefmann, S. 1902: *Lalita Vistara, Leben und Lehre des Çâkya-Buddha*, Halle: Verlag der Buchhandlung des Waisenhauses.

Legge, James 1886/1998: *A Record of Buddhistic Kingdoms, Being an Account by the Chinese Monk Fa-Hein of Travels in India and CeyLon (AD 399-414) in Search of the Buddhist Books of Discipline, Translated and Annotated with a Corean Recension of the Chinese Text*, Delhi: Munshiram Manoharlal.

Liu, Cuilan, 2013: "Noble or Evil: The Ṣaḍvārgika Monks Reconsidered", *Acta Orientalia*, 66: 179-195.

Lopez, Donald S. Jr. 2001: *The Story of Buddhism: A Concise Guide to Its History and Teachings*, San Francisco: Harper.

Lü, Cheng 1963: "āgama", in *Encyclopaedia of Buddhism*, G.P. Malalasekera (ed.), 1.2: 241-244, Sri Lanka: Department of Buddhist Affairs.

Lüders, Heinrich 1973: *A List of Brāhmī Inscriptions, From the Earliest Times to about A.D. 400, With the Exception of those of Asoka*, Varanasi: Indological Book House.

Mair, Victor H. 1993/1999: "The Khotanese Antecedents of the Sūtra of the Wise and the Foolish (Xianyu jing)", in *Buddhism across Boundaries: Chinese Buddhism and the Western Regions*, J.R. McRae and J. Nattier (ed.), 361-420, Taipei: Fo Guang Shan.

Maithrimurthi, Mudagamuwe 1999: *Wohlwollen, Mitleid, Freude und Gleichmut, Eine ideengeschichtliche Untersuchung der vier apramāṇas in der buddhistischen Ethik und Spiritualität von den Anfängen bis hin zum frühen Yogācāra*, Stuttgart: Franz Steiner.

Malalasekera, G.P. 1937/1995 (vol. 1) and 1938/1998 (vol. 2): *Dictionary of Pāli Proper Names*, Delhi: Munshiram Manoharlal.

Martini, Giuliana 2010: "The 'dul ba Parallel to the Nandakovāda", *Journal of*

Buddhist Ethics, 17: 378-396.

Mayeda, Egaku 1985: "Japanese Studies on the Schools of the Chinese Āgamas", in *Zur Schulzugehörigkeit von Werken der Hīnayāna-Literatur Erster Teil*, H. Bechert (ed.), 1: 94-103, Göttingen: Vandenhoeck & Ruprecht.

Migot, André 1952: "Un grand disciple du Buddha, Śāriputra, son rôle dans l'histoire du Bouddhisme et dans le développement de I'Abhidharma", *Bulletin de I'École Française d'Extreme-Orient*, 46: 405-554.

Milligan, Matthew D. 2015: "Five Unnoticed Donative Inscriptions and the Relative Chronology of Sanchi Stūpa II", *Annual Report of The International Research Institute for Advanced Buddhology at Soka University*, 18: 11-22.

Mori, Sodō 1990: "The Origin and History of the Bhāṇaka Tradition", in *Ānanda: Papers on Buddhism and lndology, A Felicitation Volume Presented to Ānanda Weihena Palliya Guruge on His Sixtieth Birthday*, Y. Karunadasa (ed.), 123-129, Colombo: Felicitation Volume Editorial Committee.

Muecke, Marjorie 2004: "Female Sexuality in Thai Discourses about maechii (แม่ชี 'Lay Nuns')", *Culture, Health & Sexuality*, 6.3: 221-238.

Murcott, Susan 1991: *The First Buddhist Women, Translations and Comment, aries on the Therigatha*, Berkeley: Parallax Press.

Nagata, Mizu 2002: "Transitions in Attitudes toward Women in the Buddhist Canon: The Three Obligations, the Five Obstructions, and the Eight Rules of Reverence", P.B. Watt (trsl.), in *Engendering Faith: Women and Buddhism in Premodern Japan*, B. Ruch (ed.), 279-295, Ann Arbor: University of Michigan Press.

Nakanishi Maiko and O. von Hinüber 2014: *Kanaganahalli Inscriptions*, Tokyo: International Research Institute for Advanced Buddholgy, Soka University.

Nattier, Jan 1991: *Once Upon a Future Time: Studies in a Buddhist Prophecy of Decline*, Berkeley: Asian Humanities Press.

___ 2004: "Decline of the Dharma", in *Encyclopedia of Buddhism*, R.E. Buswell (ed.), 1: 210-213, New York: Macmillan.

Neumaier, E.K. 2004: "Women in the Buddhist Tradition", in *Women and Religious Traditions*, L.M. Anderson and P.D. Young (ed.), 80-107, Oxford: Oxford University Press.

Nolot, Édith 1991: *Règles de discipline des nonnes bouddhistes, le BhikṣuṇīVinaya de l'école Mahāsāṃghika-Lokottaravādin*, Paris: Éditions de Boccard.

___ 1996: "Studies in Vinaya Technical Terms, I-III", *Journal of the Pali Text Society*, 22: 73-150.

Norman, K.R. 1969: *The Elders' Verses I, Theragāthā, Translated with an Introduction and Notes*, London: Pali Text Society.

___ 1997: *A Philological Approach to Buddhism*, *The Bukkyō Dendō Kyōkai Lectures 1994*, London: School of Oriental and African Studies.

Nyanaponika Thera and H. Hecker 1997: *Great Disciples of the Buddha*, *Their Lives, Their Works*, *Their Legacy*, Bhikkhu Bodhi (ed.), Kandy: Buddhist Publication Society.

Oberlies, Thomas 1997: "Neuer Wein in alten Schläuchen? Zur Geschichte der buddhistischen Ordensregeln", *Bulletin d'Études Indiennes*, 15: 171-204.

___ 2003: "Ein bibliographischer Überblick über die kanonischen Texte der Śrāvakayāna-Schulen des Buddhismus (ausgenommen der des Mahāvihāra-Theravāda)", *Wiener Zeitschrift für die Kunde Südasiens*, 47: 37-84.

Ohnuma, Reiko 2006: "Debt to the Mother: A Neglected Aspect of the Founding of the Buddhist Nun's Order", *Journal of the American Academy of Religion*, 74.4: 861-901.

___ 2012: *Ties that Bind*, *Maternal Imagery and Discourse in Indian Buddhism*, Oxford: Oxford University Press.

___ 2013: "Bad Nun: Thullanandā in Pāli Canonical and Commentarial Sources", *Journal of Buddhist Ethics*, 20: 16-66.

Oldenberg, Hermann 1879: *The Dīpavaṃsa*, *An Ancient Buddhist Historical Record*, London: Williams and Norgate.

___ 1881/1961: *Buddha, Sein Leben, Seine Lehre, Seine Gemeinde*, München: Wilhelm Goldmann Verlag.

Olivelle, Patrick 2004a: *The Law Code of Manu, A New Translation Based on the Critical Edition*, Oxford: Oxford University Press.

___ 2004b: "Rhetoric and Reality: Women's Agency in the Dharmaśāstras", in *Encounters with the Word: Essays to Honour Aloysius Pieris s.j. on His 70th Birthday 9th April 2004*, R. Crusz et al. (ed.), 489-505, Colombo: Ecumenical Institute for Study and Dialogue.

Owen, Lisa Battaglia 1998: "On Gendered Discourse and the Maintenance of Boundaries: A Feminist Analysis of the Bhikkhuni Order in Indian Buddhism", *Asian Journal of Women's Studies*, 4.3: 8-60.

Pachow, W. 1955: *A Comparative Study of the Prātimokṣa, On the Basis of Its Chinese, Tibetan, Sanskrit and Pali Versions*, Santiniketan: Sino-Indian Cultural Society.

Pāsādika, Bhikkhu 1989: *Nāgārjuna's Sūtrasamuccaya: A Critical Edition of the mDo kun las btus pa*, Copenhagen: Akademisk Forlag.

Paul, Diana Y. 1979/1985: *Women in Buddhism: Images of the Feminine in the Māhayāna Tradition*, Berkeley: University of California Press.

Payutto, Phra and M. Seeger 2014: *The Buddhist Discipline in Relation to Bhikkhunis, Questions and Answers*, R. Moore (trsl.), published online at http://www.buddhistteachings.org/downloads-part-ii

Perera, L.P.N. 1993: *Sexuality in Ancient India, A Study Based on the Pāli Vinayapiṭaka*, Sri Lanka: University of Kelaniya, Postgraduate Institute of Pali and Buddhist Studies.

Pinault, Georges-Jean 1991: "Un témoignage tokharien sur les premières nonnes bouddhistes", *Bulletin d'Études Indiennes*, 9: 161-194.

Pintchman, Tracy 1998: "Gender Complementarity and Gender Hierarchy in Purāṇic Accounts of Creation", *Journal of the American Academy of Religion*, 66.2: 257-282.

Pitzer-Reyl, Renate 1984: *Die Frau im frühen Buddhismus*, Berlin: Verlag von Dietrich Reimer.

Pruitt, William 1998/1999: *The Commentary on the Verses of the Therīs (Therīgāthā-aṭṭhakathā, Paramatthadīpanī VI) by Ācariya Dhammapāla*, Oxford: Pali Text Society.

Pruitt, William and K.R. Norman 2001: *The Pātimokkha*, Oxford: Pali Text Society.

Przyluski, Jean 1914: "Le nord-ouest de l'Inde dans le Vinaya des Mūla-Sarvāstivādin et les textes apparentés", *Journal Asiatique*, 11.4: 493-568.

___ 1923: *La légende de l'empereur Açoka (Açoka-avadāna), dans les textes indiens et chinois*, Paris: Paul Geuthner.

___ 1926: *Le concile de Rājagṛha, introduction à l'histoire des canons et des sectes bouddhiques*, Paris: Paul Geuthner.

Radhakrishnan, S. 1953/1992: *The Principal Upaniṣads, Edited with Introduction, Text, Translation and Notes*, New York: Humanity Books.

Rajapakse, Vijitha 1992: "An Inquiry into Gender Considerations and Gender Conscious Reflectivity in Early Buddhism", *International Studies in Philosophy*, 24.3: 65-91.

___ 1995: "Therīgāthā: On Feminism, Aestheticism and Religiosity in an Early Buddhist Verse Anthology", *Buddhist Studies Review*, 12.1: 7-26 and 12.2: 135-155.

Rao, Vinay Kumar 2012: *Women in Buddhist Art*, Delhi: Agam Kala Prakashan.

Ray, Reginald A. 1994: *Buddhist Saints in India, A Study in Buddhist Values & Orientations*, New York: Oxford University Press.

Ridding, C.M. and L. de La Vallée Poussin 1919: "A Fragment of the Sanskrit Vinaya: Bhikṣuṇīkarmavācanā", *Bulletin of the School of Oriental Studies*, 1.3: 123-143.

Rockhill, W. Woodville 1883/1907: *The Life of the Buddha and the Early History of His Order, Derived from Tibetan Works in the Bkah-hgyur and Bstan-hgyur, Followed by Notices on the Early History of Tibet and Khoten*, London:

Kegan Paul, Trench, Trübner.

Romberg, Claudia 2002: "Women in Engaged Buddhism", *Contemporary Buddhism*, 3.2: 161-170.

Roth, Gustav 1970: *Bhikṣuṇī-Vinaya, Including Bhikṣuṇī-Prakīraṇaka and a Summary of the Bhikṣu-Prakīraṇaka of the Ārya-Mahāsāṃghka-Lokottara-vādin*, Patna: K.P. Jayaswal Research Institute.

Salgado, Nirmala S. 2008: "Eight Revered Conditions: Ideological Complicity, Contemporary Reflections and Practical Realities", *Journal of Buddhist Ethics*, 15: 177-213.

___ 2013: *Buddhist Nuns and Gendered Practice, In Search of the Female Renunciant*, New York: Oxford University Press.

Sander, Lore and E. Waldschmidt 1985: *Sanskrithandschriften aus den Tufanfunden, Teil 5*, Stuttgart: Franz Steiner.

Sarao, K.T.S. 1989: *The Origin and Nature of Ancient Indian Buddhism*, Delhi: Eastern Book Linkers.

___ 1992: "Early Buddhist Attitude towards Women", *zeitschrift der Deutschen Morgenländischen Gesellschaft, Supplementa 9, Proceedings of the Thirty-second International Congress for Asian and North African Studies*, 150-152.

Sarkar, Sadhan Ch. 1981: "Some Critical Observations on the Chabbagiya Bhikkhus", in *Aspects of Buddhism*, H.E.S.H.J.H. Taleyarkhan et al. (ed.), 107-119, New Delhi: Vision Books.

Sasson, Vanessa R. 2006: "Without Raising Her Fist or even Her Voice: Shiprah, Puah and Gotamī's Non-violent Resistance to Injustice", in *Religion, Terrorism and Globalization*, K.K. Kuriakose (ed.), 63-79, New York: Nova Science Publishers.

Satha-Anand, Suwanna 2001: "Truth over Conventions: Feminist Interpretations of Buddhism", in *Religious Fundamentalisms and the Human Rights of Women*, C. Howland (ed.), 281-291, New York: Palgrave.

Schlingloff, Dieter 1981: "Erzählung und Bild: Die Darstellungsformen von

Handlungsabläufen in der europäischen und indischen Kunst", *Beiträge zur Allgemeinen und Vergleichenden, Archäologie*, 3: 87-213.

Schmidt, Klaus T. 1996: "Das tocharische Maitreyasamitināṭaka im Vergleich mit der uigurischen Maitrisimit", in *Turfan, Khotan und Dunhuang, Vorträge der Tagung 'Annemarie v. Gabain und die Turfan-forschung', veranstalted von der Berlin-Brandenburgischen Akademie der Wissenscharften in Berlin (9.-12.12.1994)*, R.E. Emmerick et al. (ed.), 269-278, Berlin: Akademie Verlag.

Schmidt, Michael 1993: "Bhikṣuṇī-Karmavācanā, Die Handschrift Sansk. c.25(R) der Bodleian Library Oxford", in *Studien zur Indologie und Buddhismuskunde, Festgabe des Seminars für 1ndologie und Buddhismuskunde für Professor Dr. Heinz Bechert zum 60. Geburtstag am 26. Juni 1992*, M. Hahn (ed.), 239-288, Bonn: lndica et Tibetica.

___ 1994: "Zur Schulzugehörigkeit einer nepalesischen Handschrift der Bhikṣuṇī-Karmavācanā", in *Untersuchungen zur Buddhistischen Literatur*, H. Bechert et al. (ed.), 155-164, Göttingen: Van denhoeck & Ruprecht.

Schmithausen, Lambert 1987: "Beiträge zur Schulzugehörigkeit und Textgeschichte kanonischer und postkanonischer buddhistischer Materialien",in *Zur Schulzugehörigkeit von Werken der Hīnayāna-Literatur, Zweiter Teil*, H. Bechert (ed.), 304-403, Göttingen: Van denhoeck & Ruprecht.

___ 1991: *The Problem of the Sentience of Plants in Earliest Buddhism*, Tokyo: International Institute for Buddhist Studies.

___ 1997: *Maitrī and Magic: Aspects of the Buddhist Attitude towards the Dangerous in Nature*, Wien: Verlag der Öbsterreichischen Akademie der Wissenschaft.

Schopen, Gregory 1985: "Two Problems in the History of Indian Buddhism, The Layman/Monk Distinction and the Doctrines of the Transference of Merit", *Studien zur Indologie und Iranistik*, 10: 9-47.

___ 1988/1997: "On Monks, Nuns and 'Vulgar' Practices: The Introduction of the Image Cult into Indian Buddhism", in *Bones, Stones and Buddhist Monks, Collected Papers on the Archaeology, Epigraphy, and Texts of Monastic*

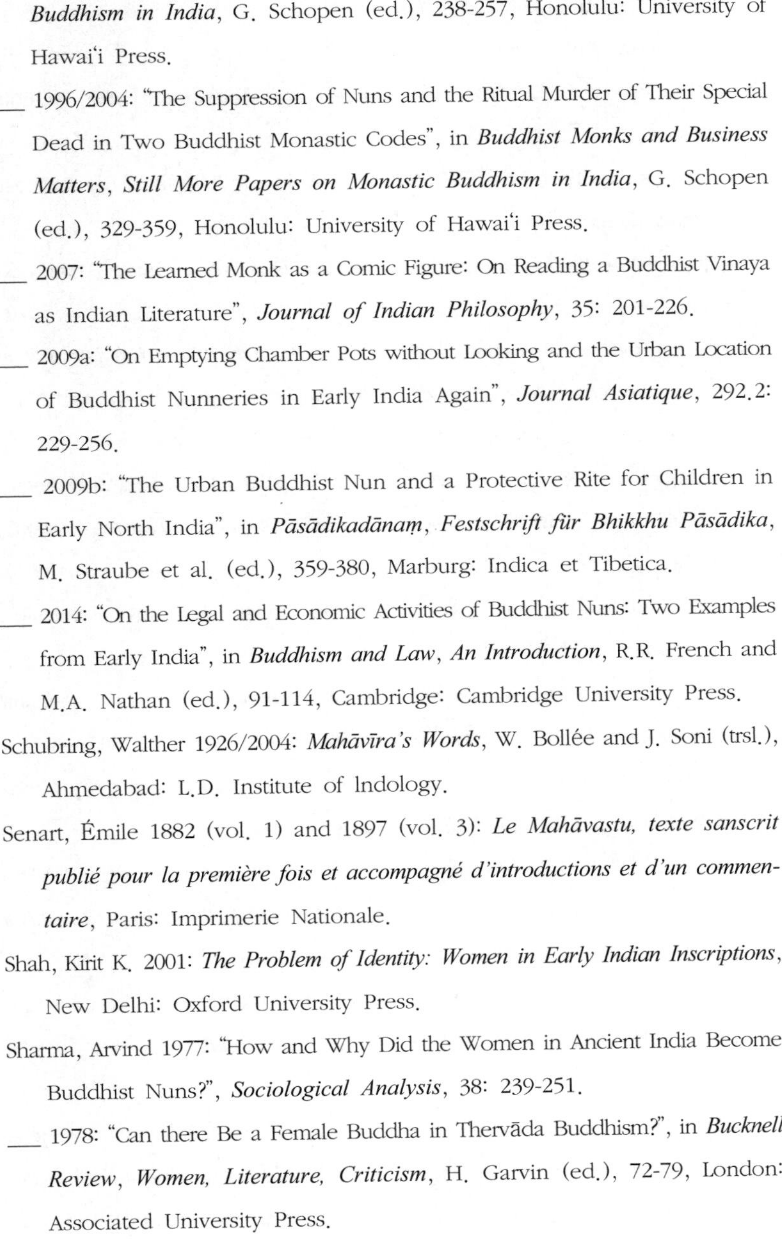

Buddhism in India, G. Schopen (ed.), 238-257, Honolulu: University of Hawai'i Press.

___ 1996/2004: "The Suppression of Nuns and the Ritual Murder of Their Special Dead in Two Buddhist Monastic Codes", in ***Buddhist Monks and Business Matters, Still More Papers on Monastic Buddhism in India***, G. Schopen (ed.), 329-359, Honolulu: University of Hawai'i Press.

___ 2007: "The Learned Monk as a Comic Figure: On Reading a Buddhist Vinaya as Indian Literature", ***Journal of Indian Philosophy***, 35: 201-226.

___ 2009a: "On Emptying Chamber Pots without Looking and the Urban Location of Buddhist Nunneries in Early India Again", ***Journal Asiatique***, 292.2: 229-256.

___ 2009b: "The Urban Buddhist Nun and a Protective Rite for Children in Early North India", in ***Pāsādikadānaṃ, Festschrift für Bhikkhu Pāsādika***, M. Straube et al. (ed.), 359-380, Marburg: Indica et Tibetica.

___ 2014: "On the Legal and Economic Activities of Buddhist Nuns: Two Examples from Early India", in ***Buddhism and Law, An Introduction***, R.R. French and M.A. Nathan (ed.), 91-114, Cambridge: Cambridge University Press.

Schubring, Walther 1926/2004: ***Mahāvīra's Words***, W. Bollée and J. Soni (trsl.), Ahmedabad: L.D. Institute of Indology.

Senart, Émile 1882 (vol. 1) and 1897 (vol. 3): ***Le Mahāvastu, texte sanscrit publié pour la première fois et accompagné d'introductions et d'un commentaire***, Paris: Imprimerie Nationale.

Shah, Kirit K. 2001: ***The Problem of Identity: Women in Early Indian Inscriptions***, New Delhi: Oxford University Press.

Sharma, Arvind 1977: "How and Why Did the Women in Ancient India Become Buddhist Nuns?", ***Sociological Analysis***, 38: 239-251.

___ 1978: "Can there Be a Female Buddha in Thervāda Buddhism?", in ***Bucknell Review, Women, Literature, Criticism***, H. Garvin (ed.), 72-79, London: Associated University Press.

Sharma, Ram Sharan 1987: *Urban Decay in India (c. 300-c. 1000)*, New Delhi: Munshiram Manoharlal.

Shaw, Sarah 2006: *The Jātakas, Birth Stories of the Bodhisatta*, Delhi: Penguin Books.

Sheravanichkul, Arthid 2008: "Self-Sacrifice of the Bodhisatta in the Paññāsa Jātaka", *Religion Compass*, 2.5: 769-787.

Shih, Juo-Hsüeh 2000: *Controversies over Buddhist Nuns*, Oxford: Pali Text Society.

Shyu, Ching-mei 2008: *A Few Good Women: A Study of the Liu Du Ji Jing (A Scripture on the Collection of the Six Perfections) from Literary, Artistic, and Gender Perspectives*, PhD thesis, Cornell University.

Silk, Jonathan A. 2003: "Dressed for Success, The Monk Kāśyapa and Strategies of Legitimation in Earlier Mahāyāna Buddhist Scriptures", *Journal Asiatique*, 291.1/2: 173-219.

___ 2007: "Garlanding as Sexual Invitation: Indian Buddhist Evidence", *Indo-Iranian Journal*, 50: 5-10.

___ 2009: *Riven by Lust, Incest and Schism in Indian Buddhist Legend and Hagiography*, Delhi: Munshiram Manoharlal.

Singh, Arvind Kumar 2010: "Buddhist Perspectives on Equality", *Sri Lanka International Journal of Buddhist Studies*, 1: 137-163.

Skilling, Peter 1993: "A Note on the History of the Bhikkhuṇī-saṅgha (II): The Order of Nuns after the Parinirvāṇa", *The World Fellowship of Buddhists Review*, 30.4 & 31.1: 29-49.

___ 1994: "A Note on the History of the Bhikkhuṇī-saṅgha (I): Nuns at the Time of the Buddha", *The World Fellowship of Buddhists Review*, 31.2/3: 47-55.

___ 2000: "Nonnen, Laienanhängerinnen, Spenderinnen, Göttinnen: Weibliche Rollen im frühen indischen Buddhismus", *in Aspekte des Weiblichen in der indischen Kultur*, U. Roesler (ed.), 47-102, Swiss-tal-Odendorf: Indica et

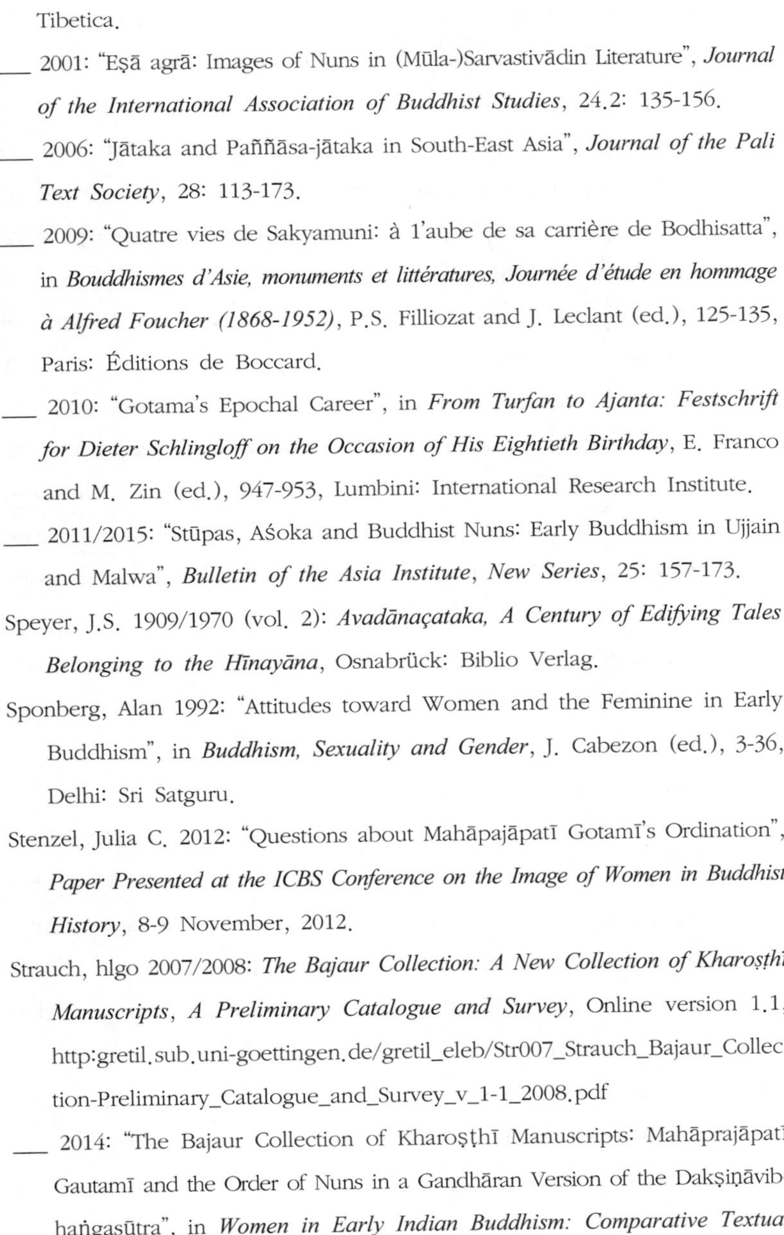

Tibetica.

___ 2001: "Eṣā agrā: Images of Nuns in (Mūla-)Sarvastivādin Literature", *Journal of the International Association of Buddhist Studies*, 24.2: 135-156.

___ 2006: "Jātaka and Paññāsa-jātaka in South-East Asia", *Journal of the Pali Text Society*, 28: 113-173.

___ 2009: "Quatre vies de Sakyamuni: à l'aube de sa carrière de Bodhisatta", in *Bouddhismes d'Asie, monuments et littératures, Journée d'étude en hommage à Alfred Foucher (1868-1952)*, P.S. Filliozat and J. Leclant (ed.), 125-135, Paris: Éditions de Boccard.

___ 2010: "Gotama's Epochal Career", in *From Turfan to Ajanta: Festschrift for Dieter Schlingloff on the Occasion of His Eightieth Birthday*, E. Franco and M. Zin (ed.), 947-953, Lumbini: International Research Institute.

___ 2011/2015: "Stūpas, Aśoka and Buddhist Nuns: Early Buddhism in Ujjain and Malwa", *Bulletin of the Asia Institute, New Series*, 25: 157-173.

Speyer, J.S. 1909/1970 (vol. 2): *Avadānaçataka, A Century of Edifying Tales Belonging to the Hīnayāna*, Osnabrück: Biblio Verlag.

Sponberg, Alan 1992: "Attitudes toward Women and the Feminine in Early Buddhism", in *Buddhism, Sexuality and Gender*, J. Cabezon (ed.), 3-36, Delhi: Sri Satguru.

Stenzel, Julia C. 2012: "Questions about Mahāpajāpatī Gotamī's Ordination", *Paper Presented at the ICBS Conference on the Image of Women in Buddhist History*, 8-9 November, 2012.

Strauch, hlgo 2007/2008: *The Bajaur Collection: A New Collection of Kharoṣṭhī Manuscripts, A Preliminary Catalogue and Survey*, Online version 1.1, http:gretil.sub.uni-goettingen.de/gretil_eleb/Str007_Strauch_Bajaur_Collection-Preliminary_Catalogue_and_Survey_v_1-1_2008.pdf

___ 2014: "The Bajaur Collection of Kharoṣṭhī Manuscripts: Mahāprajāpatī Gautamī and the Order of Nuns in a Gandhāran Version of the Dakṣiṇāvibhaṅgasūtra", in *Women in Early Indian Buddhism: Comparative Textual*

Studies, A. Collett (ed.), 17-45, Oxford: Oxford University Press.

Strong, John 1995: *The Experience of Buddhism, Sources and Interpretations*, Belmont: Wadsworth Publishing Company.

Sujato, Bhikkhu 2009: *Bhikkhuni Vinaya Studies, Research and Reflections on Monastic Discipline for Buddhist Nuns*, Australia: Santipada Publications.

___ 2011: *White Bones, Red Rot, Black Snakes, A Buddhist Mythology of the Feminine*, Australia: Santipada Publications.

Sumala 1991: "Women in Buddhism", *Monastic Studies, Buddhist and Christian Monasticism*, 19: 114-118.

Sung, Shin-Je 1999: "A Search for the Disciplinary Topics (Vinaya Māṭṛkā)", *Journal of the Postgraduate Institute of Pāli and Buddhist Studies*, 1: 173-192.

Suvimalee, Samaneri 2005: "The Female in Early Buddhism: Sex Equality and Social Gender", in *Dhamma-Vinaya, Essays in Honour of Venerable Professor Dhammavihari*, A. Tilakaratne et al. (ed.), 203-227, Colombo: Sri Lanka Association for Buddhist Studies.

Suzuki, Teitaro 1904: "The First Buddhist Council", *The Monist*, 14.2: 253-282.

Swanepoel, Elizabeth 2014: "Blossoms of the Dharma: The Contribution of Western Nuns in Transforming Gender Bias in Tibetan Buddhism", *Journal of Buddhist Ethics*, 21: 569-599.

Tatia, N. 1975: *Prātimokṣasūtram of the Lokottaravādamahāsāṅghika School*, Patna: Kashi Prasad Jayaswal Research Institute.

Tekin, Şinasi 1980: *Maitrisimit nom bitig, Die uigurische Übersetzung eines Werkes der buddhistischen Vaibhāṣika Schule*, Berlin: Akademie Verlag.

Thomas, E.J. 1927/2003: *The Life of Buddha as Legend and History*, Delhi: Munshiram Manoharlal.

Tilakaratne, Asaṅga 2005: "Personality Differences of Arahants and the Origins of Theravāda, A Study of Two Great Elders of the Theravāda Tradition: Mahā Kassapa and Ānanda", in *Dhamma-Vinaya, Essays in Honour of Venerable Professor Dhammavihari (Jotiya Dhirasekera)*, A. Tilakaratne et al. (ed.), 229-257, Colombo: Sri Lanka Association for Buddhist Studies.

Todeschini, Alberto 2013: "The Maiden Who Fell in Love with a Thief: Considerations on the Story of the Nun Bhaddā Kuṇḍalakesā", *Dharma Drum Journal of Buddhist Studies*, 13: 153-186.

Tournier, Vincent 2014: "Mahākāśyapa, His Lineage, and the Wish for Buddhahood: Reading Anew the Bodhgayā Inscriptions of Mahānāman", *Indo-Iranian Journal*, 57: 1-60.

Trainor, Kevin 1993: "In the Eye of the Beholder, Nonattachment and the Body in Subhā's Verse (Therīgātha 71)", *Journal of the American Academy of Religion*, 61.1: 57-79.

___ 1997: *Relics, Ritual, and Representation in Buddhism, Rematerializing the Sri Lankan Theravāda Tradition*, Cambridge: Cambridge University Press.

Tripāthī, Chandrabhal 1995: *Ekottarāgama-Fragmente der Gilgit-Handschrift*, Reinbek: Verlag für Orientalistische Fachpublikationen.

Tsai, Kathryn Ann 1981: "The Chinese Buddhist Monastic Order for Women: The First Two Centuries", *Historical Reflections*, 8.3: 1-20.

___ 1994: *Lives of the Nuns, Biographies of Chinese Buddhist Nuns from the Fourth to Sixth Centuries, A Translation of the Pi-ch'iu-ni chuan, Compiled by Shih Pao-ch'ang*, Honolulu: University of Hawai'i Press.

Tsedroen, Jampa and Anālayo 2013: "The Gurudharma on Bhikṣuṇī Ordination in the Mūlasarvāstivāda Tradition", *Journal of Buddhist Ethics*, 20: 743-774.

Tsomo, Karma Lekshe 2004: "Is the Bhikṣuṇī Vinaya Sexist?", in *Buddhist Women and Social Justice, Ideals, Challenges, and Achievements*, K. Lekshe Tsomo (ed.), 45-72, Albany: State University of New York Press.

Tsukamoto, Keisho 1963: "Mahākāśyapa's Precedence to Ānanda in the Rājagṛha Council", *Indogaku Bukkyōgaku Kenkyū*, 11.2: 824-817.

Tsukamoto, Zenryū 1985 (vol. 2): *A History of Early Chinese Buddhism, From Its Introduction to the Death of Hui-yüan*, L. Hurwitz (trsl.), Tokyo: Kodansha International.

Unebe, Toshiya 2009: "Toward an Edition of the Paññāsajātaka: Problems and Solutions", *Thai International Journal for Buddhist Studies*, 1: 44-63.

___ 2012: "Not for the Achievement of a sāvaka or paccekabuddha: The Motive Behind the bodhisatta's Self-sacrifice in the Paññāsa-Jātaka", *Buddhist Studies Review*, 29.1: 35-56.

Unebe, Toshiya et al. 2007: "Three Stories from the Thai Recension of the Paññāsa-Jātaka: Transliteration and Preliminary Notes", *Journal of the School of Letters*, 3: 1-23.

Verardi, Giovanni 2011: *Hardships and Downfall of Buddhism in India*, Delhi: Manohar.

Verma; Chapla 2000: "'The Wildering Gloom': Women's Place in Buddhist History", in *Faces of the Feminine in Ancient, Medieval, and Modern India*, M. Bose (ed.), 69-86, New York: Oxford University Press.

von Gabain, Annemarie 1954: *Türkische Turfan-Texte VIII*, Berlin: Akademie Verlag.

von Hinüber, Oskar 2002: "The Vocabulary of Buddhist Sanskrit: Problems and Perspectives", in *Indo-Iranian Languages and Peoples*, N. Sims-Williams (ed.), 151-164, Oxford: Oxford University Press.

___ 2008: "The Foundation of the BhikkhunIsaṅgha, A Contribution to the Earliest History of Buddhism", *Annual Report of The International Research Institute for Advanced Buddhology at Soka University*, 11: 3-29.

___ 2015: [Review of Mohr and Tsedroen: *Dignity & Discipline*, *Reviving Full Ordination for Buddhist Nuns], Indo-Iranian Journal* 58: 194-201.

von Simson, Georg 1965: *Zur Diktion einiger Lehrtexte des buddhistischen Sanskritkanons*, München: J. Kitzinger.

___ 2000: *Prātimokṣasūtra der Sarvāstivādins Teil II, Kritische Textausgabe, Übersetzung*, *Wortindex sowie Nachträge zu Teil I*, Göttingen: Vandenhoeck & Ruprecht.

Waldschmidt, Ernst 1926: *Bruchstücke des Bhikṣuṇī-Prātimokṣa der*

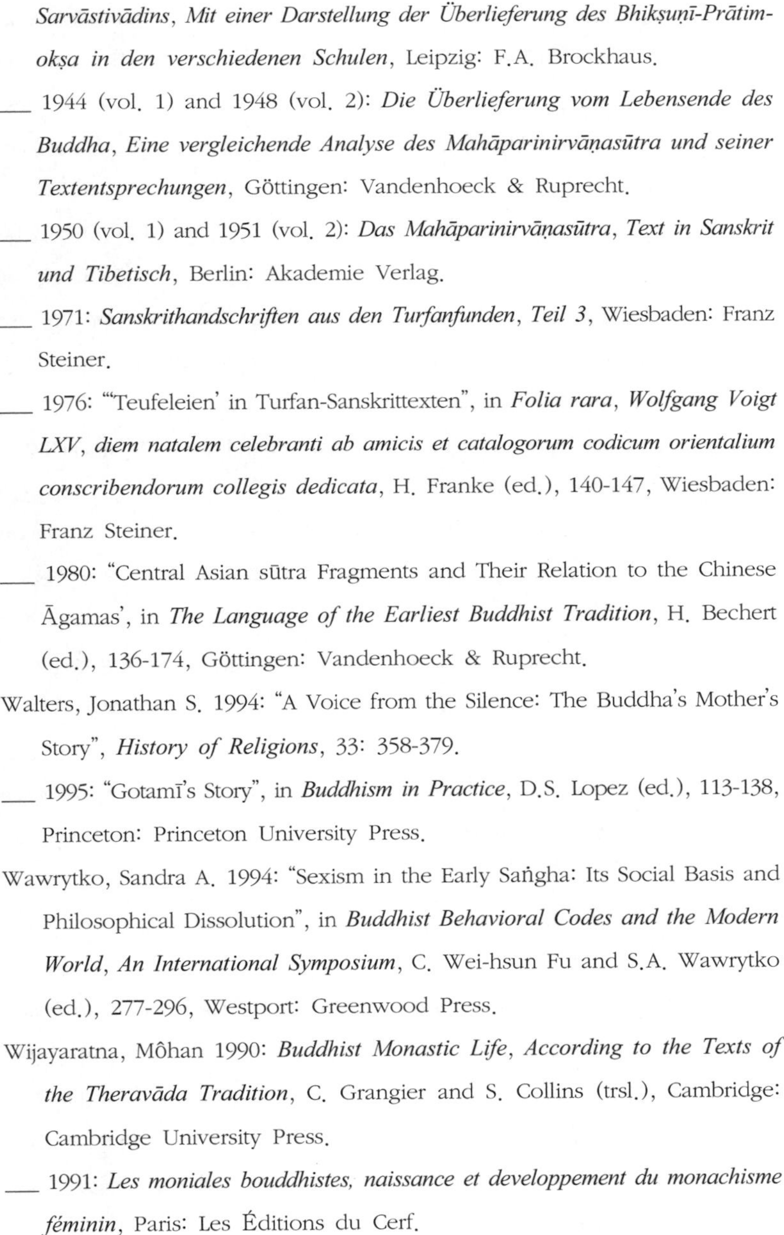

Sarvāstivādins, Mit einer Darstellung der Überlieferung des Bhikṣuṇī-Prātimokṣa in den verschiedenen Schulen, Leipzig: F.A. Brockhaus.

___ 1944 (vol. 1) and 1948 (vol. 2): *Die Überlieferung vom Lebensende des Buddha, Eine vergleichende Analyse des Mahāparinirvāṇasūtra und seiner Textentsprechungen*, Göttingen: Vandenhoeck & Ruprecht.

___ 1950 (vol. 1) and 1951 (vol. 2): *Das Mahāparinirvāṇasūtra, Text in Sanskrit und Tibetisch*, Berlin: Akademie Verlag.

___ 1971: *Sanskrithandschriften aus den Turfanfunden, Teil 3*, Wiesbaden: Franz Steiner.

___ 1976: "'Teufeleien' in Turfan-Sanskrittexten", in *Folia rara, Wolfgang Voigt LXV, diem natalem celebranti ab amicis et catalogorum codicum orientalium conscribendorum collegis dedicata*, H. Franke (ed.), 140-147, Wiesbaden: Franz Steiner.

___ 1980: "Central Asian sūtra Fragments and Their Relation to the Chinese Āgamas', in *The Language of the Earliest Buddhist Tradition*, H. Bechert (ed.), 136-174, Göttingen: Vandenhoeck & Ruprecht.

Walters, Jonathan S. 1994: "A Voice from the Silence: The Buddha's Mother's Story", *History of Religions*, 33: 358-379.

___ 1995: "Gotamī's Story", in *Buddhism in Practice*, D.S. Lopez (ed.), 113-138, Princeton: Princeton University Press.

Wawrytko, Sandra A. 1994: "Sexism in the Early Saṅgha: Its Social Basis and Philosophical Dissolution", in *Buddhist Behavioral Codes and the Modern World, An International Symposium*, C. Wei-hsun Fu and S.A. Wawrytko (ed.), 277-296, Westport: Greenwood Press.

Wijayaratna, Môhan 1990: *Buddhist Monastic Life, According to the Texts of the Theravāda Tradition*, C. Grangier and S. Collins (trsl.), Cambridge: Cambridge University Press.

___ 1991: *Les moniales bouddhistes, naissance et developpement du monachisme féminin*, Paris: Les Éditions du Cerf.

Wijetunge, Ratna 2005: "Pali Canon on Women's Liberation", in *Dhamma-Vinaya, Essays in Honour of Venerable Professor Dhammavihari*, A. Tilakaratne et al. (ed.), 273-290, Colombo: Sri Lanka Association for Buddhist Studies.

Wille, Klaus 2012: *Sanskrithandschriften aus den Turfanfunden, Teil 11*, Stuttgart: Franz Steiner.

Willemen, Charles 1992: "A Chinese Kṣudrakapiṭaka (T. IN. 203)", Asiatische Studien, 46.1: 507-515.

___ 1994: *The Storehouse of Sundry Valuables, Translated from the Chinese of Kikkāya and Liu Hsiao-piao (Compiled by T'an-yao)*, Berkeley: Numata Center for Buddhist Translation and Research.

Williams, Liz 2000: "A Whisper in the Silence: Nuns before Mahāpajāpatī?", *Buddhist Studies Review*, 17.2: 167-173.

___ 2002: "Red Rust, Robbers and Rice Fields: Women's Part in the Precipitation of the Decline of the Dhamma", *Buddhist Studies Review*, 19.1: 41-47.

Willis, Janice D. 1985: "Nuns and Benefactresses: The Role of Women in the Development of Buddhism", in *Women, Religion and Social Change*, Y.Y. Haddad and E.B. Findly (ed.), 59-85, New York: State University of New York Press.

___ 1992: "Female Patronage in Indian Buddhism", in *The Powers of Art: Patronage in Indian Culture*, B. Stoler Miller (ed.), 46-53, Oxford: Oxford University Press.

Wilson, Liz 1995: "Seeing through the Gendered 'I'", *Journal of Feminist Studies in Religion*, 11.1: 41-80.

___ 1996: *Charming Cadavers, Horrific Figurations of the Feminine in Indian Buddhist Hagiographic Literature*, Chicago: University of Chicago Press.

___ 2003: "Beggars can be Choosers, Mahākassapa as a Selective Eater of Offerings", in *Constituting Communities, Theravāda Buddhism and the Religious Cultures of South and Southeast Asia*, J.C. Holt et al. (ed.), 57-70, New York: State University of New York Press.

___ 2011: “Sati or Female Supremacy? Feminist Appropriations of Gotami’s Parinirvana”, in *Engaging South Asian Religions: Boundaries, Appropriations, and Resistances*, M.N. Schmalz and P. Gottschalk (ed.), 133-150, Albany: State University of New York Press.

Witanachchi, C. 1965: “Ānanda”, in *Encyclopaedia of Buddhism*, G.P. Malalasekera (ed.), 1.4: 529-536, Sri Lanka: Department of Buddhist Affairs.

Wogihara, Unrai 1930/1936: *Bodhisattvabhūmi, A Statement of Whole Course of the Bodhisattva (Being Fifteenth Section of Yogācārabhūmi)*, Tokyo: Sankibo.

Yang, Che Ming 2014: *The Maha-prajapati Bhiksuni Sutra*, Saarbrücken: Scholars’ Press.

Yuyama, Akira 1979: *Systematische Übersicht über die buddhistische Sanskrit Literatu κ Vinaya Texte*, Wiesbaden: Franz Steiner.

Zwalf, W. 1996: *A Catalogue of the Gandhāra Sculpture in the British Museum, Volume I: Text*, London: British Museum Press.

찾아보기

【ㅂ】

지은이 아날라요 스님(Bhikkhu Anālayo)

아날라요 스님은 학자, 번역가, 그리고 명상 지도자로 널리 알려져 있다. 독일 함부르크 대학 누마타(Numata) 불교연구소의 교수를 거쳐, 대만 「아함阿含 연구회」 및 미국 매사추세츠 바레(Barre) 불교연구센터의 위원으로 있다.
아날라요 스님의 전문분야는 초기불교 문헌들 및 명상에 관한 연구이며, 특히 불교의 여성 문제 및 비구니 승가와 관련된 역사를 탐구하는 작업에 많은 노력을 기울이고 있다.
아날라요 스님은 마음챙김 확립, 호흡 명상, 사무량심四無量心, 그리고 공空에 관한 자신만의 명상 방법을 일반 대중에게 알리기 위한 수행 중심의 책들을 저술했으며, 유럽, 호주, 북미, 남미 등 여러 지역에서 대중을 지도하고 있다.

옮긴이 혜덕慧德 김철金哲

불교 수행자. 연세대학교 국문과 명예교수. 『'국문학'을 넘어서』, 『'국민'이라는 노예』, 『복화술사들』, 『바로잡은 "무정"』, 『식민지를 안고서』, 『우리를 지키는 더러운 것들』 등을 썼고, 『문학 속의 파시즘』, 『해방 전후사의 재인식』 등을 공저했으며, 『언더우드 부인의 조선견문록 *Fifteen Years Among The Top-Knots*』, 『조선인 강제연행朝鮮人强制連行』 등을 번역했다.

대원불교 학술총서 03 비구니 승가 설립의 역사

초판 1쇄 발행 2022년 6월 15일 | **초판 2쇄 발행** 2023년 12월 26일
지은이 아날라요 | **옮긴이** 김철 | **펴낸이** 김시열
펴낸곳 도서출판 운주사
(02832) 서울시 성북구 동소문로 67-1 성심빌딩 3층
전화 (02) 926-8361 | **팩스** 0505-115-8361
ISBN 978-89-5746-697-1 94220 값 20,000원
ISBN 978-89-5746-694-0 (총서)
http://cafe.daum.net/unjubooks 〈다음카페: 도서출판 운주사〉